大学生礼仪

（第二版）

金正昆 编著

中国教育出版传媒集团

高等教育出版社·北京

内容提要

　　本书第一版系教育部高等教育司组织编写的"大学生文化素质教育书系"之一,是知名礼仪专家金正昆教授特意为大学生编写的一部礼仪教材。第二版根据礼仪学与礼仪教育方面的发展和社会生活方面的变化进行了全面修订。

　　全书分为四章,内容包括个人礼仪、公共礼仪、聚会礼仪和因缘礼仪等当代人所难以回避的礼仪规范。它兼具权威性、系统性、知识性、趣味性、时效性与可操作性,重视理论联系实际,适应当代大学生的特点,实例丰富。既可作为高等学校的专用教材,也可以作为在校大学生和社会各界人士的自修读物。

图书在版编目（CIP）数据

大学生礼仪 / 金正昆编著. --2版. --北京：高
等教育出版社, 2023.6
　　ISBN 978-7-04-060375-0

　　Ⅰ. ①大… Ⅱ. ①金… Ⅲ. ①大学生－礼仪－高等学
校－教材　Ⅳ. ①G645.5

　　中国国家版本馆CIP数据核字（2023）第066763号

Daxuesheng Liyi

| 策划编辑 | 陈正雄 | 责任编辑 | 靳剑辉 | 封面设计 | 易斯翔 | 版式设计 | 马　云 |
| 责任校对 | 张慧玉　刁丽丽 | 责任印制 | 朱　琦 | | | | |

出版发行	高等教育出版社	网　　址	http://www.hep.edu.cn
社　　址	北京市西城区德外大街 4 号		http://www.hep.com.cn
邮政编码	100120	网上订购	http://www.hepmall.com.cn
印　　刷	大厂益利印刷有限公司		http://www.hepmall.com
开　　本	787mm×1092mm　1/16		http://www.hepmall.cn
印　　张	19	版　　次	2000 年 5 月第 1 版
字　　数	300千字		2023 年 6 月第 2 版
购书热线	010-58581118	印　　次	2023 年 6 月第 1 次印刷
咨询电话	400-810-0598	定　　价	42.00 元

作者简介

　　金正昆,知名礼仪专家。中国人民大学国际关系学院教授、博士生导师,国家检察官学院、中国民航大学、中国石油大学(华东)、西北大学、西南大学等多所高等学校兼职教授。在礼仪文化与应用礼仪方面的研究,目前处于国内领先水平。自20世纪80年代末以来,率先在国内高校开设礼仪课程,积极向全社会推广、普及礼仪,倡导礼仪的中国化、时代化与大众化。已在相关领域出版专著、教材30余部,发表论文、文章百余篇。

第二版前言

2000 年 6 月,我所编著的《大学生礼仪》作为教育部高等教育司组织编写的"大学生文化素质教育书系"首批书目之一,由高等教育出版社出版。正所谓光阴荏苒,迄今转眼已过 23 年。

2022 年初秋,高等教育出版社理科事业部的陈正雄先生不辞辛劳,千方百计地找到了正在浙江故里休息的我,希望我能够对《大学生礼仪》一书进行修订。陈正雄先生温文尔雅、谦恭有礼、诚心实意,在他感召之下,我欣然从命,用了近半年的时间,专心致志、不遗余力地完成了此项任务。今年我已 63 岁,本次修订,可以说在一定程度上体现了我从事礼仪教育 30 余年的积累、感悟与经验。

值《大学生礼仪》由高等教育出版社再版之际,我对它的修订进行如下几点说明。

首先,《大学生礼仪》的本次修订推崇礼仪中国化。

在中华民族五千年波澜壮阔的历史进程中,中华民族优秀的传统礼仪文化不仅滋养、教化、培育了亿万彬彬有礼的中国人民,而且早已成为中国精神、中国文化的一大支柱和人类文明的一大亮点与重要组成部分。正因为如此,本次修订注重凸显中国特色,以礼敬、自豪、积极传承的态度对待中华民族优秀的传统礼仪文化。我为此特意增补了许多孔子、孟子、荀子以及《礼记》《仪礼》《周礼》等中国古代先贤、古代经典中有关礼仪的论述,以期古为今用,让中华民族优秀的传统礼仪文化在当代中国大学生中生生不息、继往开来、美美与共。

其次,《大学生礼仪》的本次修订注重礼仪时代化。

《礼记》尝言:"礼,时为大。"当前,中国正在大踏步地走向世界的中心,中国人民正在以中国式现代化为建设富强民主文明和谐美丽的社会主义现代化强国而努力奋斗。回首《大学生礼仪》初版之时,高速列车、在线支付、网上购票、社交软件、汽车驾驶、共享单车以及网约专车等当今日常生活中所不可或缺的普通事物,当时均难以设想。因此,基于与时俱进、适应当代大学生实际需要的指导思想,本次修订除了删去个别过时内容之外，还特意增补了一些时效性较强的内容，以便使当代中国大学生的礼仪学习能够与时代同步。

最后，《大学生礼仪》的本次修订强调礼仪规范化。

孟子曰："不以规矩，不能成方圆。"就本质而言，礼仪就是待人接物的规矩；大学生礼仪就是对大学生为人处事的规范化要求。因此，本次修订再三地从不同侧面强调：学礼仪就是要学自立自强的规矩；讲礼仪就是要讲当代社会所通行的规矩；守礼仪就是要守与人合作的规矩；大学生礼仪就是大学生所应当掌握的做人与做事的各种最基本的规范。换言之，经过本次修订的《大学生礼仪》向当代中国大学生所着重传授的是：妥善地处理好其人际关系的规矩；更好地立足于当代社会的规矩；努力地为祖国、为人民服务的规矩。本次修订后的《大学生礼仪》所要重点明确的是：在校大学生通过学习礼仪、遵守礼仪、践行礼仪，可以进一步规范其个人行为，更好地发出当代中国大学生的好声音，讲述当代中国大学生的好故事，并且充分地展现当代中国大学生可信、可爱、可敬的崭新形象。

虽说2000年6月所出版的《大学生礼仪》属于国内第一部专用的大学生礼仪教材，虽然我对它的本次修订不遗余力，但我深知个人精力与学识毕竟有限，我本人的视野与经验亦有待进一步拓展。因此，此次再版的《大学生礼仪》肯定仍存在着种种的不足。我在此诚恳地拜托各位大学生朋友、各位老师、各位同行、各位前辈不吝赐教。我愿不断地见贤思齐、闻过即改、精益求精。

包括本书在内，迄今为止我已在高等教育出版社出版过9部教材、著作。在此，我非常感谢高等教育出版社及其各位领导和编辑近30年来对我的信任、支持与不离不弃！非常感谢本版《大学生礼仪》的策划编辑陈正雄先生、责任编辑靳剑辉先生对我的鞭策、督促与指导！非常感谢高等教育出版社龙杰女士、陈文女士、武黎女士、朱颖先生等既往对我的信任与指教！

"路漫漫其修远兮，吾将上下而求索。"我愿与各位、与我们的伟大祖国共同踔厉奋发、勇毅前行、一起向未来，我愿继续为我国的礼仪教育事业而再接再厉。

金正昆

2023 年 3 月 26 日于浙江杭州

第一版前言

在 21 世纪来临之际，中国的大学生正在为提高自身的文化素质而进行着不懈的努力。在广大中国大学生为提高其自身文化素质而进行的认真努力之中，礼仪已经日益受到了普遍的重视。

礼仪，通常指的是人们在人际交往中必须恪守的行为规范。也就是说，它是人们在同别人打交道时所应当采取的标准化、正规化的做法。不同行业、不同身份的人士，往往需要遵守不同的规范。准确地讲，大学生礼仪指的就是大学生为人处世时所应当遵守的行为准则。

就总体而言，大学生礼仪可以分成两大基本内容：其一，是有关大学生自我形象塑造的内容。它具体涉及大学生在日常生活中的穿着打扮、言谈话语、举止行为、仪容仪态等方面；其二，是有关大学生交际应酬技巧的内容。它具体涉及大学生在其人际交往的方方面面所需面对的各种具体问题。学习大学生礼仪时，对上述两个方面的内容应予以同等的关注，而切切不可偏废其一。应当明确：塑造大学生的自我形象，是大学生礼仪的基本点和出发点。没有良好的自我形象，大学生在人际交往中就难于为其交往对象所认同或接受。而掌握常规的交际应酬技巧，则是大学生礼仪的重点之所在。不了解或者不遵守常规的交际应酬技巧，大学生在人际交往中就难于取得成功。

应当说明的是，大学生礼仪的具体内容不但包括了大学生日常生活的基本礼仪，而且也涉及一些社会生活里所通用的礼仪。这既是为了开阔大学生的视野，也是为了使大学生为今后自己走上社会、熟悉社会、立足于社会而提前有所准备。

学习大学生礼仪可以发挥下述四个方面的作用。

首先，学习大学生礼仪有助于维护大学生的形象。现代人对个人形象无不十分在意。一个人的个人形象，其实主要就是其他人对于他的总的评价和基本印象。歌德曾经非常生动地做过一个比喻，他说："一个人的礼貌就是照出他的肖像的镜子。"由此可见，大学生在日常生活里注意学习礼仪、应用礼仪，使自己举止得体、表现不俗、温文尔雅，自然会塑造出自己的完美形象。在某些情况下，大学生的个人形象，时常还被人们等同于大学生的群体形象，甚至是一个民族、一个国家的形象。所以大学生注意维护个人的形象，实际上也是在维护大学生的群体形象，维护自己民族的形象，维护自己国家的形象。

其次，学习大学生礼仪有助于提高大学生的素质。从某种意义上来讲，礼仪即教养，教养即素质。正如一位礼仪专家所说过的一样："教养体现于细节，细节展现素质。"一名当代大学生在日常生活中的一言一行、一举一动，通常都会被人们与他的个人素质直接挂钩。如果他在这些方面表现得中规中矩，其自身素质就会获得肯定的评价。反之，则会获得否定的评价。孔子曾经教诲后人说："不知礼，无以立也。"当代大学生要提高自身的素质，就应该认认真真地从礼仪的学习与应用着手。

再次，学习大学生礼仪有助于大学生人际沟通能力的改善。所谓沟通，即人与人之间的相互理解。人是需要理解的，相互理解往往是人际交往取得成功的重要前提。一般认为，在人际交往中，尤其是在跨行业、跨地区、跨文化背景的人际交往中要指望取得成功，大都需要交往双方共同借助于某种约定俗成的习惯性做法来尝试沟通。这种有助于沟通的人际交往的约定俗成的习惯性做法，又称沟通技巧。实际上，礼仪就是一种行之有效的沟通技巧。法国思想家拉罗什福科曾说："礼仪是所有规范中最微小却最稳定的规范。"

最后，学习大学生礼仪有助于促进大学生的交际。在社会生活中，每一个人都必然要同别人进行交际，大学生也是如此。平心而论，作为有知识、有教养、风华正茂的年轻一代，大学生是渴望交际、喜欢交际的。然而由于种种原因，有的大学生怯于交际，有的大学生不善交际，有的大学生则在交际之中不得其法。作为交际应酬技巧，礼仪实质上是一门交际艺术。学习大学生礼仪，必定会对大学生交际能力的提高大有帮助。

在学习大学生礼仪时，除了对其需要加以高度重视之外，有两点必须予以注意。一是大学生在学习、运用礼仪时，应以自律为本。学习和运用礼仪，不但要自觉、自愿，而且还要时时处处以之维护个人的自尊、自爱。二是大学生在学习、运用礼仪时，应以敬人为先。苏联杰出教育家苏霍姆林斯基说过："只有尊敬别人的人，才有权受到别人的尊敬。"礼仪的核心在于敬人，"礼者，敬人也。"唯有铭记此点，才能够真正地学习好、运用好礼仪。

编　者

1999 年 8 月

目　录

第一章
个人礼仪

荀子曰:"礼者所以正身也。""无礼何以正身?"[①]

个人礼仪,亦称私人礼仪。它是每一个人在参加人际交往时用以要求自身、规范自身并用以正身的相关行为规范。对于大学生而言,个人礼仪是其待人接物的立身之本、正身之道、处世之规,是其自我要求、自我规范之所本。

正确地理解礼仪

大学生所必须明确的个人礼仪的宗旨,是要为人际交往的每一位参与者努力塑造出其尽可能完美的个人形象。故此,个人礼仪亦可被视之为有关个人形象塑造的常规礼仪。

一般而言,一个人的形象,主要与别人对他的评价与看法有关。而人们对于一个人的评价与看法,通常又与对他的第一印象直接相关。具体来看,人们对于一个人的第一印象,主要来自对其修饰、化妆、仪态、服饰、谈话等方面的综合认识与印象。正身者,修身也、律己也。因此,个人礼仪主要包括上述内容,而大学生要塑造和维护个人的形象,就必须全方位地提升个人修养、践行礼仪规范,并且应当从上述这些方面着手。

---

① 荀况.荀子[M].[唐]杨倞,注.耿芸,标校.上海:上海古籍出版社,2014:16.

第一节　修饰

　　朝气蓬勃的刘昕(本书案例中所使用的人物姓名均为化名),是一名天性爱美的女大学生。即便在紧张而繁忙的学校生活中,注重修饰的她也时时不会忘记打扮自己。这不,现在她就染了一头亚麻色的彩发,纹了两道又细又弯的眉毛,十只手指留着长长的指甲,指甲上添加了精美鲜艳的甲绘,并且佩戴了一副美瞳,自我感觉良好地在自己的校园里露面了。

　　令刘昕多少有些失落的是,自己周围那些见多识广的人们似乎对于她的这种形象反应不佳。认识她的人往往对她侧目而视,不认识她的人则大都对她避而远之。刘昕的问题,主要在于她的修饰不得法。由于她未能对自己进行正确的定位,所以她对自己的修饰未必真正地适合自己。

　　每一个人在日常生活里都离不开自我修饰。所谓自我修饰,简称修饰,一般是指人们根据常规的审美标准对自己的仪表进行必要的修整、打扮和装饰。对大学生而言,重要的是自我修饰既要美观、得体,又要符合礼仪规范。

　　进行自我修饰时,大学生务必要符合常规的审美标准。其具体含义主要包括以下三方面:

　　首先,需要讲究修饰美。在日常生活中,大学生理当根据自身条件进行必要的修饰,以便扬己之长、避己之短,为自己塑造出完美的个人形象,以便在人际交往中使自己显得自尊自爱、有备而来。

　　其次,需要重视自然美。修饰自我形象时,大学生必须注意适度而为、符合身份,并且突出自然美。作为一名大学生,自然本分、朴实无华、不事刻意雕琢的清纯形象,往往令人更觉可爱。

　　最后,需要强调内在美。在对外形修饰时,大学生亦须同时增进内在美。所谓内在美,是指通过努力学习,不断提高个人的文化、艺术素养和思想、道德水准,培养出高雅的气质和美好的心灵,使自己秀外慧中,表里如一。

具体而言,大学生在进行自我修饰时,重点应当放在自己的面部、头发和肢体三个方面。

一、面部修饰

一个人的仪容,在很大程度上是指人的面部,所以面部的修饰乃是个人修饰的重中之重。

修饰面部,最重要的是应该做到面必洁。即要勤于洗脸,使之干净整洁,没有任何污物、污痕。洗脸,并非每日只限一次,随脏随洗才是适当的。

修饰面部,具体到各个部位,往往有一些各不相同的具体规定。

1. 眼部修饰

在一个人的脸上,眼睛通常最为他人所注意。在修饰眼部时,有以下三点必须注意。

(1) 眼部的保洁

保持眼部的清洁,是大学生维护个人形象的必行之法。在这一方面,最重要的是要及时清除自己眼角上的分泌物,不使其为他人所见。应当注意:这种东西随时都有可能出现。若其在眼角或睫毛间若隐若现,将令人十分反感。

(2) 眼镜的佩戴

为了矫正视力、保护眼睛,或是为了追随时尚,有不少大学生都佩戴着眼镜。在佩戴眼镜时,除要考虑其实用、美观之外,还必须注意三个问题:一是要保持眼镜的清洁,不仅要经常揩拭镜片,而且还必须定期清洗镜架。即使佩戴隐形眼镜,亦应重视其清洁问题。二是要掌握太阳镜的戴法。太阳镜主要适合人们在室外活动时佩戴。在较为正式的场合,大学生最好不要将其架在头上、挂在领口。进入室内,或者在室外与别人交谈时,一定要先将其摘下,不然是不礼貌的。三是要关注美瞳佩戴的具体场合。美瞳,即装饰性彩色平光隐形眼镜的俗称。在日常生活里,大学生佩戴美瞳未尝不可;但在参与正式活动时,则绝对不宜如此。

(3) 眼睛的卫生

为了保护眼睛,大学生一定要讲究其卫生。一方面,用眼要注意卫生。另一方面,为眼部保洁也要注意卫生,不要动不动就揉眼、摸眼。当眼部患病时,尤其是患有传染性疾病时,既要认真治疗、遵从医嘱,也要自觉减少与外人的接触。

2. 眉部修饰

眉毛在一个人的脸上,虽然未必会像眼睛一样引人注目,但却绝非可有可无。一个人如果没有眉毛、眉形难看,或者不重视眉部的修饰,无疑都会对其整体形象产生损害。对大学生而言,修饰眉部主要应关注以下三点问题。

（1）眉部的清洁

洗脸、化妆或者是在检查自身形象之时,一定要抽时间认真查看自己的眉部是否清洁。在任何情况下,都不应当使眉部存在着灰垢、死皮以及脱落下来的眉毛。

（2）眉毛的外型

眉型美观与否,对每一个人都很重要。凡是优美的眉型,不但形态正常而自然,而且还应当又浓又密。在必要时,对那些不够理想的眉型,诸如残眉、断眉、缺眉或过稀、过淡的眉毛,可酌情进行修饰。

（3）眉毛的梳理

即使自己拥有美观的眉型,平时也要经常地对其进行梳理,才能真正令人赏心悦目。务必养成习惯,每天在外出之前,认真梳理一下自己的眉毛,令其"秩序井然",而非东倒西歪、参差不齐。

3. 口部修饰

"口,人所以言食也。"[1] 通常口部的修饰涉及面较广,除口腔外,其"周边地带"亦应包括在内。以下四个问题,是大学生修饰口部时应予重视的。

（1）护唇

一个人闭口不言之时,其双唇往往惹人注意。因此,大学生平常一定要精心呵护自己的嘴唇。不要允许在自己的嘴唇上残留任何异物,并且要防止其干裂、脱皮、溃烂或者生疮。

（2）剃须

假如没有特殊的宗教信仰和民族习惯,男大学生最好坚持每天一剃自己的胡须,从而令自己既显得精明强干,又充满阳刚之气。一般而言,若其蓄须或是"胡子拉碴",往往会使人印象不佳。女大学生若是唇上长有过于浓重的唇毛,则以将其除去为妙。

---

[1] 许慎.说文解字[M].[宋]徐铉,等校.上海:上海古籍出版社,2021:38.

（3）刷牙

要搞好口腔卫生，并且防止口臭，最好的办法就是坚持刷牙漱口。大学生在刷牙时，最好是做到"三个三"。即每天刷三次牙，每次刷牙在餐后3分钟进行，每次刷牙的时间不应少于3分钟。刷牙不但要讲究方式，而且务必要持之以恒。为了保持口腔卫生，大学生还应半年左右洗牙一次。

（4）禁食

有些食物，例如，葱、蒜、韭菜、薤头、虾酱、榴莲、臭豆腐等，一旦食用之后，就会在嘴里产生挥之不去的异味。即使刷牙漱口，对其也无能为力。因此，大学生平时要有意识地少食用这类食物。参与重要的应酬前，则应禁食此类食物。

特别应当强调的是：绝对不要当着别人的面咳嗽或大打喷嚏。万一忍不住了，可侧身或背对对方，以自己一只手臂的臂弯之处遮掩口鼻之后再打、再咳，随后还应就此向对方道歉。

咳嗽与打喷嚏的礼仪

4. 鼻部修饰

在面部，鼻子处于醒目的突出位置。无论如何，都不可以令其不甚雅观。在修饰鼻部时，具体有下述三个要点。

（1）鼻部的保养

在修饰鼻部时，既要讲究卫生，又要重视其保养。在鼻上及其四周，若是爆皮、长疱、生出粉刺，都是不美观的。保养鼻部时，要采用正确的方法。不要乱挤、乱抠，也不要任其自然。

（2）鼻垢的清理

鼻孔及其周围，有时会出现一些鼻垢。清理鼻垢，宜回避他人，并免于响声大作。不要当众擤鼻涕、吸鼻涕、挖鼻孔，或者乱抹、乱弹鼻涕与鼻垢。在清理鼻涕、鼻垢时，不宜直接下手，而宜采用纸巾或手帕代劳。

（3）鼻毛的修剪

鼻毛要是长到一定的程度，便会冒出鼻孔之外。若是对其不进行修剪，它们久而久之甚至有可能成簇丛生，在鼻孔之外随风招摇，令人厌恶。所以对其宜定期修剪，但是不宜当众下手去对其连揪带拔。

5. 耳部修饰

耳朵尽管不是面部的抢眼之处，但它仍然时常处在他人的视线之内。大学生在修饰耳部时，主要应当注意以下两个问题。

（1）耳部的除垢

在修饰面部时，千万不要忽略自己的耳部。在耳朵背面，往往会隐藏着不少污垢；耳孔之内，也存在着飞入的灰尘及其自生的分泌物。在清洁耳朵时，对其应一并加以去除。但是，这些活动同样不宜当众进行。

（2）耳毛的修剪

每个人的耳孔之内，都长有耳毛。有些人的耳毛，还会长出其耳孔之外。一旦发现自己的耳毛长出了耳孔，一定要尽快对其进行修剪。与长出鼻孔的鼻毛一样，长出耳孔的耳毛也会对每个人的个人形象造成严重的损害。

二、头发修饰

依照一般习惯，人们在打量别人时，通常都是从头开始的；故曰"头，首也。"[①] 头发生长于头顶，属于人体的制高点，因此更受别人的注意。有鉴于此，深谙修饰之道的人在进行自我修饰时，往往都会从头发的修饰开始。

大学生在修饰头发时，主要应当重视头发的整洁、头发的造型、头发的长度与头发的美化等四大问题。

1. 头发的整洁

对于任何人来说，修饰头发的首位问题，都应当是确保其整洁。一个人的头发若是不够整洁，甚至蓬头垢面，便会显得过于邋遢，因而直接影响到别人对自己的看法。

大学生如欲保证本人头发的整洁，一般应当注意做好以下三点。

（1）勤于清洗

不论是男是女，不论头发是长是短，不论天气状况如何，都要坚持不懈地定期清洗头发，以求使之条理分明、清爽宜人，并且无异物、无异味。在正常情况下，大学生每周至少应当清洗两三次头发。有条件的话，则最好每天对其进行一次清洗。

（2）勤于修剪

要保持头发的整洁，对其定期进行修剪是一项必不可少的重要措施。听任头发自生自灭，长时间不进行修剪，或者是修剪头发不定期，都会令其蓬乱不堪、有碍观瞻。在正常情况下，大学生通常应当每半个月左右修剪一次头发。至少，也要保证每个月修剪一次头发。

---

① 许慎. 说文解字［M］.［宋］徐铉，等校. 上海：上海古籍出版社，2021：283.

（3）勤于梳理

梳理头发，是人们每天的必做之事，而且往往一天不止一次。经常梳理头发，才会令其有条不紊、一丝不苟。按照常规，在下述情况下，尤须自觉梳理：一是出门以前；二是换装之后；三是脱帽之后。在梳理头发时，通常有三点注意事项：一是不要当众进行梳理；二是不要直接以手梳理；三是不要随手乱扔断发。

2. 头发的造型

头发的造型，简称发型。它是指经过清洗、修剪、梳理或吹烫之后，人们的头发按照其主观意愿所呈现出来的一定的形状。

每个人在选择自己的发型时，往往需要同时考虑多重因素。一般而言，大学生在选择个人发型时，应当以朴素庄重、简单明快为主要风格。具体而言，则有下述三点尤须注意。

（1）个人条件

在选择发型时，发质、脸型、身材、性别、年龄、性格等，都应当尽可能地予以考虑。

其一，发质。中国人的发质，主要有硬发、软发、沙发、卷发四种。选择发型时，必须首先考虑本人发质。

其二，脸型。每个人的脸型都是固定不变的。常见的脸型有圆脸、方脸、长脸、三角脸、倒三角脸、六角型脸等。每一种恰当的发型，都必须与脸型相得益彰。

其三，身材。人们的身材有高、矮、胖、瘦之别。一般来说，身材高胖者、矮胖者、高瘦者、矮瘦者或身材适中者在选择发型时，自当有所不同。

其四，性别。男性的发型，讲究的是阳刚之美；女性的发型，崇尚的则是阴柔之美。二者显然有别，绝对是不容颠倒的。

其五，年龄。在一般情况下，青年人的发型应当显得朝气蓬勃，中年人的发型应当显得成熟稳重，老年人的发型则应当显得典雅含蓄。发型与年龄不符，看上去就会很不舒服。

其六，性格。每个人的发型，在一定时期内通常会相对保持稳定。相对稳定不变的发型，实际上体现着人们的不同性格。

（2）所处场合

从更高的层次上来说，人们所处的具体场合不同，其发型亦应随之而有所变化。大学生需要随之而变化发型的场合，大致有三种。

其一，工作场合。在工作场合，包括在校学习与校外实习的场合，发型通常愈是庄重文雅愈好。

其二,社交场合。在社交场合里抛头露面,讲究的是与众不同,故此发型可以别致一些、艺术一些。

其三,休闲场合。休闲场合,一般都是无拘无束的。在休闲场合里,发型则以朴实无华、随意自然为佳。

(3) 易于整理

从角色定位来讲,大学生首先是一名学生,其主要任务是专心读书、完成学业。因此,在选择发型时,大学生一定要理智而客观,不要过分地追逐时尚,不可忘记了自己的身份。实事求是地讲,一名大学生要是使自己的发型显得过于稀奇、古怪、前卫,例如以"崩克式""丐帮式""鬼魅式""梦幻式""玩偶式"或"二次元式"的发型作为自己的选择,往往便难于为常人所接受。

在选择发型时,大学生应当有意识地使自己的发型显得朴素庄重、简单明快。这样做,不但与自己的实际身份相符,而且还易于平时整理,不会浪费自己宝贵的时间。

3. 头发的长度

头发的具体长度,通常是人们为自己选择发型时所要优先考虑的一项重要因素。在日常生活中,人们在考虑自己头发的长度问题时,除去审美取向之外,往往还会兼顾职业、身份、时尚、民族、宗教以及气候状况等因素。

对于大学生而言,在考虑自己头发的具体长度时,最重要的是要切记男女有别。一般来看,男性的发型以短为主,虽然允许稍长一些,但少有披肩长发、梳辫挽髻;女性的发型以长为主,虽然可以稍短一些,但罕见光头之人。男女之间头发的长度一旦超越了极限,就会令人感到不男不女,甚至男女莫辨。

在涉及头发的具体长度时,大学生有必要注意以下三点。

(1) 通常不理光头

没有特殊原因的话,不论男生还是女生,都最好不要理光头。理了光头,只能算是标新立异,实际上并无任何美感可言。

(2) 男生宜留短发

男大学生的头发,应当以短为好。不仅如此,男大学生所留的短发,还应当具体做到:前发不覆额头、侧发不掩双耳、后发不触衣领,并且别留不符合其身份的发帘、大鬓角。

（3）女生约束长发

一头飘逸的长发，往往会给女大学生平添几分妩媚，因此披肩长发成了她们最为青睐的发型。但是，女大学生务必要对自己所留的长发有所约束，在正式场合则最好将其暂时束起来、盘起来或编成辫子，而切勿有意地将其披散开来或者甩来甩去。

4. 头发的美化

平日，人们为了养护自己的头发，或是为了使其更加美观，时常会使用一些养发、护发、美发用品，对其加以养护、打扮、美化，这就是所谓头发的美化，亦简称为美发。就一般情况来说，美发的基本方法有护发、染发、烫发以及佩戴假发、发饰、帽子等。在美发时，大学生可根据个人的具体情况，对上述方法加以选择。

（1）护发

护发，指的是头发的养护。就美发而论，护发既是基础，也是其关键。大学生在美发方面，最重要的就是要注意护发。要正确地护发，一是要长期认真坚持；二是要选择好护发用品；三是要采用正确的护发方法。以上三点，缺一不可。

（2）染发

染发，历来都是主要的美发方法之一。对大学生来讲，在染发方面首先所要考虑的是本人染发有无必要。中国人一向以一头黑发为美。假定自己的头发不够油黑，早生华发或者长有一头杂色头发，将其染黑，通常是合理的。不过若是为了追赶时髦，有意将自己的一头黑发染成其他颜色，甚至把它染得多色并列、五彩斑斓，则大可不必。

（3）烫发

如果确有条件，大学生尤其是女大学生可以采用烫发的方法，为自己做出一些端庄大方的发型。然而在选择烫发的具体发型时，切忌使之过于华丽、美艳、繁乱、怪异、另类、出位。至于在头发上烫出文字、字母、符号、花朵或其他图案的做法，对大学生也是不适宜的。

（4）假发

一般而言，大学生只有当自己的头发出现了明显的问题，例如掉发、秃发或者头发先天性生长不良时，才适合佩戴假发，以便弥补自己的缺陷。出于妆饰方面的目的而佩戴假发，虽说未必不妥，但也是不值得推崇的。

（5）发饰

佩戴发饰，是女性美发的一种常规手段。因此，女大学生佩戴发饰是允许的,而男大学生则不应当那样做。女大学生佩戴发饰,应当重在以之管束本人的头发,并且以其文雅大方为美。不论选择发带、发绳、发卡、发箍、发花,其色彩宜少、图案宜简、造型宜庄重。

(6) 帽子

佩戴帽子,而今已经被人们视为美发的一种方式。在这一问题上,大学生需要注意三点:一是要注意所戴的帽子与自己的着装协调与否;二是要讲究所戴帽子的款式大方而有个性;三是要谨记在尊长面前,以及其他一些庄严肃穆的场合必须自觉地脱帽为礼。

三、肢体修饰

肢体,又叫四肢。在日常生活里,它们不仅应用甚多,而且也备受关注。对于大学生来说,肢体的修饰在重要程度上虽然不及面部的修饰,然而对其掉以轻心也是不允许的。

在修饰肢体时,上肢的修饰与下肢的修饰往往有着不同的要求。大学生对于这些具体的要求,皆须认真遵照执行。

1. 上肢的修饰

在正常情况下,上肢是人际交往之中人们运用最多、最广的身体部位。如果拥有一双保养良好的手臂,它们通常都会给人以美感。相反,一双脏兮兮的手臂,定然会有损于人。因此,人们便把在人际交往中始终处于耀眼位置的手臂称作每一个人的"第二枚名片"。

大学生在修饰自己的上肢时,主要应当对以下三个方面的问题予以高度重视。

(1) 上肢的保洁

一个人的上肢,尤其是他的手部干净与否,往往会给人以深刻的印象,所以大学生务必要重视上肢的保洁问题。要做好这一点,首先就要郑重其事地对待洗手问题。洗手之后,必须做到无泥垢、无污痕。手上的一些碍眼的痕迹,例如烟渍、油渍、墨渍以及其他一切污渍,均应被认真清洗得一干二净。

从卫生的角度来说,洗手一定要勤。平时,大学生一定要自觉做到"五要洗手":一是吃东西前要洗手;二是"方便"之后要洗手;三是外出归来要洗手;四是工作前后要洗手;五是手脏以后要洗手。

大学生还必须牢记：不要在平时乱用自己的双手。例如，用手去揉眼睛、掏耳孔、抠鼻眼、剔牙齿、搔头发、抓痒痒、脱鞋袜、摸脚丫，或是以之四处乱摸、乱翻、乱动，都是很不卫生的。

(2) 上肢的保养

由于人们在日常生活里反复地使用自己的上肢，久而久之难免会使之"积劳成疾"，对其造成一定的伤害。故大学生平日必须高度重视自己手臂的保养，尤其是要照顾好自己的双手。

大学生必须意识到：不论自己的学习任务是何等的繁重，不管自己是多么地惜时如金，都不应该使之成为怠慢自己双手的借口。在一般情况下，一位大学生的双手如果总是粗糙、皲裂、红肿、生疮、长癣，或者创伤不断，则只能说明他疏于保养自己的双手。

(3) 上肢的妆饰

现代人在进行自身妆饰时，上肢往往是其一大重点，女性就更是如此。毋庸讳言，人们之所以要妆饰自己的手臂，自然是为了替自己增添美感。但是，大学生在妆饰自己的手臂时，必须慎重对待以下四点要求。否则，对自己手臂的妆饰就难有真正的美感可言。

一是不蓄长指甲。留长指甲，在某些人看来独具魅力，实际上则未必尽然。手指甲留得过长，往往会给人以不甚清爽之感。要是指甲缝里乌黑一团，则更会招致非议。因此，大学生还是以不蓄长指甲为好。一般来讲，一个人的手指甲以不长于其指尖为宜，不然就算是超长，就要及时予以剪短。对于修剪手指甲，一定要养成"三日一修剪，每日一检查"的良好习惯。

二是不存留死皮。在手指甲缝的周围，有时会出现一些大小不等的死皮。它们的出现，实际上是手部接触过不洁之物的结果。所以，一旦发现自己的手上出现了死皮，就要马上使用专用的剪刀或指甲刀将其剪掉。不要用手去对其乱撕，更不要用嘴去啃。那种做法不但极不卫生，而且还往往会使手指甲缝周围的皮肤参差不齐，十分难看。

三是不滥用彩妆。在校园里，大学生的打扮应当以朴实无华为主，因而在手臂上滥用彩妆是不得体的。一般来讲，大学生不宜在手指甲上涂抹彩色指甲油，不宜进行甲绘，不宜在手背、胳膊上使用贴饰、刺字或者绘图。凡此种种，均与大学生的实际身份不符。

四是不外露腋毛。在较为正规的场合，不允许大学生穿着暴露肩部的上衣，并且严禁打赤膊。这主要是因为那样做不仅不文明，而且还会令腋毛外露，有碍观瞻。需要明确的是：腋毛属于个人隐私部位，而且不甚雅观,所以不宜暴露在光天化日之下。即使有必要身穿无袖装时,也要先行剃去腋毛。

2. 下肢的修饰

人们行走时,主要借助于下肢。在人际交往中,人们观察他人时有"远看头,近看脚"的习惯。由此可知,每个人的下肢尽管不是其个人形象的主要代表之处,但也绝对不可以任其自然。

大学生在进行下肢修饰时,不但要合乎规范,而且还有必要力求尽善尽美,争取使自己足下生辉。下列三个细节问题,特别值得大学生予以注意。

(1) 下肢的清洁

在进行个人的清洁卫生时,大学生万万不可对自己的下肢有所忽略。若是不重视下肢的清洁,即便其他部位的清洁搞得再好,也是"凤凰头,扫帚脚",无补于事。对大学生来说,清洁自己的下肢有下列三个要点。

一是要勤于洗脚。人的双脚不但容易出汗,而且容易产生异味。如果做不到每天洗一次脚,便难有其清洁可言。此外,在洗脚时务必要面面俱到。对趾甲、趾缝、脚跟、脚腕等易被忽略之处,尤须认真注意,绝对不允许在此处藏污纳垢。万一有必要赤足穿鞋时,此点更不能马虎大意。

二是要勤换袜子。大学生平时除要勤于洗脚之外,还必须自觉地做到勤于换洗自己的袜子。在正常情况下,最好是每天都能换洗袜子。只有这样做,才可以双管齐下,预防脚臭。有可能的话,还应尽量不穿那些透气吸湿性差、易于产生异味的袜子。

三是要勤换鞋子。防止双脚异臭扑鼻,不但有必要勤换袜子,而且还有必要勤换鞋子。若长时间只穿一双鞋子,让其"超负荷运转",既会缩短其寿命,又会使其内部霉变,从而产生异味。因此,平时一定要勤于换鞋,并经常对其进行清洗、晾晒。在洗鞋或刷鞋时,要兼顾其内外,并且要使鞋面、鞋帮、鞋跟、鞋底一尘不染。

(2) 下肢的美化

在修饰下肢时,不但要遵守常规,而且要认真对其进行美化。在美化自己的下肢时,大学生须注意以下四点。

一是要掩饰腿毛。一般来说,腿毛多见于成年男性。但是由于多重因素的影响,少数女性的腿部偶尔也会长出一些腿毛;个别女性的腿毛甚至会长得又浓又黑。碰上了这种情况,而又需要穿裙子或短裤从而使双腿外露时,最好提前将其去除,或者是穿上一双色深而又不透明的袜子。男性长有腿毛,乃属正常情况,虽不必对其去除,但也不应将其展示于人。

二是要修剪指甲。大学生应当切记,如同自己的手指甲经常需要修剪一样,自己的脚指甲也需要定期进行认真的修剪。在修剪自己的脚指甲时,不仅要努力使之长度适当、轮廓美观,而且还应当同时使之干净卫生、洁白无瑕。除此之外,对脚指甲的保养,亦应加以重视。

三是要善待皮肤。在一般情况下,腿上和脚上的皮肤极易劳损,并且难于受到人们的重视。其实,在美化下肢时,要是不考虑美肤、护肤问题,就难以真正实现既定的目标。大学生平时对待自己的下肢要美肤、护肤并重,尤其重要的是要避免使自己下肢的皮肤受损。出现诸如死皮、皮肤开裂、伤痕遍布等情况,都直接会破坏下肢的外观。

四是要慎用彩妆。目前,不少时尚的女大学生对于在下肢化彩妆的做法趋之若鹜。在下肢化彩妆,主要是指在脚趾甲上涂彩色甲彩、在脚趾甲上进行彩色绘画,或者在脚上和腿上使用彩色贴饰以及刺字、绘图等。此举的主要目的,是为了引起别人对自己脚部或腿部的注意。因此,女大学生需要慎用此法。

（3）下肢的遮掩

在比较正式的场合,大学生还须善于利用服装与鞋袜对自己的下肢进行适度的遮掩,以便体现出自己的文明程度。若是不适当地令自己的下肢过分地暴露,难免会使自己显得缺乏教养。以下几点,尤须牢记。

一是不光腿。在正式场合,大学生最好不要光腿,特别是不要让大腿裸露。男性光腿,往往会令他人对其“飞毛腿”产生反感;女性光腿,则有卖弄性感之嫌。因此,在正式场合请切记:别光腿穿热裤和超短裙。

二是不赤脚。大学生在参加正式活动时,务必要穿上袜子,而不宜为了贪图舒适方便而去充当“赤脚大仙”。不允许赤脚穿鞋,不但是为了美观,而且也是参加正式活动的一种基本礼貌。

三是不露脚趾。参加正式活动时,通常不宜穿凉鞋或拖鞋,而是要求穿式样保守的鞋子。之所以如此,主要是为了避免使脚趾暴露出来。即便穿上比较正式的鞋子之后趾缝显露在外,也是不美观的。

四是不露脚跟。在正式场合所穿的鞋子,一般都必须带有后帮。若是穿着没有鞋帮的鞋子或趿拉着鞋子从而使自己的脚后跟显现在外,尤其是赤脚穿鞋时这么做,既会使自己显得过于散漫,也会使自己的整体形象遭到破坏。

特别需要在此强调的是,大学生所进行的个人修饰,务必要单独进行,尤其是不宜当众梳头发、修手指甲、剪脚指甲。

第二节 化妆

在一堂俄语的选修课上,女大学生李佳佳受到了外籍教员彼得罗夫娜老师的注意。当时主要的原因是李佳佳趁着老师在为其他同学答疑时,便忙里偷闲,掏出自己的化妆盒,对着小镜子悠然自得地涂起了口红。下课之后,她被老师请到了教员休息室。

老师心平气和地对她说:"我很欣赏你是一位爱美的姑娘。但是,作为老师和朋友,我想告诉你:如果我是你的话,我是不会在公众的关注之下进行化妆的。"李佳佳斗胆向老师讨教:"彼得罗夫娜小姐,您认为那么做有什么不好吗?"对方认认真真地回答说:"并不是我个人认为那么做不好,而是因为那样做在国际上普遍被看作是在卖弄风骚。在国外,只有风尘女子才会那么做,而良家妇女绝对不会如此这般。"

正所谓一席话惊醒梦中人,彼得罗夫娜老师的循循善诱,让李佳佳闻者咋舌,既大有获益,又颇为愧疚。她至此才真正地懂得,化妆虽为个人私事,但也不能肆意而为。

在日常生活里,现代人尤其是广大女性,往往对化妆的问题极其重视。化妆,是指人们采用专门的化妆品来打扮自己,从而使自己的容颜更加靓丽可人。

一般来讲,在正常的人际交往中,成年人特别是成年妇女进行适度的化妆,通常是完全必要的。这样做,既是本人自尊自爱的一种表示,也是对交往对象重视的直接体现。在国际交往中,不论上班还是参与社交活动,一名成年妇女如果不化妆,都会被视为不懂得起码的礼貌。

作为社会上比较特殊的一部分成年人,大学生在化妆方面亦有一定之规。其基本要求是:悉听尊便;可化淡妆。

上述基本要求,主要包含两层意思:一方面,大学生在化妆与否的问题上可以悉听尊便。也就是说,大学生可以化妆,也可以不化妆。换而言之,有条件、愿意化妆的人可以化妆,没有条件、对化妆不感兴趣的人则完全可以不化妆。

另一方面,大学生如果打算化妆的话,则最好以化淡妆为宜。因为平时化淡妆与大学生的身份最是相称,而浓妆艳抹则会使之显得不务正业、不伦不类。

总而言之,在大学生的化妆问题上,有着一系列的礼仪规范必须认真遵守。只有认真遵守相关的礼仪规范,需要化妆的大学生才会使自己的化妆正点到位。

一般而言,有关大学生化妆的礼仪规范,主要包括化妆的守则、化妆的禁忌等两方面的内容。掌握这些基本的化妆礼仪,对于大学生日后走上社会也会有一定的帮助。

一、化妆守则

大学生如果有必要化妆的话,就一定要遵守化妆守则。所谓化妆守则,就是人们在化妆时所必须遵守的基本要求或共同规则。它对于人们的化妆发挥着指导性、规范性的重要作用。

从总体上来看,大学生平时所进行的化妆主要是一种生活妆。然而由于受其特殊身份及特殊氛围所限制,大学生的生活妆,与常人的生活妆又存在着显著的不同。这些不同,主要体现在以下五个方面。

应当说明的是,下述五项守则不仅是大学生化妆时应当认真恪守的,而且也是其必须全面兼顾,不可任意偏废的。

1. 淡雅

大学生平日的化妆,应当以淡妆为主。换而言之,淡妆,即妆容淡雅的化妆,应为大学生化妆时的优先选择。

化淡妆,一般都是相对于化浓妆而言的。它的主要风格,是真实、自然。因此,它也叫自然妆。所谓浓妆,则以夸张、抢眼、重彩浓抹为主要风格。后者多适用于新娘或演员,往往类似舞台妆。在一般活动中,它并不一定适用。

大学生要做到化妆淡雅,就要讲究妆面的自然、素净、雅致、浑然天成,而不宜刻意对其进行雕琢或强调。若是做到了"妆成有却无",化妆之后看不出其明显的痕迹,而是本人天然若此一般的美丽,才是真正高水准的化妆。

2. 庄重

在任何一个国家里,人们都对大学生寄予厚望。朝气蓬勃,好学上进,思圆行方,通常都是社会对于大学生所提出来的基本要求。在进行个人化妆时,尤其是为参加正式活动而进行化妆时,大学生有必要谨记社会对自己所提出的基本要求,使之显得庄重大方。

欲使自己的化妆具有庄重的特征,关键是在化妆时要认真恪守成规、符合传统,与公众的审美标准相吻合。不要在化妆时标新立异、借题发挥,不要过分地张扬个性,不要过度地追求化妆的前卫或出位。

大学生平时的化妆,切勿显得轻浮、随便,从而给人以华而不实、不务正业之感。一些在社会上流行一时的化妆方式,诸如金粉妆、印花妆、晒伤妆、雀斑妆、泪痕妆、宝宝妆、拟古妆、太空妆等,都不应为大学生所取。

3. 简洁

就一般情况来说,大学生在日常生活里的化妆,应当以简单明了为本。也就是说,平时大学生的化妆应当是一种简妆。如果大学生动辄盛妆而出,只要化妆就非去搞一次大全套化妆不可,既浪费时间,又与身份不相称。

要求大学生化妆简洁,是其践行自然、庄重两项守则的必然。一个人的化妆要做到自然而庄重,往往就必须以简洁为要。反过来说,一个人的化妆若是真正地做到了简洁,通常又会给人以自然、庄重之感。

要求大学生化妆简洁,主要的可操作方法,就是化妆时应当抓住重点,以眼睛、嘴唇、面颊为化妆的主要部位,而不必讲究面面俱到、无一遗漏。与此同时,化妆的手法应当简单易行,化妆的风格应当简单明快。

4. 协调

古希腊哲学家毕达哥拉斯认为:美是对称与成比例,亦即美是协调。从根本上来讲,能够真正反映出大学生化妆水平高低的,是其化妆是否重视协调问题。具体而论,化妆的协调与否,又体现在下述四个方面:

(1) 化妆与身份是否协调

任何情况下,大学生在化妆时都必须牢记自己的身份,不要因为化妆不慎而有失身份。

(2) 化妆与场合是否协调

在不同场合里,化妆的具体要求往往有所不同。在学习、工作时,宜化淡妆;在社交场合,化妆可稍许偏浓;而在参加休闲活动时,则完全不必化妆。

(3) 化妆与服饰是否协调

化妆的时候,亦须考虑自己同时穿戴服饰的款式、质地与色彩。令其彼此和谐、般配,方为得体。

(4) 化妆各部位是否协调

在化妆时,应当有意识地使一些醒目部位的妆容,例如唇彩、腮红,在其色彩、浓淡上彼此遥相呼应。

5. 避短

大学生平时所化的生活妆,显然以美化自身形象为主要目的。要在化妆时美化自身形象,关键是要善于凭借化妆手段的运用,为自己的形象扬长避短。

扬长避短,是人们化妆时必须遵循的基本守则。所谓扬长,就是要在化妆时强调自己在形象上的主要长处,适当地展示自身的优势。所谓避短,则是指在化妆时应当努力回避自己在形象上的突出短处,认真地掩饰自身的不足。显而易见,扬长与避短相辅相成,是常人化妆时皆应兼顾的。

在化妆时扬长避短的问题上,大学生必须清醒地意识到:自己化妆的重点应当是避短,而不应当是扬长。在化妆时刻意避短,是为了不使自己形象受损、见笑于人,因而非常必要。而在化妆时过度扬长,则有自卖自夸之嫌,所以是不合适的。

二、化妆禁忌

既然要化妆,大学生就要防止使自己的化妆出现差错。人们在化妆时经常有可能出现的严重差错,即化妆者所必须努力避免的化妆的禁忌。

对于大学生来说,化妆时所必须回避的禁忌,主要包括以下五点。

1. 技法出错

人们所进行的正常化妆,一定要遵守常规的化妆方法。否则,其化妆便难以为他人所接受。假使一位大学生不谙化妆之道,那么她即便不化妆,也要比自己贸然化妆,从而在化妆后贻笑大方要胜过许多。

之所以强调此点,主要是因为一个人不化妆时,顶多是其个人形象欠佳而已,而要是化妆时在技法上出现了显著的过错,则必然会暴露出其自身素质方面的严重不足。

例如,在课堂上,一名女大学生的化妆若是以其粗黑的眼线、鲜红的唇彩、满颊的腮红、厚重的妆粉、袭人的香气展现在众人面前,则不仅不会提升其个人的品位,而是只会给人以粗鄙之感。

2. 离奇古怪

就一般状况来讲,大学生平常所进行的化妆,最重要的是要与其朝气蓬勃、好学上进的精神风貌协调一致,进而有助于塑造出其英姿勃发、仪表堂堂、光彩照人的良好形象。有鉴于此,大学生通常所进行的化妆,绝对不应该以另类、出位的风格而见长。

不论社会正在流行何种化妆风格,大学生都应该对其保持冷静的态度,切切不可全盘照搬、来者不拒,不可使自己的化妆完完全全地为时尚流行所左右。

在正常情况下,大学生的化妆十分忌讳离奇古怪。也就是说,大学生的化妆如果有意地偏离了社会对其进行的角色定位,而专门去追求自己妆容的荒诞、怪谲、神秘与异化,或者存心令自己的化妆出格,从而令人侧目而视,甚而产生令人咋舌和毛骨悚然的效果,都必定有损于大学生的个人与群体形象,因而根本不应当提倡。

3. 残妆示人

大学生一旦化妆,就要作到有始有终,努力维护妆面的完整性。具体而言,就是要时常对妆面进行检查,并且及时地进行补妆。所谓补妆,指的就是化妆者在发现妆面出现问题时,适时适度地对其进行局部性的修补与复原。假定疏忽了这一点,化妆者的妆容就可能出现残缺,并且随着时间的推移而进一步扩大化,从而使其化妆效果乃至个人形象受损。

因此,化了妆的大学生无论如何都不应该以残妆示人。在此问题上,有四点值得注意。

其一,化妆后时常检查。大学生化妆以后,需要对自己的妆容经常进行检查,免得其出现明显的残缺而自己却未能察觉。休息之后、用餐之后、饮水之后、出汗之后、更衣之后以及运动之后,尤其应当及时地自察妆容。

其二,妆残后马上补妆。发现自己的妆容出现残缺以后,化妆者即应立刻进行补妆。切莫长时间地以残妆示人,更不能索性对其不管不顾。

其三,补妆时回避他人。补妆之际,化妆者一定要选择无人在场之处进行。切不可随时发现随时补妆,而置在场的其他人士于不顾。

其四,补妆时方法得当。补妆虽为临时性措施,但也不可马虎大意。正确的补妆,既非重新进行一次化妆,亦非在原有的妆面上进行重描,不然化妆就有可能变成化"脏"。补妆必须以补为主,重在弥补原有妆面的残损之处。

4. 当众化妆

根据礼仪规范,化妆是一种私人行为,只宜于无人在场之际悄然进行。要是在大庭广众之中旁若无人地进行化妆,显然是一种犯规之举。喜欢化妆的大学生,一定要谨记这一点。在下列三个方面,经常化妆的大学生尤须注意。

其一,不在公共场合化妆。在公共场合化妆,是一种既不尊重自己,也不尊重其他在场者的表现。在某些特殊的公共场合当众化妆,有时还会招惹是非,甚至有辱自身。因此,在教室、会场、餐厅、酒店、机场、高铁站,以及图书馆、博物馆、美术馆、实验室、报告厅,大学生尤其不可当众化妆或者补妆。

其二,不在熟人面前化妆。有人认为,在外人面前化妆属于失礼,而在熟人面前化妆则未必不可。这种看法其实是错误的。当着熟人的面化妆,等于对自己漂亮起来的原因自行揭秘,因而会直接破坏自己化妆的效果。

其三,不在异性面前化妆。面对异性时,不论对方同自己的关系是近是远,都切切不可化妆。否则就会使对方产生自己是在搔首弄姿、吸引异性的不良印象。

5. 指教他人

大学生还必须牢记,不论直接还是间接地对别人的化妆进行指教,都是不礼貌的。具体来说应关注以下三点。

其一,不议论别人的化妆。化妆与否,怎样化妆,都属于纯粹的个人自由。因此,不允许随随便便地对别人的化妆指手画脚、说三道四。

其二,不打探别人的化妆。正是由于化妆属于一种私人行为,所以对于其他化妆之人所用化妆品的品牌、价格以及化妆的具体手法等,都不允许贸然打听。

其三,不批评别人的化妆。在一般情况下,如果其他化妆者未曾直接向自己进行讨教的话,通常都不允许对对方的化妆进行批评、指责或否定。当众这样做,则更为不妥。

第三节　仪态

暑假来临,阎培华、梅眉和同学们一起,参加了学校组织的社会实践活动,前往厦门进行考察。

途中的高铁上,他们碰巧同一对来华旅游的澳大利亚夫妇坐在一起。阎培华和梅眉不但对那对澳大利亚夫妇有问必答,而且还主动向对方介绍了不少中国大陆著名的风景名胜及其主要交通方式。

或许是出自诚心,或许是为了报答他们两人的好意,在交谈之中,那位澳大利亚先生蓦地对梅眉说:"小姐,你知道吗? 你长得非常美丽。"与此同时,他的夫人也夫唱妇随,认认真真地面对阎培华道:"是的,我认为这位小伙子也十分英俊。"对于对方这种突如其来的过于直率的赞美,阎培华与梅眉二人几乎不约而同地双眼正视赞美他们的人,面含微笑,客客气气地答以"谢谢!"正是他们的此番表现,又赢得了对方进一步的由衷夸奖:"你们亲切大方,相识真愉快。"说真话,阎培华与梅眉当时若以害羞、木然、惊愕、恐惧或者愤怒的神态表情去面对那对澳大利亚夫妇,肯定不会给对方以落落大方、见过世面之感。

仪态,泛指人们身体平时所呈现出来的各种姿势,亦即身体的具体表现和造型。有时,它又叫作仪姿、姿态。具体而言,仪态又可以进一步地被区分为举止动作、神态表情以及相对静止的体态。在日常交往里,每一个人都会以一定的仪态出现在他人的面前,并且借着自己的一颦一笑、一举一动向别人传递着各种不同的信息。

一定的仪态,可以向他人传递一定的信息。因此,仪态又被称为人的体态语。有人为强调其重要性,还将其称作人类的"第二语言"。

大学生在学习仪态礼仪时,必须以仪态美作为自己努力的目标。所谓仪态美,以仪态的文明、优雅、美观、和谐为基本特征,并且以高贵的气质、迷人的风度为具体表现形式。应该说,仪态美既建立于一个人的内在美即心灵美的基础之上,又真实而准确地将其直接地表现了出来。离开了心灵美,便难见真正的仪态美;而离开了仪态美,心灵美同样也难以展现。

《礼记》要求:"正容体,齐颜色。"[①] 具体而言,大学生在站立、行进、蹲坐、手臂的具体姿势和神态表情方面,都要力求完美、自然而规范。

一、站立姿势

站立姿势,亦称站姿或者立姿,它是指人在停止行动之后,身体直立,双脚着地或踏在物体之上的姿势。它是人们平时经常采用的一种静态的身体造型,同时又是其他各种静态或动态的身体造型的基础与起点。

在人际交往中,站立姿势是每个人全部仪态的核心。《礼记》要求:"立如齐,"[②] 即站立时应当恭敬、端直。如果站立姿势不够标准,其他姿势便根本谈不上优美而典雅。因此,大学生对自己的站立姿势不可不加以重视。

1. 基本的站姿

具体来说,人们平时的站立姿势主要呈现为三种基本形态,即立正、稍息与跨立,其中以立正为常人基本的站姿。基本的站姿,实际上指的是人在自然直立时所采取的最标准的姿势。它的主要要求是:身正、头端、肩平、手垂、胸挺、腹吸、臀收、腿直、脚稳。

由于在性别方面存在差异,男女双方的基本站姿又各有一些不同的具体要求。从总体上看,对男性的主要要求是稳健,对女性的主要要求则是柔美。

(1)男子的站姿

成年男子在站立之时,应当显现出男性刚健、强壮、英武、潇洒的风采,应当给人以一种"劲"的壮美感。

具体而言,在采取基本的站姿时,男性通常应当双目注视前方,双手相握、叠放于腹前,或者将其背于身后,然后相握。双脚可以稍许叉开,但一般应以与肩部同宽作为双脚叉开后两脚之间相距的极限。

有的时候,男子在采用基本的站姿时,亦可双臂自然下垂,双手掌心

---

① 礼记[M].[元]陈澔,注.金晓东,校点.上海:上海古籍出版社,2016:669.

② 同①,2.

向内、指尖朝下后贴放于自己大腿的两侧。其双脚脚尖叉开,同时脚跟并拢,亦是许可的。

(2) 女子的站姿

按照常规,成年女子在站立时,要努力体现出女性轻盈、妩媚、娴静、典雅的韵味,并且力求给人以一种"柔"的优美感。唯其如此,才是成年女子站立的正确之法。

要达到以上标准,女性在采用基本的站姿时可略做变通。具体来说,双眼应当注视前方,双手应当相握或者叠放于腹前。

在采用基本的站姿时,对女性的脚位也有着特殊的要求。一般认为:双脚完全叉开的脚位,不宜为女性所取。若要显得站姿优雅,女性要么应当采用"V"状脚位,要么应当采用"Y"状脚位。前者的做法,是双脚脚尖叉开,但脚跟并拢。后者则是指一只脚的脚跟,贴靠在另外一只脚的内侧,它也被人们叫作"丁字步"。

2. 变化的站姿

基本的站姿固然中看,但此种站姿难以长久保持,否则极易使人疲劳,而且还会给人以矫揉造作之感。因此,在日常生活中,可根据本人的实际需要,而使自己的站姿适当地有所变化,此即所谓变化的站姿。

一般来说,需要大学生掌握的常用的变化的站姿主要有下列四种。它们尽管与基本的站姿略有不同,但也各有其一定之规。

(1) 等人时的站姿

在等待他人时,可采用此种站姿。其最大特点,是可以使站立者感到轻松而舒适,但不宜在正式场合采用。具体而言,它有以下五个要点:一是上身应当伸直,并且目视前方。二是头部保持端正,不要将其扭来扭去,下巴不要向前伸出。三是肩、臂自然放松,但手部不要随便摆动。四是双腿可以分开一些,或者自由地进行交叉;双膝亦可分离,但切勿相距过远。五是双脚可以适度地叉开,并且交替地放松。不过交替放松的双脚不宜换动频繁,不然就会给人以浮躁不安之感。

(2) 交谈时的站姿

与他人进行交谈时,往往有可能在短时间内采用站姿。此时此刻,越是对交谈对象表示尊重,就越要讲究本人的站姿。与人交谈,身前且无屏障之物时,站姿通常应当正规而美观。它的基本要求,共有下列四点:一是面部朝向自己的交谈对象,并且带有自然而亲切的笑容。二是手臂可以持物,也可以自然下垂。在手臂垂放时,自肩部至中指应当呈现为一条自然的垂线。三是双腿既可并拢,亦可稍许叉开。当双腿叉开时,双膝最好并拢不变,并且前后略为重叠。四是双脚可呈稍息状,或是一前一后站成"丁字步"。

(3) 有屏障时的站姿

在人际交往之中,假定需要较长时间地站立,而身前又有屏障之物时,通常可采用此种较为松弛的站姿。其最大的优点,是不易令站立者疲惫不堪。它的基本要求有五点:一是肩、臂应当自然放松。在敞开胸怀的同时,一定要伸直自己的脊背。二是手、脚可以适当地放松,不必令其始终保持高度紧张的状态。三是双手可采用臂部微曲、指尖朝前的做法,轻轻地扶在诸如桌、椅一类的屏障之物上。四是双膝要尽量地伸直,切莫任其出现明显的弯曲。五是可以一条腿为重心,而将另外一条腿向外侧稍稍伸出去一些,并使双脚呈叉开或交叉之状。

(4) 乘车船时的站姿

有些时候,乘车船亦需采用站姿。乘车船时,站姿的基本要求是既要安稳,又要安全。作为一种特殊情况,乘车船时的站姿基本要则有五项:一是身躯应当挺直,小腹应当内收,臀部同时需要略微用力。二是头部以端正竖直为佳,并且最好是同时目视前方。三是双手可以轻轻地相握于身前,或者是用一只手去扶着扶手、拉着吊环。四是双脚要尽可能地伸直,膝部不仅不要弯曲,而且还应当有意识地稍向后挺。五是双脚可以分开站立,重心要放在脚跟与脚趾中间。不到万不得已,分开站立的双脚间距不宜宽于自己的肩部。此外,与周围之人应当尽量保持一定的距离,并要防止身体摇摆晃动。

3. 不良的站姿

不良的站姿不仅不够雅观,而且缺乏敬人之意。需要大学生努力克服的不良的站姿主要有如下八种。

(1) 身躯歪斜

古人曾对站姿提出过"立如松"的基本要求。它说明,在站立之时,以身躯的直正为美,而不允许其歪歪斜斜。大学生在站立之时,若是身躯明显地歪斜,例如头偏、肩斜、腿曲、身歪,或是膝部不直,不但直接破坏了人体的线条美,而且还会使自己显得颓废消沉、萎靡不振。

(2) 浑身乱抖

在站立的时候,允许站立者的体位略为变动。不过从总体上来看,站姿属于一种相对静止的体态。因此,在站立时不宜频繁地变动体位,甚至全身上下乱动不止。

（3）弯腰驼背

弯腰驼背,实际上是一个人身躯歪斜的一种特殊表现。在站立时,一个人如果弯腰驼背,除去其腰部弯曲、背部弓起之外,通常还会同时伴有颈部弯缩、胸部凹陷、腹部凸出、臀部撅起等一些其他的不良体态。凡此种种,都会显得一个人缺乏锻炼、无精打采,甚至健康状况不佳。

（4）趴伏倚靠

在大庭广众之中,大学生要确保自己"站有站相",就切切不可在站立之时自由散漫、取巧偷懒。在众目睽睽之下,随随便便地趴在一个地方小憩,伏于某处左顾右盼,倚着墙壁、门框、墙台而立,靠在桌子、柜子、书架的边上,都是不许可的。

（5）半坐半立

在正式场合,大学生一定要牢记坐立有别,该站的时候就要站,该坐的时候就要坐。在站立之际,大学生绝不可以为了贪图安逸而擅自采用半坐半立之姿。当一个人半坐半立之时,站不像站,坐不像坐,不但样子不好看,而且还会显得过分地随便。

（6）手位失当

站立的时候,必须注意以正确的手位去配合站姿。大学生在站立时手位失当,必定会破坏站姿的总体效果。站立时不当手位主要有六种:一是手部摸来摸去;二是两手抱在脑后;三是用手托着下巴;四是将手抱在胸前;五是双手抖来抖去;六是以手插在衣服的口袋之内。

（7）腿位不雅

所谓腿位不雅,主要是指站立时,站立者腿部的姿势不甚雅观。不雅的腿位,常见者主要有四种:一是双腿间距过宽;二是双腿扭在一起;三是双腿同时弯曲;四是一腿高高抬起。特别应当指出的是:将一条腿抬得高过另一条腿的膝部,显然是很不文明的。

（8）脚位欠妥

在站立时,脚位不要出现差错。在正常情况下,"V"字式、"Y"字式、平行式的脚位均可采用,而下述五种脚位则必须予以避免。一是"人"字式。"人"字式脚位,又叫作"内八字"式,其做法是两脚脚尖并拢,而跟部则大幅度地分开。二是"蹬踩式"。它指的是在一只脚站在地上的同时,而把另一只脚踩在鞋帮上,或是踏在其他物体上。三是"独脚式"。所谓"独脚式"脚位,即仅以一只脚站立,而用另一只脚悬空,或站在前者之上。四是"侧脚式"。站立者在站立时以一只脚或双脚的侧部着地的脚位,即为"侧脚式"。它既有难度,也不好看。五是"点地式"。它指的双脚交替或只用一只脚不断地点击地面。

二、行进姿势

行进姿势,亦称行姿或者走姿,它指的是人们在行走时所采取的具体姿势。就总体而言,行进姿势是人体所呈现出的一种动态。它以站立姿势作为其基础,实际属于站立姿势的延续。

在采取行进姿势时,尤其是当其有目共睹时,大学生既要使之稳重大方,又要保持正常的节奏。只有如此,方可体现出行进的动态之美。具体来讲,主要应关注两个方面的问题。

1. 正确的行姿

正确行姿的基本要点是:身体协调,步姿优美,步伐从容,步态平稳,步幅适中,步速均匀,走成直线。进而言之,行进时主要应当注意下述六个重点环节。

（1）方向明确

在行进时,大学生一定要保持相对明确的方向,并且尽可能地使自己犹如在一条直线之上行走。具体的方法是,行进时应以脚尖正对着前方,形成一条虚拟的直线。每前进一步,脚跟都应当落在这条直线之上。做到了这一点,行进者往往便会给人以稳健感。

（2）步幅适度

步幅,又叫作步度,它指的是人们每行进一步时,前后两脚之间的距离。通俗地讲,所谓步幅就是人们行进之时脚步的大小。尽管在生活里步幅的大小往往因人而异,但对于大学生来说,其行进时最佳的步幅通常应与本人一只脚的长度相近。即男子每步约40厘米,女子每步约36厘米。在行进时,一个人步幅的大小还须大体上能够保持一致。

（3）速度均匀

人们行进时的具体速度,一般被称为步速。对大学生来说,在不同的场合,其步速固然可以有所变化,但是在某一特定的情况下,则有必要使其相对地保持稳定,并且比较均匀。应当注意的是:不宜使之过快过慢,或者忽快忽慢;不宜使之在一定的时间内变化甚大。通常认为,在一般情况下,大学生在每分钟内走 60~100 步比较正常。只是男大学生往往走得稍快一些,而女大学生则大都走得较慢。

(4) 放准重心

在行进过程中,一个人身体的重心能否被放准,对于行进姿势的正确与否具有重要的影响。要在行进中放准自己身体的重心,最重要的是在起步时,身体须向前方微倾,全身的重量要有意识地落在前脚掌上。在整个行进的过程里,要注意使自己身体的重心随着脚步的移动不断向前过渡,并且务必不要让其停留在自己的后脚上。

(5) 身体协调

在行进时,每个人都应当使自己身体的各个部位尽可能完美地配合。要想在行进过程里保持身体各部位之间动作的和谐,就一定努力做到走动时,要用脚跟首先着地,膝盖在脚部落地时一定要伸直,腰部应该成为身体重心移动的轴线,而双臂则须在身体两侧一前一后自然地摆动。上述重要细节若是稍有闪失,行进的姿势就有可能变得不伦不类。

(6) 造型优美

在行进之际保持本人整体身体造型的美观,是大学生不容忽略的一个重要问题。欲使自己在行进中保持身体的优美造型,就一定要做到昂首挺胸,步伐轻松而矫健。其中至为关键的,是行进时务必要面对前方,双眼平视,挺胸收腹,直起腰、背,伸直腿部,落脚稳重,使自己的全身从正面看上去犹如一条直线一般。

大学生在行进姿势的学习、训练中若真正对以上六个环节予以重视,则其行姿就会令他人刮目相看。

需要说明的是,由于男女有别,男大学生与女大学生在行进之时除了基本的要求大体上一致之外,行进姿势还具有一些显著的差别。一般来说,男大学生在行进时,通常速度稍快,步幅稍大,步伐奔放有力,充分展现着男性的阳刚之美。女大学生在行进时,则往往速度较慢,步幅较小,步伐轻快飘逸,得体地表现了女性的阴柔之美。这一区别作为一种常态,早已为人们所默认。

2. 错误的行姿

日常生活中,大学生需要自觉予以纠正的错误的行进姿势主要有下列五种。

(1) 步态不雅

一个人在走路时如果步态不雅,难免就会有损其个人形象,至少在其仪态方面会被别人打低其"印象分"。平时,大学生应当有意识地避免的不雅步态主要有六种:一是鸭子步,即走起路来摇摇摆摆,步履蹒跚。二是螃蟹步,即走路之时横行霸道,不合常规。三是斜行步,即行进时不是直线向前,而是歪歪斜斜。四是点地步,即走路时脚尖首先着地。五是外八字步,即走动时脚跟靠拢,脚尖大幅度地分开。六是内八字步,即走动时脚尖靠拢,脚跟大幅度地分离。

(2) 体位失常

虽说一个人在走路时主要用脚,但这并不意味着与身体其他部位毫不相干。实际上,一个人走路时若是其身体的其他部位缺少应有的配合,就难有正确的行进姿势。常见的失常体位主要有四种:一是头位失常;不论俯首还是仰观,只要不是双目平视前方,始终保持走路时头部直正,便是错误的。二是肩位失常。走路时双肩应当平如一条直线,而绝对不可以一高一低。三是臂位失常。双臂在行进时应当一前一后地在身体两侧匀速摆动。令其僵直不动或者同向运动,都不可以。四是腿位失常。不要在走路时忘记伸直腿部,或者是使其过分地伸向身体两侧。

(3) 方向叵测

在正常情况下,每个人在行进过程中都会保持既定的方向,并且尽可能地选择直线行走的方式。凡是在公共场合行进时,大学生一定要牢记这一成规。没有特殊原因的话,切勿在行进中反反复复、毫无规律地变换自己的行进方向。尤其要避免在众人的注视之下,不停地走来走去。否则,既会使自己显得神经兮兮,又会有碍于别人。

(4) 蹦跳奔跑

在人多之处行走时,大学生切勿过分张扬,有意给别人以招摇过市的感觉。要保持自己的风度,不要使自己的行进显得过分情绪化。假定有急事需要处理,自可在行进中适当地加快自己的步伐。然而若非碰到紧急情况,则最好不要匆匆忙忙地连蹦带跳、跑来跑去。在公共场合,尤其是在熟悉自己的人面前,不要蹦蹦跳跳,不要一言不发地突然狂奔而来或狂奔而去。

(5) 制造噪声

在行进时,要体现出个人的良好教养,大学生还必须使自己的走动悄然无声,而不是大张旗鼓地制造噪声。在下列四个方面,特别需要注意:一是走路应当轻手轻脚。在落脚时切勿过分地用劲,使自己走得"咚咚咚"直响。二是平时切勿踢来踢去。在走路时,如果踢来踢去,不论是空踢抑或实踢,都可能会形成噪声。三是要慎穿钉着跟的鞋子。在比较正式的场合,最好不要穿钉着金属跟或掌的鞋子,以免它们在走动时频频作响。四是要防止鞋子不跟脚。通常所穿的鞋子一定要大小合适,若是它不跟脚,走动时就有可能发出"踢里跶拉"的噪声。

三、蹲坐姿势

在常见各种体态中,蹲的姿势与坐的姿势截然不同。但是,二者都是由站立姿势或行进姿势演化而来的同属于静态的体位。对普通人来讲,平时采用蹲的姿势较少,而采用坐的姿势则相对要稍多一些。在外人面前,不论是蹲是坐,大学生都不可肆意妄为。

1. 蹲的姿势

蹲的姿势,是指人们由站立或者行进的姿势,转变成双腿弯曲,身体的高度明显发生下降的姿势。

蹲姿类似于坐,但它并非臀部着地,或者以之触及座椅。蹲姿又有些类似于跪,但它又不是双膝同时着地。由此可见,蹲姿与坐姿、跪姿既有联系,更存在着一定的区别。

一般而言,一个人采用蹲姿的时间不宜过久,否则就会感觉不适。在面对蹲姿时,大学生主要应当搞清楚下列三个方面的问题。

(1) 标准的蹲姿

在有必要采用蹲姿时,一定要努力做到姿势标准。在日常生活中,以下四种标准的蹲姿,可供大学生所借鉴。

一是高低式。高低式蹲姿,平时最为多见。它的基本特征,是下蹲后双膝一高一低。其主要要求是:蹲下之后,双脚不宜并在一起,而应左脚在前,右脚靠后。具体来说,届时左脚应完全着地,小腿基本上垂直于地面;右脚应当脚尖着地,右脚跟则需要提起。此刻,右膝宜低于左膝,右脚内侧可倚于左小腿内侧,形成左膝高右膝低之态。臀部应当向下,基本上用右腿支撑身体。采用此式时,女性应并紧双腿,男性则可将其适度地分开。男性选用这种蹲姿,往往更加方便。

二是交叉式。交叉式蹲姿,主要适用于女性,尤其是适合身穿短裙的女性在公共场合采用。它的优点是造型优美典雅,缺点则是操作难度较大。它的基本特征,是蹲下后双腿交叉在一起。其主要要求是:在下蹲时,右脚在前,左脚居后;右小腿垂直于地面,全脚着地。右腿在上、左腿在下,二者交叉重叠。左膝从后下方伸向右侧,左脚跟抬起,并以脚尖着地。两腿前后靠近,合力支撑身体。上身微向前倾,而臀部朝下。

三是半蹲式。半蹲式蹲姿,多为人们在行进之中临时采用。它的正式程度不及前两种蹲姿,然而运用起来则较其方便易行。它的基本特征,是身体半立半蹲。其主要要求是:在蹲下之时,上身稍许下弯,但不宜与下肢构成直角或者锐角。臀部务必朝着下方,而不应向上撅起。双膝可以微微弯曲,其角度可根据实际需要有所变化,但一般应为钝角。身体的重心应当被放在一条腿上,然而双腿之间却不宜过度地分开。

四是半跪式。半跪式蹲姿,又叫作单跪式蹲姿。它与半蹲式蹲姿一样,也属于一种非正式的蹲姿,多适用于下蹲的时间较长,或者为了便于用力之际。它的基本特征,是双腿一蹲一跪。其主要要求是:下蹲以后,改用一腿单膝点地,以其脚尖着地,而令臀部坐在其脚跟之上。与此同时,另外一条腿应当全脚着地,小腿垂直于地面。双膝必须同时向外,双腿则宜尽力靠拢。

(2)错误的蹲姿

即便有必要采用蹲的姿势,大学生也应当避免出现下述六种错误。

一是突然下蹲。需要下蹲之时,千万不可速度过快、迅猛异常。在行进之中有必要采用蹲的姿势时,更加有必要防止那么做。

二是距人过近。在蹲下来的时候,通常都要同自己周围的人保持一定的距离。与别人同时下蹲时,更应使双方之间留有1米左右的距离。不然,双方就很可能迎头相撞。

三是方位不当。在外人面前下蹲时,一般最好是与之侧身相向。正面面对着对方,或者是用背部对着对方,都是不礼貌的。

四是毫无遮掩。在人多之处采用蹲姿时,尤其是身穿超短裙的女大学生那样做时,务必要防止下半身毫无遮掩,从而发生"走光"的情况。

五是蹲着休息。需要休息的时候,人们往往可坐可躺,但采用蹲姿却是不允许的。在大庭广众面前,则更是忌讳此种做法。

六是蹲在椅上。某些省份的人,有着"椅子不坐蹲起来"的生活习惯。在自己家里那么做未尝不可,而在公共场所或者别人家里那么做则是绝对不被接受的。

(3)适用的情况

从根本上来说,蹲的姿势只是人们在较为特殊的情况下所采用的一种临时性体位。在较为正式的场合,尤其是在面向老师、尊长、异性时,通常不宜采用此种姿势。在下述五种情况之下,大学生才可以酌情采用蹲姿。

一是整理环境。需要对本人的学习、工作或生活的环境进行收拾、清理、打扫时,允许采用蹲的姿势。

二是拾捡物品。当本人或者别人的物品掉落到地上,需要自较低之处被拿起时,一般不宜直接弯身拾取,而是应当采用蹲姿。否则,身体便会呈现出前倾后撅的不雅之态。面向或者背对着别人那么做,则更为失仪。

三是照顾自己。有些时候,大学生需要自己照顾自己一下,例如整理袜子、系上鞋带、擦洗鞋子或者挽起裤角等,此时均可采用蹲姿。

四是帮助别人。在帮助别人时,例如在帮助儿童、伤者或是病人时,往往有必要蹲下身去。

五是进行工作。从事某些工作时,诸如检查、调试仪器,或者为老师、尊长提供面对面的帮助时,一般亦可采用蹲的姿势。

2. 坐的姿势

坐的姿势,指的是人们就座以后身体所保持的一种姿势。它的具体做法是:就座者将自己的臀部置于椅子、凳子、沙发或者其他物体之上,以支持身体的重量,并将单脚或双脚放在地上。从根本上说,坐姿是一种静态的人体体位。在现实生活里,坐姿是大学生所用最多的姿势之一。

在学习和训练坐姿时,大学生主要应当对以下四个方面的问题予以重视:

(1) 入座的要求

入座,又称就座或落座,它是指人们坐到座位上去的具体行动。在入座时,对大学生的基本要求有八点:

一是在他人之后就座。与他人一起入座时,出于礼貌,通常应当诚意邀请对方首先就座,而自己切切不可抢在对方前面坐下。

二是在适宜之处就座。在正式场合就座时,务必要选择椅子、凳子或沙发等常规位置,而不可贸然坐在桌子上、窗台上、椅背上、栏杆上、台阶上或者地板上。

三是在合"礼"之处就座。与他人尤其是老师、尊长一同入座时,为了表示对对方的尊重,有必要分清座次的尊卑,并且主动将上座相让于人。

四是从座位左侧就座。假若条件许可,则就座之时最好是从座椅自身的左侧去就座。这样做不但方便就座,也是一种就座的礼貌。此举亦称"左入"。

五是以背部接近座椅。与别人面对面就座时,一定要在落座时以自己的背部接近座椅,而不是反其道而行之,即不宜以自己的背部正对着对面的就座之人。

六是无声无息地就座。就座的时候,一定要放轻动作、减缓速度,尽量不要因为自己的落座而响声大作、骚扰于人。

七是坐下后调整体位。为了整理服装,或者使自己坐得舒服,可以在坐定之后稍许调整一下自己的体位。但是,这一动作勿与就座同时进行。

八是向周围之人致意。就座时,附近若有熟人,宜主动向对方打招呼。若身边坐有不相识者,亦应向其点头致意。在公共场合,要想坐在别人身旁,尚需对方首肯。

(2)离座的要求

离座,指的是采用坐姿之人起身离去。如果说入座是坐姿之"始",那么离座即为坐姿之"终"。规范离座的具体表现,才能够令坐姿有始有终。为此,应注意下述五点。

一是先有表示。离开座椅时,身旁若有他人在座,应以语言或者动作向对方示意,然后方可站立起来。要是突然一蹿而起,有时便会惊扰于人。

二是讲究先后。与别人同时离座,应对先后顺序加以注意。当身份低于对方时,应稍后起身。而当身份高于对方时,则可率先离座。唯有双方身份相似时,才允许与对方同时起身离座。

三是起身舒缓。起身离开座位时,动作应当尽量地舒缓,并争取若无声息。要努力避免离座的动作"拖泥带水"、弄响座椅,或者将坐垫、椅罩弄得掉落在地。

四是站好再走。离开座椅,一般应当首先采用基本的站姿。待完全站定后,才可以离去。要是起身便跑,或者离座与走开同时进行,则会显得自己过于匆忙。

五是自左离开。若有可能,离座之后,宜从座椅自身的左侧离去。此举谓之"左出"。与"左入"一样,"左出"也是有关坐姿的基本礼节之一。

(3)正确的坐姿

入座后、离座前,就座者必然会以一定的坐姿就座。任何正确的坐姿,都有赖于就座者下肢与上身体位的协调配合。以下,分别介绍就座时下肢与上身的正确体位。

在任何一种坐姿中,下肢体位的正确与否都至关重要。从根本上讲,坐姿主要与就座者下肢的体位相关。下肢的体位,其实指的就是就座者入座后双腿与双脚所摆放的位置。大学生在一般场合可以采用的坐姿主要有八种:

一是双腿垂直式。它又称正襟危坐式或基本坐姿,适用于最正规的场合。主要要求是:上身与大腿、大腿与小腿都需要形成直角,并使小腿与地面垂直。双膝、双脚包括两脚跟部,都要完全地并拢。此式男女皆宜。

二是垂腿开膝式。它也是一种较为正规的坐姿。主要要求是:上身与大腿、大腿与小腿均应形成直角,小腿亦须垂直于地面。允许双膝稍许分开,但不得超过本人的肩宽。此式多为男性所用。

三是双腿叠放式。这是一种造型十分优雅的坐姿。主要要求是:双腿一上一下完全地交叠在一起,二者之间没有任何缝隙,犹如一条直线。双脚斜放于左右一侧,斜放双脚后的腿部须与地面呈45°左右的夹角,叠放在上的那只脚的脚尖应垂向地面。此式主要适用于身穿短裙的女士。

四是双腿斜放式。它与上一种坐姿有着异曲同工之妙。主要要求是:双腿首先并拢,然后双脚向左侧或者右侧斜放。斜放之后,腿部应与地面呈45°左右的夹角。它适合身穿短裙的女士在较低处就座时采用。

五是前伸后曲式。它的姿势亦极为优美。主要要求是:先将大腿并拢,然后向前伸出一条腿,并且同时把另外一条腿后曲。两脚脚掌均应着地,并且二者前后要保持在一条直线上。它亦多为女士所采用。

六是大腿叠放式。它常用于非正式场合。主要要求是:双腿在大腿部分叠放在一起。叠放之后,位于下方的那条腿的小腿应垂直于地面,并且脚掌着地;位于上方的那条腿的小腿则应向内收,其脚尖宜朝向地面。此式仅适用于男士。

七是双脚交叉式。它在各种场合均可使用。主要要求是:先将双膝并拢,然后双脚在踝部进行交叉。应当注意的是,交叉以后,双脚既可以内收,也可以斜放,但不宜朝着前方远远地直伸出去。此式男女皆可采用。

八是双脚内收式。它适用于普通场合。主要要求是:首先并拢大腿,双膝可略为打开,两条小腿在稍许分开后可向内侧曲回,双脚脚掌则宜同时着地。此种坐姿,男女都是适用的。

在就座时,就座者上身的体位亦对其坐姿发挥着协调配合的作用。欲追求坐姿的完美,就需要对其有所讲究。大学生在就座时,其上身的体位主要涉及三个问题。

一是头部端正。《礼记》要求:"头容直。"[①] 坐好之后,就座者的标准头位,应当是头部抬直,双目平视,下巴内收。整个头部看上去应当如同一条直线,与地面相垂直。就座于外人面前时,可以面朝正前方,或者面部侧向对方,但绝对不允许低头、仰头、歪头、扭头或者斜着头,尤其是不准以后脑勺对着对方。

二是躯干直立。在他人面前坐下之后,应力求使自己躯干的基本轮廓美观宜人。最重要的是,身子要端正,胸部要挺起,腹部要内收,背部与腰部均要挺直。倘若与别人交谈时,上身应整个朝向对方,但不要显得歪扭倾斜。不要把身子完全倚靠在座椅的背部,唯有独自休息、养神时方可例外。在老师、尊长面前,一般不宜坐满椅面,而以占其2/3左右为宜。

三是手臂摆放。坐下之后,就座者的手臂一定要摆放到位。自己的大腿上、身旁的扶手上、面前的桌子上以及腿上的文件上等位置,才是摆放手臂的适当之处。届时若把手部塞在身后、放在兜里、夹在腿间、抱在腿上、触摸脚部、支在桌上、置于桌下,通常都不甚合适。

(4) 错误的坐姿

在任何正式的场合,大学生都不宜采用下述几种错误的坐姿。

一是双腿过度叉开。面对别人时,双腿过度地叉开,是极不文明的。不论过度地叉开大腿还是过度地叉开小腿,都是失礼的表现。

二是不妥的架腿方式。坐下之后架起腿来未必不可,但正确的做法应当是两条大腿相架,并且不留空隙。如果架起"二郎腿"来,即把一条小腿架在另外一条大腿上,并且两腿之间大大地留有空隙,就甚是不妥了。

三是双腿直伸出去。不要在坐下之后把双腿直挺挺地伸向前方。身前有桌子的话,则要防止把双腿伸到其外面来。不然不但有碍于人,而且还会损害坐姿的美感。

四是腿部抖动摇晃。在别人面前就座时,切勿反复抖动或是摇晃自

---

① 礼记[M].[元]陈澔,注.金晓东,校点.上海:上海古籍出版社,2016:357.

己的腿部,免得令人心烦意乱,或者给人以不够安稳的感受。

五是腿部高翘蹬踩。为了贪图舒适,将腿部高高翘起,架上、蹬上、踩上身边的桌椅,或者盘在本人所坐的座椅上,都是不允许的。

六是脚尖指向他人。《礼记》要求:"足容重。"[①] 坐下来以后,一定要避免使自己的脚尖直指别人。翘腿之时,尤其忌讳这一动作。届时,令脚尖垂向地面,或斜向左、右两侧,才是得体的。

七是脚跟触及地面。坐下后如果以脚触地,通常不允许仅以脚跟触地,而将脚尖翘起。此种违规做法的最大坏处,是会令就座者未必干净的鞋底"重见天日"。

八是以脚自脱鞋袜。脱鞋脱袜,都属于不宜当众进行公演的"卧室动作"。当着别人的面,在坐下之后悄然地用脚去自脱鞋袜,则实在不够文明。

四、手臂姿势

手臂姿势,通常叫作手姿或者手势,它指的是人们在运用手臂时所采用的具体动作与体位。一般来说,手臂姿势既有静态的,又有动态的。在日常生活中,它运用极多、极广,不但能够单独发挥作用,而且还经常与其他姿势配合使用。

在学习、训练手臂姿势时,大学生从总体上必须重视以下三点:首先,要掌握规范化的手势;其次,要注意区域性的差异;再次,要牢记手势宜少忌多。具体而言,则重点需要关注下述两大问题。

1. 常用的手势

为了学以致用,在进行手臂姿势的学习、训练时,主要应当对日常生活里经常采用的手势的正确做法加以认真掌握。除握手将另做介绍外,常用的手势主要有正常垂放、自然搭放、手持物品、递接物品、展示物品、招呼他人、举手致意、挥手道别等八种。

(1)正常垂放

正常垂放,是人们在正式场合所用最多的一种手势,故而又称基本的手势。它的主要特征是:人们在站立时将手臂垂放下来。其常见的具

---

① 礼记[M].[元]陈澔,注.金晓东,校点.上海:上海古籍出版社,2016:357.

体做法有三点：一是双手伸直后指尖朝下，掌心向内，然后分别紧贴于两腿裤线之处；二是双手伸直后自然相交于小腹之上，掌心向内，上下相握或者叠放；三是双手伸直后自然相交于背后，掌心向外，并且相握在一起。不论采用其中哪一种垂放手部的方式，都要自然得体，并且尽量防止手臂、手掌或手指乱动、乱晃不止。

（2）自然搭放

自然搭放，是指人们平时将自己的手部搭放在身前的桌面或者柜台之上的一种手位。具体而言，在站立或者就座时，人们所采用的自然搭放的手势往往又有所区别。站立时的自然搭放，主要要求身体尽量靠近桌、柜，上身挺直，两臂稍许弯曲，肘部朝向外侧，双手以手指部分搭放，指尖向前，拇指与其他四指略有分离，搭放的部位应为桌、柜的边缘之处。就座时的自然搭放，则主要要求身体趋近桌、柜，尽量挺直身体。除书写、阅读、使用电脑外，手部最好以相握、叠放的方式平放于桌、柜之上。

（3）手持物品

平常，大学生往往需要手持某物。届时，主要需要注意以下四点：一是要稳妥。持物时，可依据其形状、重量采取不同的手势。但必须确保其安全，并要防止伤人、伤己，为此应当轻拿轻放。二是要到位。有的物品在被手持时，应将手部置于一定位置，如箱子应拎其提手，杯子应握其杯耳等。不然既不方便，也不好看。三是要卫生。持物之时，不可不考虑卫生。取用食物或茶叶时，切勿直接下手。敬茶、送汤、上菜、端饭时，不要将手指搭在杯、碗、碟、盘的边沿，更不能使其浸泡于容器中。四是要正常。持物要保持常态，讲究自然美。可按照本人的习惯与实际需要，酌情采用拿、捏、提、握、抓、夹、扛等不同手势，但不要小题大作，不可过于夸张。

（4）递接物品

递送与接取物品，均有一定的要求。递送物品时的要求主要有以下四点：一是主动上前。递物者通常应主动走近接物者。若其就座时，还应先行起立。二是使用双手。递物以双手为佳，至少也要采用右手，单独使用左手则一般不妥。三是便于接取。有可能的话，一定要将物品直接交于接取者手中。同时，还要令该物品留有余地，以利于对方接取。四是尖、刃他向。将带有尖、刃的物品交予他人时，千万不要以尖、刃直指对方。令其朝向别处，才是正确的。

接取物品时，则宜关注如下三点：一是态度认真。在可能时，务必要起身站立,并且目视对方,而不可环顾其他地方。二是谦恭有礼。通常,应用双手或者右手从他人手中接取物品,尽量不要单用左手那么做。三是动作稳当。接取物品时,宜待递送者先有所表示,不要下手去抢夺。此外还要注意下手稳当,不要令物品跌落在地。

（5）展示物品

平时,大学生往往有机会将某一物品展示于人。持物展示于人时,有下列的两点应当注意:一是便于观看。展示物品一定要便于在场之人对其进行观看,所以应将其正面面向对方,并且举至一定的高度。当四周皆为观众时,还需变换展示之物的角度。二是手位正确。向别人展示物品时,常用下述三种手位:第一,将物品举至高于双眼之处;第二,将物品举至双臂横伸时自肩至肘之处;第三,将物品举至双臂横伸时肘部之外的上不过眼、下不过胸之处。它们各自适用于不同的情况,其共同之处是:应使物品在身体一侧被展示,而不宜以其阻挡本人的头部。将物品举至自己胸部以下展示于人,通常显得不够大方,只有将其偷偷拿给别人看时,人们才会这么做。

（6）招呼别人

招呼别人,是指呼唤远处之人,对其进行引导,或者为其指示方向。其常见的具体形式有下列四种:一是横摆式。即手臂向外侧横向摆动,指尖指向被引导或指示的方向。它多用于为别人指示方位。二是直臂式。即在采用上一方式时将手臂伸直,并抬至肩高。它适用于进行引导或指明某物所在之处。三是曲臂式。即手臂弯曲,由体侧向体前摆动,并使之处在胸部之下。它适用于请人进门。四是斜臂式。即手臂由上而下斜伸摆动。它适用于请人就座。上述四种形式的共同之处有三点:一是仅用一只手臂,而使另外一只手臂垂放或背于身后;二是主要使用手掌,而不是只是使用手指;三是掌心应当向上,反之则会被视为失礼。

（7）举手致意

举手致意,多用于向他人表示问候、致敬或者感谢之意。它既可以悄然无声地进行,也可以伴之以相关的言词。向别人举手致意时,一般应当注意以下四点:一是面向对方。举手致意时,一定要全身直立地面朝致意的对象,至少上身与头部要朝向对方。目视对方时,还须同时面含笑容。二是手臂上伸。在致意之时,应将手臂自下而上地向侧上方伸出,手臂可以伸直,亦可略有弯曲。三是掌心外向。举起手臂时,务必要掌心向外,指尖向上,千万不要叉开手指、握拳或者以手背向外。四是摆动有方。举手致意,最好使用右臂。在具体过程中,理当使之自下而上地轻缓伸起,切切不可令其由上而下或者从左而右地来回摆动。需要注意的是:面对老师、尊长或外宾时,以手指表示"胜利""OK",以及以手指或双手"比心""飞吻"等动作切勿滥用。

(8) 挥手道别

挥手道别,是与人互相道别时所采用的常规手势。其主要要求有下述五点:一是要站直身体。挥手道别时,尽量不要走动或乱跑,更不要使自己的身体晃来晃去。二是要目视对方。挥手与人道别,不论手势多么地标准,若是不看着道别的对象,也等于是"目中无人"。三是要前伸手臂。在挥手道别时,可以仅用右手,也可以双手并用。但是,一定要使手臂向上、向前伸出,并同时令指尖向上。不要让手臂伸得太低,或者令其过分地弯曲。四是要掌心朝外。在任何情况下,挥手道别时须令自己所挥动的手臂掌心向外,即面对道别的对象。这是尊重对方的一种具体表现形式。五是要左右挥动。以一只手挥手道别时,应令其向左右两侧轻轻挥动。用双手挥手道别时,则应使之同时由外向内来回挥动。不要上下挥手,或是令手臂僵直不动,好像投降。

2. 错误的手势

《礼记》要求:"手容恭。"[①] 使用手势时,如果出现明显的错误,往往不仅有可能令自己的本意南辕北辙,而且还有可能令自己见笑于人。在日常生活里,大学生应当避免使用的错误主要有如下七种。

(1) 指指点点

与别人相处时,不允许随随便便地对对方指指点点。不论自己与对方是否相识,不论对方注意自己与否,都切切不可那么做。

与别人进行交谈时,尤其是在与老师、尊长进行交谈时,最是忌讳用手对对方指指点点。通常认为,用手对别人指指点点,便意味着对对方缺乏尊重。要是直接地用手指去指点对方的面部尤其是其鼻尖,或者用手指在对方的身体上戳来戳去,则更表示对对方的不恭不敬。有时,它还含有教训对方之意。

(2) 摆弄手指

在一般情况下,如有外人在场,是不允许对自己的手指进行摆弄的。当众那么做,未免会显得自己不够沉着冷静,有时甚至还会给人以歇斯

---

① 礼记[M].[元]陈澔,注.金晓东,校点.上海:上海古籍出版社,2016:357.

底里之感。

反复地对自己的手指进行摆弄,要么活动其关节,要么勾动其手指,要么把它们捻得脆响,要么莫名其妙地摩拳擦掌,或者一再地抖动自己的手腕,则更是不许可的。

(3) 双手乱动

一般而言,在公共场合里,一个人双手的动用以越少越好。众所周知,手舞足蹈、张牙舞爪等贬义词,都与随便乱动手部有关。

与亲朋好友相处时,务必不要随便对对方滥用含义不明不白的手势。特别要记住,不要随便摆手。既不要掌心向外、指尖向上、自左至右地摆手,也不要掌心向内、指尖向下、由内而外地摆手。前者通常表示拒绝别人,后者则大都具有极不耐烦之意。

(4) 抚摸身体

在任何时候、任何情况下,大学生都要防止用自己的单手或者双手去抚摸自己的身体。不论这一动作是否具有一定的目的性,也不论自己是当众表演抑或悄然而行,都不可以那么做。

任何当众整理自己身体的动作,诸如摸脸、搔头、擦眼、剜鼻、掏耳、剔牙、挠手、抠脚、抓痒、搓泥等,都既不卫生,又不礼貌。

(5) 搔首弄姿

大学生务必牢记:穿着打扮完全属于个人的隐私性活动。正因为如此,千万不要当众对其进行操作。否则,自己便会有碍于己、有碍于人,甚至还会给人以卖弄风骚之感。

在外人面前,大学生一定要牢记下述四点:一是不要用手整理自己的服装;二是不要用手整理自己的饰物;三是不要用手去整理自己的妆容;四是不要用手去整理自己的发型。在异性面前,尤其不可以那么做。

(6) 触碰别人

根据惯例,在正常情况下,是不允许随随便便地用自己的手部去直接触碰别人的身体的。与异性、老师、尊长、外宾、初识之人打交道时,则特别应当对此予以注意。

即便与熟人、同性进行交往时,大学生也尽量不要以自己的手部触碰对方的身体,特别是不要对对方拍拍打打、拉拉扯扯。万一有必要动手触碰外人时,通常应当有言在先,对对方先进行必要的声明、表示,或者征得对方的认可。

（7）放置错位

大凡正规的场合，每一名到场的大学生均应采用正确的手势，将自己的双手置放到位。若是将手部放置错误，当然就难言自己手势的正确了。

一般来讲，常见手部放置错位的情况有如下五种：一是双手端在胸前；二是双手抱在脑后；三是双手叉在腰上；四是双手插入衣兜；五是双手放于桌下。对于这五种错误，都要认真地加以防止或者纠正。

五、神态表情

神态表情，一般泛指一个人面部所呈现出的具体形态。具体而言，所谓神态，是指在人的面部所表现出来的神情态度。所谓表情，则是指通过人面部形态的变化所反映出来的内心的思想感情。二者所指的，实际上都是人在其面部状态上所发生的具体而明显的变化。在人际交往中，每个人的神态表情都直接与其待人接物的态度相关，并且彼此相伴。

《礼记》要求："色容庄。"[①] 在进行神态表情的学习、训练时，大学生务必要努力以之表现自己的庄重、真诚、友好、敬人之意。与此同时，还须力求使之自然而到位。

严格地说，一个人的神态表情往往有赖于其身体各个部位之间的协调行动。但在正常情况下，它却主要表现在人们的脸上，尤其是以眼神、笑容为基本点。因此，在进行神态表情的学习、训练时，大学生应当将眼神与笑容列为重点。

1. 眼神

眼神，指的是人们在进行注视时，眼部所进行的一系列活动，以及在这一过程中所呈现出来的神态。在一个人的全部神态表情里，眼神居于举足轻重的位置，因此人们才会说："眼睛是心灵之窗。"

子曰："尊其瞻视。"[②] 在学习与训练眼神时，大学生所要注意的主要问题是注视的部位、注视的角度与注视的时间。

（1）注视的部位

在人际交往中，人们所注视交往对象的具体部位往往与双方的关系以

---

① 礼记[M].[元]陈澔，注.金晓东，校点.上海：上海古籍出版社，2016：357.
② 朱熹.四书章句集注[M].北京：中华书局，2011：181.

及自己对对方的看法有关。大体上,注视他人身体的常规部位有下述四处:

一是注视对方的双眼。注视对方的双眼,称作关注型注视。它表示本人对对方十分重视,并且对对方所言之事正在洗耳恭听。但它不宜长时间地应用,免得令人感到紧张或者难堪。

二是注视对方的面部。注视对方的面部,称作社交型注视。它适宜在较长时间之内面对交往对象进行交谈,其注视区域包括对方的整个面孔,而本人眼神的运用则以散点柔视为佳。它既表明自己全神贯注,又不会使对方反感或不快。

三是注视对方的全身。注视对方的全身,称为亲密型注视。它一般适用于同学、室友、家人或者其他的亲朋好友之间,而且多用于双方从较远距离相互接近之时。倘若双方之间的距离原本就很近时,通常不适宜这么做。

四是注视对方的局部。注视对方身体之上的某个局部,称作随意型注视。它主要适用于两种情况:要么是应对方的要求;要么是需要帮助对方。无缘无故地在公共场合以此种方式注视陌生之人,是失敬的表现。如果没有任何理由而随意去注视一位路人,尤其是注视一位异性的胸部、腹部、臀部或者大腿等部位,则尤为不妥。

(2) 注视的角度

具体所采取的角度是否恰当,在注视他人时至关重要。属于正常状况而又不至于引起误会的视角,主要有下列四种。

一是正视对方。正视,即在注视他人时,与之正面相对,同时还必须将上身的前部朝向对方。即使对方处在自己的身体一侧,在正视对方时亦应扭转上身朝向对方。《礼记》要求:"目容端。"[①] 正视于人,是大学生应当人人皆知并遵行的一种基本礼貌。

二是平视对方。平视,即在注视别人时,应当主动使本人的身体处于同对方基本上相似的高度。平视与正视并不矛盾,因为在正视别人时,往往可以同时做到平视对方。平视对方,主要意味着交往双方在身份上的平等,以及自己对待对方态度的不亢不卑。

三是仰视对方。仰视,即在注视交往对象时,主动地令本人处于较对方稍低的位置,而使自己的注视对象处于较高位置,即看对方时需要仰望。仰视对方,往往含有重视、崇拜或者信任之意,当面对老师、尊长

---

① 礼记[M]. [元]陈澔,注. 金晓东,校点. 上海:上海古籍出版社,2016:357.

时,均可这么做。

四是环视。环视,即在与多人同时交往时,有意识、有节奏地按着一定的方向,对环绕在自己四周的人们逐一地加以注视。一般认为,环视意味着自己对众多的交往对象"一视同仁",而且还可以防止对方产生厚此薄彼之感。

应当说明的是,在学习、训练眼神时,下述五种注视的角度皆为不当。

一是扫视。扫视,即看人时视线移来移去,上上下下、左左右右反复晃动。它表示好奇、吃惊,或者挑剔。

二是斜视。斜视,又称睨视或鄙视,即斜着眼角看人。它一般表示轻视、怀疑,或者不信任、不服气。

三是俯视。俯视,是相对于仰视而言的,其做法是居高临下看人。它表示自高自大,故切勿主动采用。

四是他视。他视,即在人际交往中不注视此时此刻的交往对象,反而望着别处或其他无关之人。它往往表示胆怯、心虚、反感,或心不在焉。

五是无视。无视,亦称闭视,即在人际交往中闭上双眼,有意不注视交往对象。它表示疲惫、无聊、生气、反感等。

(3) 注视的时间

与别人打交道时,特别是在与熟人相处时,注视对方的时间长短是很有讲究的。过长或者过短,都会使人误解,令人不快。在一般情况下,因注视交往对象时间的长短的不同所显示出来的常规含义有下述五种。

一是表示重视。若表示对交往对象的重视,则注视对方的时间,应占与之全部相处时间的 2/3 左右。

二是表示友好。若表示对交往对象的友好,则注视对方的时间,应占与之全部相处时间的 1/3 左右。

三是表示兴趣。若表示对交往对象本人深感兴趣,则注视对方的时间,应占与之全部相处时间的 2/3 以上。

四是表示敌意。注视交往对象的时间长于全部相处时间的 3/4 以上,通常也可能是表示对对方怀有敌意,或者是为了寻衅滋事。

五是表示轻视。若表示对交往对象的轻视,则注视对方的时间,往往少于与之全部相处时间的 1/3。

2. 笑容

笑容,是人们在笑的时候面部所呈现的神态表情,其具体表现是脸上露出喜悦之色,口中有时亦同时伴有欢喜之声。在人际交往中,笑容是一种令人愉快的神态表情。它既可以悦人,也可以悦己。

虽说人人都能够面带笑容,但是要真正做到笑容可掬,使之悦人悦己、温暖人心,并且赏心悦目,未必见得容易。在学习、训练笑容时,大学生必须注意三点。

(1) 笑的作用

在人际交往中,笑容对人对己都发挥着一定的作用。一脸阴沉、永无笑容的人,走到哪里都难以受到真正的欢迎。一般而言,笑的作用主要包括以下四个方面。

一是调节情绪。情绪,是人们对于自己周围事物内心感受的一种体验。它既反映一个人待人处事的态度,又对于他人具有一定的感染力。面带笑容,是积极、乐观情绪的直接体现。以之面对他人,有助于令对方感到温暖愉快,有助于创造和谐而融洽的现场气氛。

二是消除隔阂。人与人之间,难免会产生矛盾隔阂。在人际交往中,笑容乃是友谊之桥。古代有两句名言:"举手不打笑脸人""相逢一笑泯恩仇";其实都是说适时的笑容可以阻止矛盾的激化,甚至还会化险为夷,化干戈为玉帛,令矛盾双方冰释前嫌。

三是获得回报。在人际交往里,笑是一种润滑剂,它不但在外观上可以给人以美感,可以向交往对象传递自己的善意,而且还会令他人感受到自己和蔼可亲。曾有心理学家指出:笑是人们领会得最快的表情,它的含义是对交往对象的热情与友善。因此,它是人际交往最好的入场券,最易于得到交往对象的回报与认同。

四是有益健康。人们常说:"笑一笑,十年少。愁一愁,白了头。"它表明笑是有益于每个人的身心健康的。笑口常开的人,可在传达正能量、为自己营造良好的人际关系的同时,带给自己一种正面的心理暗示,并且令自己产生积极的反馈,让自己开心而快乐。

(2) 笑的方法

在日常生活里,笑有许多种类。它们一般都带有善意,但也有少数失仪、失礼的笑。仅就笑的深浅程度而言,若由浅而深地进行排列,笑容就有含笑、微笑、轻笑、浅笑、大笑、狂笑之别。在这六种常见的笑容里,微笑平时最受欢迎。

不同的笑容来自不同的方法。笑的共性,在于面露喜色,表情轻松愉快。笑的差异,则在于眉部、唇部、牙齿、声音彼此之间的具体配合不尽相同。

最受欢迎的
笑容

学习、训练微笑时，主要有下列三个方面的事项应为大学生所重视。

一是微笑的主要特征。微笑的主要特征是：笑容不甚显著，但又面含笑意，不闻笑声，不露牙齿。

二是微笑的基本方法。微笑的基本方法是：首先放松面部肌肉；然后令嘴角微微上翘，使唇部变成弧形；最后在不出声、不露齿、不牵动鼻子的前提下，轻轻一笑。

三是微笑的总体要求。微笑的总体要求有三点：首先，自然而然，表里如一。其次，要气质典雅，力戒轻狂。最后，要表现和谐，不温不火。

(3) 笑的禁忌

在人际交往里，下列六种笑容都是令人反感，不宜为大学生所采用的。

一是假笑。假笑，即笑得虚假做作，皮笑而肉不笑。它显然是在自欺欺人，因而毫无任何价值。

二是冷笑。冷笑，是含有怒意、讽刺、不满、不屑，或者不以为然等意味的笑。它极易令人因此而产生敌意。

三是怪笑。怪笑，即笑得怪里怪气、十分暧昧，甚至令人莫名其妙、心里发麻。它多有讥讽、嘲弄、恐吓之意。

四是狞笑。狞笑，指的是笑时面容凶狠变形。它不但毫无美感，而且大多表示愤怒、惊恐或者吓唬别人。

五是窃笑。窃笑，即偷偷地发笑。它多见于洋洋自得、幸灾乐祸，或者是有意要看别人的笑话。

六是媚笑。媚笑，即有意讨好别人的笑。它绝非发自内心，通常都带有一定功利性的目的。

第四节　服饰

刚上大学一年级的时候，赫然同学非常讲究自己的衣着，并且还经常因此而受到别人的关注。到了高年级，他才晓得自己当初的穿着打扮未必得体。尤其是当时颇为自得地在大庭广众之前经常穿的"正装"——夹克衫配领带，再加一双旅游鞋，更是令他悔不当初！现在他才懂得,作为便装,夹克衫与旅游鞋是不应当与作为正装标志的领带为伍的。当初自己的那种穿法简直是煞有介事,让人见笑。

无独有偶,刚刚步入大学校园时,李林子同学也曾自认为自己着装的品位无可挑剔。可是后来她才发现,就连自己穿短裙时所选择的袜子,都是极不规范的。她习惯于在穿短裙时配上一双短袜,从而露出一截腿肚子。根据服饰礼仪的基本规范,此种做法称为"袜口外露",是女性着装的致命伤之一。

赫然与李林子两位同学的共同问题,并不在于他们不重视服饰,而是在于他们不了解既有的服饰之道,所以才会弄巧成拙。

服饰,是对人们平时穿着的服装和佩戴的饰物的通称。在人际交往中,服饰作为人们的"第二肌肤",每每都会被精心选择,而且也在一定程度上反映着其本人的个性、爱好、阅历、职业乃至审美的品位。莎士比亚曾经指出"服装往往可以表现人格";高莱则强调"着装是自我的镜子"。由此可知,服饰是一个人个人形象的重要组成部分。在人际交往中,尤其是在正规场合,一味地坚持"穿衣戴帽,各有所好"的观点,实际上是行不通的。

大学生要端正对服饰的认识,避免在自身服饰的选择上出现疏漏,最重要的是要重视下述两点。

一方面,大学生应当掌握服饰之道。所谓服饰之道,亦即有关服饰穿戴的基本规范。从本质上讲,它所指的就是服饰礼仪。对其认真学习、掌握并且加以运用,才能够从根本上提高自己的服饰修养,防止洋相百出。

另一方面,大学生还应当坚持量力而行。由于条件所限,大学生在自己的穿着打扮上毕竟是由不得自己过分地追逐时尚、与人攀比、不自量力地进行高消费的。要求大学生掌握服饰之道,主要是着眼于未来,为了提高其个人修养,并为其日后走上社会而进行准备,而并非是要其学了就用、立竿见影。

子曰:"君子正其衣冠。"[①]对大学生而言,服饰礼仪的内容极为繁多,故此学习、掌握的重点应当放在一些基本规则方面。应时、应事、应己、应规是大学生人人皆应掌握的服饰礼仪的基本规则。它们被统称为"着装四应"。

---

① 朱熹.四书章句集注[M].北京:中华书局,2011:181.

一、选择应时

在日常生活里,大学生的服饰选择一定要应时。应时,是服饰礼仪的基本规则之一。所谓应时,并非要求永远追逐时髦,在服饰上从不落后于潮流,而是要求大学生平日的服饰务必要与其穿戴的具体时间相适应、相协调。根据礼仪规范,在有条件的情况下,大学生所穿戴的服饰应当随着时间的具体推移而有所变化,在不同的时间里应当穿戴不同的服饰,切切不可不分早晚、不分四季甚至不顾时代的演进而乱穿衣、乱戴饰物。

具体来讲,服饰应时的规则,大体上包括下述相互关联的三重意思。对于三者,任何疏忽大意都不许可。

1. 与时代变化同步

从某种意义上说,服饰犹如一面明镜,从中可以清清楚楚地看到时代的发展和变化。在一般情况下,服饰的变化一向都与时代的进步相一致。而在不同的时代里,服饰的总体风格则具有明显的不同之处。

以我国为例,秦汉时期,最有代表性的服饰是峨冠博带;清朝时期,最流行的服饰则是长袍马褂。然而随着时代的发展、变化,它们都已经成为过眼云烟,"无可奈何花落去"了。所谓"古调虽自爱,今人多不弹。"在现实生活里,除去作为历史文物之外,它们早已失去了自己的实用性价值。

就服饰的基本风格而论,大学生的服饰一般应当美观大方、朴素实用,这主要是为了维护大学生的社会形象,使其在社会公众的心目之中能够显得稳重可靠、具有良好的个人教养。因为任何人都难以相信一名服饰异常华丽、怪异的大学生会一心一意地专心于自己的学业,或是可以担当未来的时代重任。

但是,要求大学生的服饰相对趋于保守,并非是要走另外一个极端,并非是要使其服饰过分地落伍,甚至有意要求其穿戴旧衣旧饰。

服饰礼仪规定:从总体上讲,大学生的服饰应当与时代的变化保持同步。也就是说,不应当使自己的穿着打扮与时代的发展、社会的进步相背离。假使不是偶尔为了体现一下个性,或者是为了追随一下复古的风尚,大学生的服饰还是以不背离时代为好。例如,在课堂上、实验室内、图书馆里、报告厅中,大学生大可不必非要身穿唐装、汉服去穿越古今或彰显个性不可。不然,就会使自己显得矫揉造作,甚至还会给人以故弄玄虚的印象。

2. 与四季变化同步

一年四季,往往有着十分明显的气温、景观变化。在正常情况下,人们穿戴服饰最重要的目的之一,就是为了以之替自己消暑御寒、挡风遮雨。正因为如此,在日常生活里,大学生的服饰也应当自觉地伴随着一年四季的气候而变换,使之冬暖、夏凉、春秋适宜。这是人人皆应具备的常识。在这一方面,大学生必须使自己的具体做法合乎常理,而不宜过分地做出反常之举。

服饰与四季变化同步,是应时规则的主要要求之一。举例而言,凉爽宜人的 T 恤、短裤、凉鞋,最适用于烈日炎炎的夏日;而长于御寒保暖的羽绒服、毛围巾、长皮靴则是数九寒天的宠儿。如果反其道而行之,让人们冬天去穿 T 恤、短裤、凉鞋,夏天去使用羽绒服、毛围巾和长皮靴,必定就会使其被视为行为失常之人。

当今社会,随着改革与开放的深入,人们的服饰观念已发生了极大的变化。一般而言,人们大都把他人的服饰视为个人私事,对其极少干预。对于任何奇装异服,绝大多数人都已能够宽容地对待,并且尊重当事人自己的选择。尽管如此,大学生在强调服饰个性化的同时,亦须保持清醒的认识。切勿为了摆"酷"、充"帅"、求"靓"或者"吸睛",而在服饰的选择上有意与四季的变化大唱反调。那样去刻意打造出位"人设"的话,不但于自己毫无任何益处,而且还会给人以肤浅做作之感。

3. 与早、中、晚变化同步

在选择服饰时,除在宏观上要兼顾时代的演进和一年四季的变化,在微观上亦须适应每天早、中、晚具体时间的变化。这一点,同样也是应时规则的基本要求之一。

在正式场合,大学生要遵守服饰选择应时的规则,就一定要尽量使自己的服饰选择,与每日早、中、晚的具体时间变化彼此协调般配,而不应当对其疏忽大意,或完全不管不顾。

例如,每天早起晨读或者进行体育锻炼时,大学生最好是身穿活动方便的运动服,并且不佩戴任何饰物。午间在宿舍里或者家里用餐、小憩的时候,大学生完全没有必要依旧身穿正装或者校服,而是可以换上休闲装,以便好好放松放松。而在晚间回到自己的寝室内准备休息时,则可以换上本人的睡衣、睡裙,以求睡得舒适、惬意。

可是上午或者下午在校园内上课、开会、参加学术活动时，大学生的服饰显然不宜像清晨、夜晚自由活动时那样自由自在、过于随便。身穿背心、裤衩、睡裙、拖鞋去上课、开会、听报告，当然要比身穿正装舒服得多，而且也省事得多，但是却与时间上的具体变化不相符，并且还会令自己显得过于自由散漫。

二、穿着应事

服饰穿着应事，是对人们在服饰的选择与穿戴方面所提出来的较高层次要求。它既与服饰选择应时有所联系，又与其存在着一定的区别。越是在正式的场合，人们越是对自己交往对象的服饰应事与否备加注意。因为这样做不仅体现着其个人的修养，而且在客观上也反映着对对方的重视程度。

所谓穿着服饰应事，简单地说，主要是要求人们平时所选择与穿戴的服饰，应当根据自己所具体面临或处理的事务的不同，而有一定的变化。从总体上看，一个人的服饰，理当与其所面临或者处理的不同事务相协调、相适应。他所面临或者处理的事务越是重要，这一点就越有必要认真注意。

在服饰礼仪里，穿着应事这一规则亦称"按场合选择服饰的规则"。依照这一规定，人们在不同场合里处理不同事宜时，必须令本人选择与穿戴的服饰与此相适应。不允许服饰的选择与穿戴不分场合，更不允许自己的服饰以不变应万变。

有这样一个实例：某大学推荐了本校的一名高材生前去一家跨国公司应聘。当时天气很热，那位被推荐的女同学便如同街市上的流行风格一样，穿着小肚兜、迷你裙、厚底拖鞋，背上背着小背囊，头上架着太阳镜，高高兴兴地前往，结果却被当场打了回票。对方对她的看法便是"打扮过于随便。"其实，那位女同学所犯的错误就是穿戴不分场合。

选择服饰的
场合及其
要求

一般而言，在日常生活里，大学生所要面临的主要场合不外乎公务场合、社交场合与休闲场合等三种。在参与这些不同的场合里的具体活动时，必须自觉地遵守它们各自对于服饰的有关要求与规定。

1. 公务场合

公务场合与社交场合，一并合称正式场合。在所有场合里，公务场

合可谓最正式、最讲规矩的场合。每当有机会在公务场合里进行活动时,大学生一定要对本人的服饰多加注意,千万不可对其自由放任。

公务场合就其具体含义来讲,是指人们正式置身于工作或者学习的地点,用以工作、学习或者具体处理公务的时间。对上班族而言,公务场合就是其上班时间。而对大学生而言,公务场合则是指包括听课、读书以及进行科研在内的一切在校学习时间。

在公务场合里,大学生应当自觉遵守的选择与穿戴服饰的基本标准是:庄重、保守和传统。也就是说,在公务场合里,过于轻浮、新潮、前卫的服饰,通常都是不合时宜的。从根本上说,它们在风格上与公务场合都是不相称的。

根据公务场合选择与穿戴服饰的基本标准,只有校服、制服、套装、套裙、工作服等符合庄重、保守、传统要求的服装,才是着装的适宜之选。除此之外,长衣、长裤、长裙等,亦可加以考虑。而在饰物选择方面,上班族通常应将显示身价的高档的珠宝制品与标新立异的工艺制品排除在外。对大学生而言,在公务场合则以不佩戴任何饰物为宜。

在公务场合里,人们的着装最忌讳的是过分张扬与随便。因此,各式时装,以及牛仔装、运动装、沙滩装、暴汗装、防晒装、滑雪装、登山装、街市装、家居装等,均为不当之选。

2. 社交场合

如前所述,社交场合也是一种正式场合。所谓社交场合,就其具体含义而言,主要是指人们进行社交活动的时间。亦即人们在上班、学习之外,在公共场合内置身于某一适当的交际地点,而与其他人士尤其是熟人所进行的交往、应酬性质的活动。

在上述意义上,大学生所接触的社交场合主要包括下述五种:一是参加聚会;二是相互拜访;三是出席宴会;四是结伴郊游;五是观看演出。目前,上述活动场合均被人们公认为最常规的社交场合。在此问题上,只能遵守惯例,而不宜我行我素。

在社交场合里,大学生应当自觉遵守的选择与穿戴服饰的基本标准是时尚、典雅和个性。这就表明,在社交场合里选择与穿戴的服饰可以追随潮流,可以精雕细刻,可以与众不同。若是任其过于落伍、粗糙与平庸,反而不一定合适。

根据社交场合选择上穿戴服饰的基本标准,只有时装、礼服、民族服装以及专为个人所制作的服装等,才是应被优先考虑的最佳选择。时装符合流行趋势,礼服以高贵典雅为主要特征,民族服装与专为个人所制作的服装则均具有鲜明的个性,选择此类服装,才与社交场合相称。与此类似,那些高贵、典雅、流行或具有鲜明个性的饰物,亦与社交场合相匹配。

在社交场合,人们的服饰最忌讳的是千人一面、毫无个性。所以,校服、制服、工作服等款式的服装,都不宜在社交场合穿着。此外,一些式样过于随便的休闲装,也不宜选择。参加涉外社交活动时还须注意,军服、警服、消防服、护士服等易于引起误会的服装,都不应当穿着。

3. 休闲场合

休闲场合,属于非正式场合。然而,将休闲活动与个人休息完全等量齐观,是不符合实际情况的。从外延上来看,休闲活动的涵盖面要广泛得多,个人休息只属于其中常见的一种情况。

所谓休闲场合,就其具体含义来说,指的是人们在正式的公务、社交活动之外,个人所进行的自由活动时间。它的活动地点,既可以是公共场所,也可以是私人场所。就总体而言,休闲活动大致都属于独往独来的个人活动,因而所受到的制约极少。

对大学生来讲,当其置身于下列五种情况之一时,均应被视为是在参与休闲活动:一是居家休息;二是健身运动;三是观光游览;四是逛街购物;五是自娱自乐。参与这些典型的休闲活动,必须使本人穿戴的服饰与此相适应。

在休闲场合里,大学生选择与穿戴服饰的基本标准应是舒适、方便、自然。这等于宣告:在休闲场合里人们的服饰讲究无多。只要不触犯法律,不违反公序良俗,不有悖于伦理道德,不有碍于人身安全,不有损于国格、人格,人们完全可以自行其是,想怎样穿戴便怎样穿戴。此时此刻,服饰越是正规、越是高档、越是讲究,反而越没有意思。

按照这一基本规定,在休闲场合里,大学生通常不宜佩戴饰物,特别是不宜佩戴高档饰物。牛仔装、运动装、沙滩装、暴汗装、防晒装、街市装、家居装等类型的服装,方为参加休闲活动时的得体之选。诸如夹克衫、T 恤衫、牛仔裤、太阳裙、棒球帽、旅游鞋等,只有在休闲场合出现,才会令人看起来顺眼。

有必要强调,既然休闲场合的着装主要要求的是舒服、方便、自然,那么越是正规的服装就越是不适合在休闲场合里穿着。诸如校服、制服、套装、套裙、工作服,以及时装、礼服等,要是在参加普通的休闲活动时贸然穿着,不但不能发挥任何社会效益,反而会使自己显得小题大作、煞有介事、无聊之至。

三、务求应己

在任何情况下,大学生在选择与穿戴服饰时,都需要首先认真地正视自身的具体条件,然后努力使二者相互统一、相互适应、相互般配,这就是所谓服饰应己的规则。准确地讲,服饰应己的规则,就是要求人们在选择与穿戴服饰时,一定要实事求是、量力而行,一定要一切从自身的条件出发、量体裁衣、因人择饰,务求令其尽可能地适合于自己。

要求大学生认真遵守服饰应己的规则,主要目的是使其在服饰方面可以扬长避短,得以充分地展示自己的美好形象。不过就一般状况而言,大学生应当对服饰扬长避短的功效加以具体分析。

所谓扬长,在此特指通过服饰的选择与穿戴,恰到好处地展现自身条件方面所具有的种种优势。

所谓避短,在此则是指通过对服饰的巧妙应用,而将自身条件中的某些美中不足之处遮掩起来。

在正常情况下,服饰扬长与避短的功效是可以同时发挥的。但是,对大学生而言,最重要的是要以服饰为自己避短,而不是以之替自己扬长。越是正规的场合,对这一点就越是要谨记不忘。

选择与穿戴服饰时重在避短,主要是为了防止自己出丑露怯、见笑于人,这种做法符合人之常情。而选择与穿戴服饰时重在扬长,则往往有自我招摇、卖弄身价之意,因而未必合适。

具体而言,大学生在选择与穿戴服饰时要遵守好服饰应己的规则,就一定要重视性别、年龄、肤色、形体等四大问题。

1. 性别

遵守服饰应己的规则,首先要求人们在选择与穿戴服饰时勿忘本人的性别。男人应当穿男装,女人应当穿女装,饰物的使用亦有两性之分,这是人们的性别差异使之然,也是人人应有的基本常识。倘若反其道而行之,往往便会令人难以接受。

举例而言,若是一名壮年男子将原本属于妙龄女子所适宜的露脐装、超短裙、蝴蝶结以及耳环、脚链等一股脑地堆砌在自己的身上,自然会显得不男不女,不但让人大跌眼镜,而且其自身形象通常也不会为他人所接受。

近年来,由于受到服饰潮流的影响,服饰的性别色彩逐渐有所淡化,而可以为男女所通用的中性化服饰也已大量涌现。在某些人中,男穿女服、女扮男妆甚至也成为一种时髦。可是,大学生必须明白:这种情况并非社会的主旋律,其尝试者大都是艺术界人士,其涉及场合则大都为非正式场合。迄今为止,服饰的性别倒错化和中性化的倾向仍旧未被主流社会所接受,因而始终难登大雅之堂。

在选择与穿戴服饰时,大学生一定要牢记男女有别,并且认真恪守本分,切勿搞服饰自由化,而使自己的穿戴令人莫辨男女。

2. 年龄

遵守服饰应己的规则,自然要对本人的实际年龄保持清醒的认识。在选择与穿戴服饰时,如果令其与自己的实际年龄相去甚远,从而使二者产生过大的反差,则必然会直接导致自己穿戴的彻底失败。

每个人的生理年龄,都会经历儿童、少年、青年、中年、老年等不同阶段。撇开讲究无多的儿童、少年阶段不谈,作为成年人,每一个人在其青年、中年和老年时期所选择与穿戴的服饰,显然应有年龄上的区别。除了老、中、青咸宜的制服、工作服、牛仔装之外,其他许多服装大都适合于某一特定的年龄段的人士穿着。

例如,一件小背心、一条超短裙、一双绒毛鞋,要是穿在一位少女身上,可谓恰到好处,可以为其平添姿色。但是,要是请一位年过六旬的老妇人把它们"全副武装"在身,不论对方的身材、皮肤保养得多么好,恐怕都只会使人肉麻,而并无任何美感可言。道理很简单:小背心、超短裙、绒毛鞋之类的衣物,仅仅适用于青少年女子。一位上了年纪的女士若是勉为其难,只会被人视为"冒充少女",不自量力地扮演"超龄小甜甜"。

总之,在选择与穿戴服饰时,任何人都不可以遗忘本人的年龄,而是必须尽力使自己的服饰与自己的年龄大体上相符。老年人的服饰应当典雅,中年人的服饰应当素洁,青年人的服饰应当活泼,这是人人在选择与穿戴服饰时皆须遵守的标准尺度。

3. 肤色

在选择与穿戴服饰时,人们通常都会对于它的色彩、款式和质地加以通盘考虑。在服饰礼仪里,此三者合称为"服饰三要素"。任何一位善于选择与穿戴服饰的人,实际上都只是长于将此三者和谐而得体地组合、搭配在一起。在"服饰三要素"里,一般而言,色彩这一要素往往发挥着关键作用。所以,人们在选择与穿戴服饰时,通常都会对其色彩倍加重视。

在实际生活里,一个人所选择与穿戴服饰的具体色彩,往往会受到其经济能力、个人偏好、所处环境以及流行时尚等多重因素的制约。在提及服饰色彩的各种制约因素时,个人的肤色问题是大学生所不容忽略的。要想使自己穿戴的服饰光彩夺目、熠熠生辉,以之为本人扮美扮靓,就一定要对自己的肤色事先有所考虑,并且令二者相辅相成。

从总体上看,绝大多数的中国人都是黄皮肤、黑头发、黑眼睛,因为我们大家基本上都属于黄种人。可是一旦具体到每个人,其肤色还是同中有异的。因此,在选择与穿戴服饰时,对此切切不可一概而论。

一般来看,中国人的肤色基本上可以分为白净、偏黑、发红、黄绿以及苍白等几种。它们对于与之搭配的服饰的色彩,有着不同的要求。根据一般规律,肤色白净者,适宜选择各色服饰;肤色偏黑或发红者,忌讳选择深色的服饰;肤色黄绿或苍白者,则适宜于选择浅色的服饰。

4. 形体

不论穿着服装还是佩戴首饰,通常人们都会对本人的形体特点考虑在先。如果无视其形体特点,以不变应万变,当然难求尽善尽美。因此,大学生在选择与穿戴服饰时,务必要使之与自己的形体彼此协调,相得益彰。从某种意义上来说,遵守服饰应己的规则,最重要的就是要在选择与穿戴服饰时尽可能地兼顾本人的形体特点。

众所周知,人有高矮、胖瘦之分,具体到身体的各个部位上还有标准与不标准之别,这就是通常所讲的个人形体条件。在现实生活里,每个人的具体形体条件都是有所分别的。

从总体上来说,中国人的形体可以分为标准型、高大型、高瘦型、矮胖型、瘦小型等五大基本类型。它们各有各自的特点,并且存在着男女之别。对此要是视而不见,在选择与穿戴服饰时便难以达到预想的效果。

例如,一位形体高大威猛的男士,要是穿上一件小上两号的上衣,便会浑身局促、捉襟见肘、木讷呆板,甚至幼稚可笑。一名人过中年、形体过于矮小丰满的女士,如果硬是要去穿上一条高弹紧身、超薄透明的健美裤,令自己显得臃肿不堪、五短三粗,同样也未必适宜。二者所犯的错误,其实都是在穿着服装时未能充分地兼顾本人在形体上所存在的主要优缺点。

四、重在应规

在选择与穿戴服饰时,特别是在大庭广众之下抛头露面时所选择与穿戴的服饰,务必要注意应规的问题。服饰应规,历来都是一项重要的礼仪规则。它的含义是:每个人在正式场合所选择与穿戴的服饰,务必要符合服饰自身的搭配、组合和穿着规律,务必要使之达到规范化的要求。能否遵守此项规则,实际上反映了大学生对于服饰自身所了解的程度的深浅。所以说,一个人能不能自觉地遵守服饰应规的规则,往往可以最为真切地体现其教养、阅历与审美品位。正因为如此,大学生在选择与穿戴服饰时,无论如何都必须严守这一规则。

具体而言,在选择与穿戴服饰时,应规的规则其实主要体现在制度化、系列化、标准化等三个方面。对于这些方面的问题,大学生均须加以正视。

1. 制度化

在社会上,有许多特殊的行业,为了便于加强对全体从业人员的管理,或塑造出本单位良好的形象,通常会对本单位全体员工的着装与佩饰作出种种明文规定,并且正式对外进行公告,经常进行检查,以求对其贯彻执行。这种情况,就是服饰规范化的具体表现之一——服饰制度化。

服饰制度化,是现代企事业单位强化管理的重要手段之一。通常认为,除可以塑造良好形象之外,它还可以体现出本单位的令行禁止、管理有方,并且还有助于增强本单位全体员工的可识别性与归属感。

一般而言,服饰制度化在具体实践中通常有下述两种常见的操作方式:

方式之一,是由本单位正式规定全体员工在上班、上学时服饰的标准"样本",并且统一下发到每一个人。平时人们所说的校服、制服、工作服等,都是它的具体表现形式。一般来讲,凡有校服、制服、工作服的单位,其全体人员在正式场合通常都只能遵守有关规定,舍此而别无其他任何选择。

方式之二,是由本单位正式规定全体员工在上班、上学时严禁穿戴的服饰。例如,外企白领在写字间里不允许脚蹬高统皮靴;政府机关里的女职员不允许在工作场合里穿着过露、过透、过薄、过短、过紧、过艳的服装；空乘小姐在为乘客服务时不允许佩戴耳环等。这类做法，虽未规定"应该怎么做"，但却从规定"不应该怎么做"入手，同样达到了服饰制度化的目的，只不过在层次上较前者稍低一些罢了。

不论采用上述哪一种方式，要做好服饰制度化，重要的是要一切从本单位的实际情况出发，并且努力做到出言必行，不搞形式主义。

2. 系列化

一个人若想真正地提升自己服饰的品位，并且使之获得世人的认可，就不能不对服饰系列化的问题倍加重视。要是对服饰的系列化要求知之甚少，或者一无所知，便难有服饰的真正品位可言。

所谓服饰系列化，在此主要是指服饰的具体搭配与组合问题。它的具体含义是：人们在选择与穿戴服饰时，必须要首先高屋建瓴，树立起全局意识与整体意识，使自己身上的每一件衣、裤、裙、衫、鞋、袜、帽、包以及饰物等相互呼应，彼此融洽，协调一致，珠联璧合，进而在其整体风格上成为一套、一种组合、一个系列。

严格地说，会穿衣服的人并非仅仅会穿衣服，而是擅长对衣服进行组合搭配。从某种意义上说，任何一种成功的服饰形象，其实都是人们精心搭配出来的。所谓美在和谐，成功的服饰搭配必然和谐有序，令人赏心悦目。反之，在选择与穿戴服饰时，要是"只见树木，不见森林"，将各种美丽的服饰杂乱无章地随便凑合在一起，往往难以发挥其任何美化的作用。

服饰系列化的主旨，是要求人们高度重视服饰的组合与搭配。而要做到这一点，就要努力掌握有关规律，学会将各种相互协调的服饰在一个鲜明的"主题思想"的统帅下搭配在一道，并且令其错落有序。这样做，才会使之相辅相成、异彩纷呈。

例如，穿牛仔裤时，在鞋子方面的最佳选择首推运动鞋。可若是以一双运动鞋去搭配一身套装或者套裙，就会让人觉得是在"拉郎配"。

再如，在穿衬衫时如欲内穿棉毛衫，务必要选择"U"领或"V"领等式样。否则后者就有可能变成一道"花絮"，在前者的领口之处时隐时现。

3. 标准化

凡事皆有一定之规。每一种服装、每一件饰物，通常都有其各自标准的、正规的穿着与佩戴方法。对于这些标准的、正规的服饰的穿着与佩戴方法不予以重视,或者存心自成一派、另搞一套,与之大唱对台戏,其结果必然会是弄巧成拙、招人耻笑。

所谓服饰标准化,是应规规则的核心内容。它的基本要求是:人们在选择与穿戴服饰时,一定要恪守服饰自身约定俗成的标准。越是正式的场合,在这一方面就越是不宜犯规。

例如,穿长袖衬衫时,通常有三点注意事项:一是除去最上边的一粒纽扣之外,其他所有的纽扣均应认真地扣好。二是衬衫袖口的纽扣一般都要扣上,挽起袖管的做法是不被允许的。三是衬衫的下摆必须掖入裤腰或者裙摆之内,任其在裤腰或者裙摆之外自由自在地晃悠,是不符合衬衫的标准化穿法的。

当人们穿中山装的时候,一般都不允许敞开上衣、挽起袖口或者裤角。在较为正式的场合里,中山装的上衣衣扣必须全部系牢,就连风纪扣也不能有所例外。

穿衬衫如果要打领带的话,通常都要对其打法多加注意。在打好领带以后,领带结的大小,应当与同时所穿的衬衫衣领的大小呈正比;领带的具体长度,则应当以其下端正好抵达本人所系皮带的皮带扣上端为宜。

若是佩戴戒指,在行的人一定都知道一只手上只允许佩戴一枚。一个人要是一只手五个手指的每只手指上都戴上戒指,则只会被人嘲笑。

上述这些实例,虽为服饰选择与穿戴方面的细枝末节问题,但是对其重视与否,却可以生动而形象地反映出一个人有关服饰礼仪方面的修养以及他对自身服饰得体与否的重视程度。因此,大学生有必要在这方面做得好上加好。

一言以蔽之,大学生平时的服饰穿戴应当整洁第一、清爽至要、朴素为本,并要与自己青年学生的实际身份相称。也就是说,大学生的日常穿戴没有必要追求高端、豪华、上档次,没有必要向奢侈品、大牌货看齐。

第五节　谈话

在大学的同学圈里,王华向来人际关系不太好。客观地说,王华是一位学习用功、乐于助人的好学生。他之所以经常会得罪人,主要是由于"祸从口出",他实在是太不会说话了。

王华的不会说话,主要有两个方面的表现:一方面,他太爱说话。说话多一点,其实并非过错,但王华的问题是不分时间、地点,不看具体对象,有什么说什么,想起什么说什么。有一天,班里新来了一位班主任。在见面会上,班主任的就职讲话刚刚开头,王华就已经在台下到处找人大聊其天了。如此表现,班主任如何会对他产生好印象?

另一方面,他特爱抬杠,并且以"杠精"自诩。在大是大非的问题上,与别人明辨一下是非,通常理所应当。而在鸡毛蒜皮的问题上不厌其烦地与人一争高低,则往往只会令人反感。遗憾的是,王华的特爱"抬杠",恰好属于后一种情况。例如,有一回,一位同学在提及本市大白菜的市价时,用了一个大约的数目"每斤一元八角",于是便引来了王华的争辩:"谁说的? 谁说的? 瞎说什么! 明明是每斤一元八角五分嘛。"尽管王华所提供的大白菜市价或许要更精确一些,可是在当时情况下,他大可不必直截了当地去更正对方。更何况,他的措词和语气都会给人以吹毛求疵的感觉呢!

人际交往,通常始自谈话。谈话,亦称交谈,它是指由两人或者两位以上的人所进行的对话。在正常情况下,谈话是人们彼此之间进行交际、讨论学业、应对生活、开展工作、建立友谊、增进了解的最为重要的一种形式。离开了谈话,人与人之间要想进行真正的交流与沟通几乎是不可能的。

从根本上说,人们的知识、阅历、教养、才智和应变能力等,都可以通过谈话得以体现。在我国古代,人们讲究在人际交往中要对交往对象"听其言,观其行"。这是因为"言为心声",只有通过谈话,交往对象彼此之间才能够了解对方,并且为对方所了解。

一般情况下,人们在日常生活里所进行的谈话具有以下五个特征:

第一,内容丰富。在谈话时,可以确定一个主题,也可以自由地进行漫谈。只是应该使之有的放矢,令其参加者有所获益。

第二,共同参与。作为一种双边或者多边性质的活动,谈话在客观上要求其所有参加者共同积极地进行参与。要是把它变成单向的发言,甚至从头到尾都是"一言堂",自然会让人感到乏味之至。

第三,相互包容。在谈话中,每一个人都要拥有容人的雅量。不仅自己要畅所欲言,而且也要欢迎其他参与者各抒己见。在交谈进行期间,大家都要积极参与、彼此适应、求同存异,并且相互平等。

第四,真实自然。有意义的谈话,应当言之有物,并应采用合乎情理的表达方式。此外,还应当言之有据、真实自然。不要为了片面地追求"语不惊人死不休"的效果,因而言而无据地信口开河,甚至危言耸听。

第五,随机应变。在实践中,谈话可长可短,亦可灵活多变。因此,它要求每一位参加者在临场发挥时,都要善于察言观色、见机行事,根据实际需要做出迅速的反应。

在掌握上述五个特征的同时,大学生还须对于谈话的语言、谈话的主题、谈话的方式等三个方面的基本礼仪规范加以系统的学习。

一、优化语言

人与人之间的交谈,非得借助于语言这一工具不可。作为谈话内容的载体,语言的具体运用可以体现出谈话者思想境界、个人修养的高低。因此,在谈话时人人都有必要重视语言的运用,并对其加以优化。

《礼记》要求:"顺辞令。"[①]在谈话中,对大学生在语言方面的总体要求是:文明、礼貌和准确。做到这三点的语言便可得以优化。

1. 语言文明

作为受过高等教育之人,大学生必须在谈话中做到语言文明。所谓语言文明,即要求人们在具体使用语言时必须力求高尚、文雅。也就是说,在谈话语言的具体选择、运用中,应当既表现出其使用者良好的文化素养和待人处世的友善态度,又令人闻之产生高雅、温暖、爽心、脱俗之感。达到这一要求者,即可谓之文明用语。

要具体做到语言文明,大学生必须重点从下述两个方面认真着手。

(1) 多选用文雅词语

在人际交往中,大学生务必要尽可能多地选用文雅词语。选用文雅词语,实际上就是要多使用雅语,亦即要求谈话者在交谈时,尤其是在与他人进行正式交谈时,用词用语一定要力求谦和、恭谨、高雅、脱俗。必

---

① 礼记[M].[元]陈澔,注.金晓东,校点.上海:上海古籍出版社,2016:669.

须指出的是:在谈话之中,如果离开了雅语的使用,语言文明便会成为无本之木,根本无从谈起。

在人际交往里使用文雅词语时,有两点必须注意:

一是要注意使用的场合。使用文雅词语,意在展示个人的良好教养和对于谈话对象的尊重。因此,其具体使用时必然需要区别场合,而并非可以一概而论。使用文雅词语的最佳场合,主要是初次交往、因公交往、对外交往等。

二是要考虑实际的效果。使用文雅词语,一般都可以取得良好的收效,但是必须防止书生意气,切勿将其绝对化。在具体使用文雅词语时,大学生应该重视其切实致用。《仪礼》曰:"辞多则史,少则不达。辞苟足以达,义之至也。"[①] 因此,大学生平时一定要避免咬文嚼字、词不达意,不要对文雅词语滥用。

总而言之,在谈话中适当地使用文雅词语,通常都是必要的。例如,在正式活动里欢迎客人到来时,使用雅语"欢迎光临",显然要比说"你来了"郑重其事得多。而对一位上了年纪并且看起来很有文化的老人使用雅语"敬请赐教",自然也比对对方直言"有什么意见快提"更为悦耳中听。

(2) 不使用不雅之语

不雅之语,自然是指那些失之于文雅的词语。在谈话之中,大学生必须有意识地对其予以回避。下列六类不雅之语,尤其不宜加以使用。

一是粗话。所谓粗话,一般指的是意在侮辱他人人格的、风格粗野的、带有恶意的、失敬于人的话语。个别人为了显示本人为人粗犷出言必粗,甚至大爆粗口,其实是很失身份的。

二是脏话。所谓脏话,即骂人的话,它主要是指出口成"脏"、口带脏字、讲起话骂骂咧咧。平时,在谈话之中爱说脏话的人,非但极不文明、自我贬低,而且也必将受到其交谈对象的轻视。辱骂他人,在任何情况下都是没有道理的。即便在交谈中无意之中捎带上一句"国骂",或者其代用语,对于个人形象也会损害极大。

三是黑话。所谓黑话,通常泛指专为帮会、地痞、流氓、盗匪以及其他黑社会人士所使用的暗语,或者含义隐晦的话语。从角色定位的角度

---

① 仪礼[M].[汉]郑玄,注.[清]张尔岐,句读.郎文行,校点.方向东,审订.上海:上海古籍出版社,2016:229.

来说,只有涉"黑"之人才习惯于讲黑话。有人喜欢讲上几句黑话,自以为可以证明自己见过世面,以此可以唬人,结果却使自己显得匪里匪气、招人反感厌恶。

四是荤话。所谓荤话,大都是指在讲话时所刻意泛及的那些与绯闻、色情、淫秽有关的内容。不论自己的谈话对象是同性还是异性,荤话都是万万讲不得的。动不动就爱讲荤话,尤其是爱讲黄色、下流故事的人,不仅表明自己格调不高,而且也是对交谈对象极大的不尊重。

五是怪话。在人际往来之中,时常会有极其个别的人讲起话来阴阳怪气。他们所使用的话语及其具体内容,或者是冷嘲热讽,或者是怨天尤人,或者是黑白颠倒,或者是危言耸听。总之,他们大都成心要以自己的谈吐之"怪"令人刮目相看,或是一鸣惊人。这就是所谓讲怪话。常讲怪话的人,往往会令人很不愉快。

六是气话。所谓气话,即在谈话时缺乏自我控制的能力,动不动就通过自己所使用的语言闹意气、泄私愤、图报复,或"撕人""喷人""怼人",或者是大发牢骚、指桑骂槐。在谈话时,讲气话永远都是有害无益的。因为它不仅无助于沟通,而且还十分容易因此得罪人、伤害人。

2. 语言礼貌

在谈话中使用礼貌的语言,是做人的基本常识,也是博得交往对象好感与尊重的最为简单易行的做法。要求大学生语言礼貌,实际上就是要其多多使用礼貌用语。

礼貌用语,一般简称为礼貌语。它是指那些约定俗成的、在交谈之中用于向谈话对象表示谦虚恭敬的专门性用语。在正常情况之下,礼貌用语具体可以被分作问候用语、迎送用语、请托用语、致谢用语、征询用语、应答用语、赞赏用语、祝贺用语、推托用语以及道歉用语等十种类型。它们既有各自专门适用的场合,又有各自专用的具体表述方式。

在具体的人际交往中,要真正做到语言礼貌,主要要求大学生在如下两个方面加以重视。

(1) 端正认识

要真正做好语言礼貌,首先必须从自己的思想上端正对它的认识。具体而言,就是要掌握礼貌用语的三大基本特征。

一是自觉性。对大学生来说,既然在交谈中使用礼貌用语是为了表达自己对谈话对象的谦虚与恭敬之意,那么就必须在平时自觉地对其加以使用,而不应当使之成为一种被迫的非个人意愿的行为。这就是运用礼貌用语的自觉性,它也是礼貌用语使用的基本要求之一。

二是主动性。与他人交谈时使用礼貌用语,应当成为每一位有教养的大学生的主动行动。也就是说,在与人交谈时每一位大学生都应当主动地使用礼貌用语,而不必等待谈话对象率先采取行动。这便是运用礼貌用语的主动性。做到了这一点,礼貌用语的使用才能够真正口到、心到、意到,并且为交谈对象所真正地感觉到。

三是亲密性。运用礼貌用语的亲密性,主要是指在使用礼貌用语的具体过程中,必须神形兼备、言行一致,完全表现得亲切而自然。要让谈话对象听在耳中,暖在心头,心领神会。最重要的是,大学生在其运用礼貌用语时一定要心诚意切、不落俗套,千万不可甜言蜜语、巧言令色、言行不一或令人肉麻。

(2) 经常使用

在日常生活里,大学生对礼貌用语的使用理应多多益善、不厌其烦。因此,有必要养成经常使用礼貌用语的习惯。在一般性的交际应酬之中,对于下述五句话十个字最基本的礼貌用语,尤其应当不分对象地经常使用。

一是"您好"。

"您好",是一句表示问候的礼貌语。遇上相识者或者不相识者时,不论打算深谈下去,还是只想与对方打上一个招呼,都应当率先向对方热情地问候一声"您好"。如果其他人先以此语问候了自己,则也要及时地以它来回应对方。

二是"请"。

"请",是一句专门用于请托的礼貌语。要求别人去做某一件事情时,居高临下、颐指气使不合适;低声下气、百般乞求亦无必要。在此情况下,多使用一个"请"字,往往便可以逢山开路、遇水架桥,赢得主动,得到对方的照应,而且还可以使自己的所作所为表现得彬彬有礼、不卑不亢。

三是"谢谢"。

"谢谢",是一句致谢时所使用的礼貌语。每逢赢得赞美、得到帮助、承蒙关照、受到礼遇、接受服务或者获得理解与支持时,都需要当即向交往对象道上一声真挚的"谢谢"。这种做法,既是对对方所进行的诚心感激,同时也是对对方善意的积极肯定。

四是"对不起"。

"对不起",是一句主要适用于道歉的礼貌语。当自己打扰、妨碍、影

响了别人,或者是在人际交往中给他人制造了麻烦、不便,甚至给对方造成某种程度的损失、伤害时,务必要及时而真诚地向对方道一句"对不起"。及时地使用这句抱歉语,将有助于大事化小、小事化了,并将有助于修复双边关系。

五是"再见"。

"再见",是一句用于人们道别时的礼貌语。在交谈结束、与人作别之际,向对方诚心诚意地道上一声"再见",可以恰当地表达自己的惜别之意,并可使自己对对方的恭敬之心表现得有始有终。

3. 语言准确

在谈话进行中,语言准确与否,往往至关重要。如果不重视语言准确的问题,语言模糊,词不达意,是极不利于人际沟通的。

要确保语言准确,对大学生来讲,主要需要注意下列四个方面的问题。

(1) 语言标准

作为中国人,语言要标准,实际上就是要求人们在交谈时要讲普通话,并且要讲好普通话。普通话是我国法定的现代汉语的标准语。它以北京语音为标准音,以北方话为基础方言,以典范的现代白话文为语法规范。《中华人民共和国宪法》规定:"国家推广全国通用的普通话。"[①] 由此可知,推广普通话是我国的一项基本国策,也是密切中国人彼此之间进行交流的一项重要措施。在人际交往中,除面对外国友人、少数民族人士以及个别听不懂普通话的特殊人士之外,大学生一定要在与之进行交谈时使用普通话。

当前,要做到语言标准,主要应当避免以下四种常见的错误倾向:一是乱用术语。若非业务研讨,大可不必时时使用专业性很强的术语。二是滥用外语。使用外语,主要适用于同外国人打交道的场合,反之则有卖弄之嫌。三是只讲方言。方言、土语这一类"家乡话",仅仅适用于"老乡见老乡"。跟任何人交谈时都一律采用自己所熟悉的方言、土语,不但有可能难为对方,而且往往还表明自己保守而排外。四是大讲网络用语。在现实生活里,并非人人都是网络高手,所以不宜逢人便讲网络用语。

(2) 用词正确

任何语言,都是由一系列具体词汇所进行的排列与组合。因此,要保证语言准确,就首先要做到用词正确。做不到用词的正确无误,语言

---

① 中华人民共和国宪法[M].北京:人民出版社,2018:15.

准确往往便难于设想,甚至会变成一句空谈。

用词要正确,具体体现于交谈之中三个方面的基本要求:

一是要明辨词意。任何词汇都有其特定的具体含义。只有理解了每个词汇的本意,才能做到用词正确无误。

二是要忌用生词。凡自己不甚熟悉的生词,尽量不要在交谈中使用,以免用词不当。对其具体含义不甚了了或一知半解之时,也以不使用为好。

三是要防止滥用。在交谈时,语言与词汇的使用,都以朴实无华为佳。切勿滥用词汇,尤其是不宜故弄玄虚地堆砌一连串时尚、华丽的词汇,否则很容易被人误解。

(3) 内容简明

要言不烦,是谈话时必须认真恪守的基本规则之一。因此,大学生在一般的交谈中,都要力求言简意赅、简单明了、节省时间、不讲废话。唯有如此,才有助于语言准确。具体而言,下述两点一定要加以特别的注意。

一是不要在交谈之中长篇大论。在谈话之中,千万不要去搞长篇大论。长篇大论的实际效果,往往都是不会尽如人意的。它不仅会令人感到厌烦,而且还可能让人听起来不明不白、不着边际。在某些特殊情况下,甚至还会导致曲解。

二是不要在交谈中短话长说。与人交谈,要善于三言两语便表达己意。千万不要任意发挥、节外生枝、没话找话、啰里啰嗦、废话连篇,根本不去涉及正题。不适当的短话长说,通常会直接导致毫无实际意义的长篇大论。

(4) 发音规范

在交谈之中,每一个人的具体发音都应当力求规范。发音规范,通常具体体现在以下五点。

一是发音要标准。发音时吐字一定要符合标准。不要好读书而不求甚解,动辄发错音、念错字,从而让人见笑,甚至引起误会。

二是声音要清晰。同别人谈话时,发音要尽可能地清晰,以便让对方听得一清二楚。若是谈起话来口齿不清、含含糊糊,绝对是不合适的。

三是音量要控制。进行交谈时,必须有意识地控制本人说话之时的音量,令其大小适中。音量过大,令人震耳欲聋;音量过小,则令人听来费劲。二者均为不妥。

四是语速要适度。语速即讲话的速度。在交谈时,应令其快慢适中,基本上保持匀速。若是语速过快、过慢,或者忽快、忽慢,都会破坏交谈效果。一般而言,讲普通话的正常语速,应当为每分钟160~180个汉字。

五是口气要谦和。《礼记》要求："安定辞。"[①]与别人交谈时，口气一定要平易近人，亲切而谦和。不要拿腔拿调、装腔作势、盛气凌人、欺上压下。

二、斟酌主题

古希腊思想家亚里士多德曾经说过："任何谈话，都由谈话者、倾听者与谈话主题等三大基本要素所构成。"要达到借助于谈话施加影响的目的，就要善于协调这三大基本要素。

交谈的主题，又叫作谈话的话题。它是指谈话之时所具体涉及的中心内容。谈话主题，通常实际上决定着谈话的基本走向。从某种意义上讲，能否选择好谈话主题，往往从根本上决定着一次谈话的格调及其成败。

一般而论，一场谈话的主题多少可以不定。但是，在正常情况下，它都是宜少而不宜多的。在某一特定时刻，谈话主题通常最好只有一个。唯有主题少而集中，方才有利于谈话的顺利进行。谈话主题若是过多、过杂、过散、过乱，往往会令谈话者无所适从。

在具体斟酌谈话主题时，大学生主要应当明确：哪些是适宜选择的谈话主题，哪些则不宜选择。

1. 宜选的主题

与别人进行谈话时，尤其是在初交谈话之时，选择下列五种类型的话题，一般都是普遍适宜的。

(1) 既定的话题

既定的话题，通常泛指由谈话双方事先约定，或者其中一方先期已经准备好了的话题。这类话题，大都主要适用于较为正式的谈话。举例来说，讨论作业、指导论文、求人帮忙、征求意见、传递信息、商讨问题、研究工作、提出建议一类的谈话，基本上都属于话题既定的谈话。

在谈话中，选择此类话题，一般都应由双方共同进行商定，至少也要提前得到谈话对象的认可。还须切记，既然既定的话题是"有约在先"的，那么在与此相关的谈话进行中就应该谨防跑题。

(2) 高雅的话题

高雅的话题，通常指的都是在谈话中所涉及的那些内容文明优雅、

---

① 礼记[M].[元]陈澔，注.金晓东，校点.上海：上海古籍出版社，2016：1.

格调高尚脱俗、适宜体现谈话之人个人良好教养的话题。一般而言,它适用于各类谈话,并特别适用于讲究层次与品位的正式谈话。根据常人的理解,文学、艺术、哲学、历史、地理、植物、观鸟、建筑、绘画、书法以及收藏等,都是比较典型的高雅话题。子曰:"不学诗,无以言。"①孔子所倡导的,其实就是平日要坚持诵读经典,以涵养学识。

在谈话的具体实践中,大学生无疑应当学会善于选择高雅的话题。然而对于以下两点,却必须给予应有的注意。一是应当面对知音。选择高雅的话题,只有在面对知音时才会引起双方的共鸣。倘若不分对象地一概而论,有时就会曲高而和寡。二是切莫不懂装懂。选择高雅的话题时,应当知之为知之,不知为不知,千万不要冒充专家,不要弄虚作假、班门弄斧。

(3) 轻松的话题

轻松的话题,通常是指在谈话之中所涉及的那些令人感到轻松愉快、身心放松、饶有情趣、不觉疲倦、易于应对的话题。一般来讲,轻松的话题主要适用于各种各样的非正式谈话。它的特点是:轻松欢快,允许参与者各抒己见、任意发挥。因此,在较为严肃的谈话中它通常不适宜采用。

在一般情况下,文艺演出、体育比赛、电影电视、音乐歌曲、休闲娱乐、旅游观光、名胜古迹、风土人情、名人轶事、烹饪小吃、美容美发、流行时装、天气状况等,都是人们在谈话之中所喜闻乐道的轻松的话题。

选择轻松的话题,固然应当顺其自然,令其尽可能地轻松怡人。但是,谈话者必须要适可而止,掌握好具体的分寸。若是将轻松的话题等同于低级趣味、庸俗无聊、无所事事、东拉西扯、蹉跎光阴,则是十分错误的。

(4) 时尚的话题

时尚的话题,通常是指在谈话之中以此时、此刻、此地正在流行的事物,或者成为举世的焦点、正在引起人们普遍关注的事件,作为中心的话题。按照常规,它适合于各类谈话,并且是老少咸宜、雅俗共赏的。

顾名思义,时尚的话题当然是每时每刻都在发生着具体变化的。因其变化甚快,故此在深度、广度上对其加以把握是有一定难度的。仅以2022 年为例,国内外时尚的话题就有:党的二十大召开、北京举办第 24 届冬奥会和第 13 届冬残奥会、中国空间站建成、我国科学而精准地优化完善新冠疫情防控措施、《区域全面经济伙伴关系协定》正式生效、印度尼西亚雅万高铁试运行、世界人口达到 80 亿、卡塔尔举办第 22 届国际

---

① 朱熹.四书章句集注[M].北京:中华书局,2011:162.

足联世界杯、佩洛西窜访我国台湾、俄乌爆发冲突、欧洲发生能源危机、英国首相接连换人,等等。

选择时尚的话题,既要求对时事保持一定的敏感度,敢于发表个人的一家之言,又要求头脑清醒、明辨是非,万万不可不加分析地对一切事情都信口开河、说三道四、胡言乱语。

(5) 擅长的话题

擅长的话题,在此主要是指交谈双方,特别是谈话对象有造诣、有研究、有兴趣、有见解、有可谈之处的话题。在各种谈话中,尤其是在私交之间所进行的非正式谈话中,此类话题均可优先加以考虑。例如,与导师谈话时,可选择论文写作资料的搜集作为话题;与学长谈话时,可选择讨教求职经验作为话题;与学者谈话时,可选择治学之道作为话题;与作家谈话时,可选择文学创作问题作为话题;而与金融专家谈话时,则可选择投资、理财作为话题。

在选择擅长的话题时,需要优先考虑双向沟通。不要忘记"术业有专攻",切勿贸然选择本人擅长而谈话对象一无所知或者知之甚少的话题,以己之长去对人之短。那样做不但会使双方"话不投机半句多",而且还有可能令对方难堪至极。

2. 忌谈的话题

在谈话中,特别是在正式谈话中,有一些话题是绝对不宜涉及的。假若对其贸然犯忌,不仅会失礼于人,而且还会有辱斯文。大学生对于这一点,务必要牢牢记住。

一般而言,在谈话中,下述五种类型的话题是任何有教养的人都应当主动予以回避的。

(1) 个人隐私

所谓个人隐私,简称隐私,通常是指纯属本人的个人私事,与其他人毫不相干,并且不希望别人对此有所了解的事宜。在现代社会里,人们普遍讲究尊重个人隐私。在人际交往中,尊重他人的个人隐私与否,已经被与对对方的尊重与否完全相提并论。《中华人民共和国民法典》明确规定:"自然人享有隐私权。任何组织或者个人不得以刺探、侵扰、泄露、公开等方式侵害他人的隐私权。"[①] 在谈话中,动不动就去涉及谈话对象的个人隐私,甚至不顾对方的反应如何而再三打探,早已被视为一种

---

① 中华人民共和国民法典[M]. 北京:中国法制出版社,2020:163.

少调失教的行为。

必须明确的是：在谈话之中，有关谈话对象的个人收入、实际年龄、家庭背景、结婚与否、自身条件、健康状况、往昔经历、工作状态、消费习惯、所从事的工作以及本人住址等话题，均不宜主动加以谈论。根据人们的习惯看法，它们都是具有代表性的个人隐私话题。

（2）刁难捉弄

所谓刁难捉弄的话题，一般是指在谈话之中故意难为谈话对象，或者是拿对方任意取笑的话题。大学生应当谨记，作为成年人，自己早已过了"童言无忌"的年纪。因此，在谈话之中，切不可随意对谈话对象尖酸刻薄、油腔滑调、滥开玩笑、胡言乱语，不可挖苦对方，不可肆意调侃嘲讽对方，不可存心要让对方出丑，不可让对方下不了台。

俗话说："伤人之言，重于刀枪剑戟。"以刁难捉弄为话题与别人进行谈话，在任何情况下都只会有损于双方关系，而毫无任何益处。即使双方是老友挚交，此类话题也必须予以主动回避。

（3）非议外人

非议外人的话题，通常指的是在一般性的私人谈话中，具体涉及不在场人士，并且毫无缘由地对其进行批评谴责。在现实生活里，的确有极个别的人喜欢在私人谈话里传播闲言碎语、无中生有、制造是非、造谣生事，议论其他不在场的人士。大学生必须了解，自古以来，人们对此的普遍看法都是："来说是非者，必是是非人。"在背后随随便便地非议别人，并不意味着自己与谈话对象亲密无间，反而只能证明自己是一个惯于拨弄是非的人。

应该说明的是，非议他人与批评、自我批评之间是存在着明确的区别的。前者乃是"当面不说，背后乱说"，属于一种不负责任的有害行为；后者则是同志之间、同学之间、师生之间、亲朋好友之间互相关心、互相爱护、互相帮助的一种正大光明的善意行为。

（4）令人反感

令人反感的话题，在此主要是指在谈话中由于谈话者一方不慎，而无意之中涉及了令谈话对象产生伤感、不快、抵触或者对立情绪的话题。与任何人交谈此类话题，都无助于谈话的顺利进行。

在一般情况下，令人反感的话题主要分为以下三类：一是谈话对象所存在的个人缺陷。对此加以涉及，实际上就是要令对方无地自容。二是谈话对象的伤心往事。有道是"骂人不揭短"，提及谈话对象的伤心往事,犹如揭对方伤疤一样,往往会令对方无比难受。三是使人产生心理厌恶之事。诸如灾祸、凶杀、惨案、疾病、死亡、挫折、失败等。

万一在谈话之中无意涉及以上这些令人反感的话题,一定要立即予以转移。必要时,还须向对方道歉。千万不要不长眼色、将错就错,甚至一意孤行。

(5) 倾向错误

所谓倾向错误的话题,一般是指在谈话之中所涉及的在思想上、观点上、立场上、方法上存在着明显的过失或者不正确之处的话题。具体而言,倾向错误的话题主要可以分为下述八类:一是危及公共安全的话题;二是存在政治错误的话题;三是赞赏违法犯纪的话题;四是宣扬生活堕落的话题;五是有违公序良俗的话题;六是破坏社会稳定的话题;七是公开反对政府的话题;八是妨碍民族团结的话题。

每一名生活于社会主义新中国的大学生,都要具有高度的政治责任感,并且要在政治上、思想上、行动上积极而主动地与党和政府保持一致。任何不利于国家安全、社会稳定、祖国繁荣、民族团结、人民幸福的话题,平时绝对都不应当有所涉及。

三、讲究方式

在谈话中,要想有上乘的表现,除去要重视谈话的语言、谈话的主题之外,还必须讲究谈话的具体方式。谈话的方式,一般是指谈话的具体形式以及所使用的方法。它既涉及谈话技巧的应用,又直接决定了谈话的实际效果。

学习谈话方式,对于大学生来讲,主要是应当在认真倾听、施词委婉、礼让对方、适可而止等四个方面倍加注意。

1. 认真倾听

在任何谈话中,所有的参与者都可以被分为两个部分:一部分人是发言者,另外一部分人则是倾听者。前者在谈话中处于主动的、支配的地位,后者在谈话中则处于被动的、受支配的地位。尽管如此,忽略了倾听者的临场表现及其对谈话的实际影响,也是完全不应该的。

在谈话的具体过程中,每一位参与者实际上都具有上述两重身份。除要重视个人观点、见解的表达之外,认真倾听其他人的发言始终都是必要的。在谈话中,每一个人都希望自己的看法被他人所接受。其临场的具体表现之一,就是希望对方能够神态专注地聆听自己的陈述。所以从某种程度上说,在谈话中"说"的一方难处往往并不多,难就难在"听"的一方表现如何。古人曾经就此有感而发:"智者善听"。

"听"的一方在谈话中表现得神态专注、认真合作,就是对"说"的一方的最大尊重,因而也是其应有的最佳表现。要做到这一点,必须注意下列三个方面的问题。

(1) 表情专注

在聆听他人的陈述时,大学生通常应当目视对方的双眼,并且全神贯注、聚精会神。千万不要表现得用心不专;不要"身在曹营心在汉";不要明显地走神。

(2) 动作配合

当对方的见解的的确确高人一筹,让自己心悦诚服,与自己不谋而合,或是为了引导、支持、鼓励对方畅所欲言时,应以微笑、点头以及竖起拇指为对方"点赞"等动作及时地表示对对方的肯定,并且暗示双方彼此之间"心有灵犀一点通"。

(3) 语言合作

在他人发言的具体过程里,不妨多以"嗯"声或者"是"字表示自己正在认真倾听。当对方需要理解时,则应以"对""没错""我有同感""是的,是的"等短语加以呼应。必要时,还可在自己随后的发言里适当地引述对方刚刚发表的见解,或者直接请教对方有何高见。

2. 施词委婉

与别人谈话时,通常不应当直接陈述令对方反感、不快之事,更不能因此而伤害对方的自尊心。在某些时候,应当在具体表述上讲究含蓄、婉转、动听,点到为止,留有余地,并且善解人意。这就是所谓施词委婉。例如,索取他人的名片时,通常应当委婉地向对方询问:"以后怎样向您请教?"或者"今后如何与您保持联系?"而不宜直接对对方说:"你有名片吗?"或者"能否给我一张名片?"

在举行会议或者正在用餐期间,如果想要去一下洗手间,不宜直言不讳地当众宣告"我要去上厕所";"我想去方便一下"。代之以"我暂时出去一下";"我出去有一点儿事";或者"我出去打一个电话",往往会显得更为文明礼貌。

要想在谈话中做到施词委婉,有两个方面的具体问题必须予以重视。

（1）规范表达方法

运用委婉的话语，一定要有所规范，而切切不可随心所欲。常规的委婉表达方法有六种：一是比喻暗示；二是间接提示；三是旁敲侧击；四是先肯定后否定；五是多使用设问句；六是表达留有余地。

（2）力求相互理解

在谈话中施词委婉，无论怎样都应当使之被谈话对象所理解，否则便是劳而无功。因此，必须关注对方的理解能力与现场反应，并要对具体对象具体对待。

3. 礼让对方

在普通的谈话中，通常都要有意识地以自己的谈话对象为中心，处处礼让对方、尊重对方。在任何时候都不要忘记：尊敬人才会受人尊敬。正如西班牙哲人葛拉西安所说：礼貌不怕过于周到，怕的就是缺少礼貌。在谈话中礼让谈话对象，一般应注意以下五点。

（1）不独白

既然谈话讲究相互交流，那么在谈话中就要目中有人，争取多给谈话对象发言的机会，令对方真正可以与别人进行交流。不要在谈话中一人独白、侃侃而谈，只顾本人尽兴，而始终不给别人讲话的机会。

（2）不冷场

在谈话中，不允许从一个极端走向另外一个极端，即从头至尾保持沉默、一言不发，从而使谈话变相冷场。不论谈话主题与自己是否有关，自己是否有兴趣，一般都要积极合作、热情投入。万一谈话因他人之故而暂停，亦应努力救场，也可以转移话题，使之得以延续。

（3）不插嘴

出于尊重他人之故，在别人讲话的中途，尽量不要突如其来地予以打断，更不要时不时地未经允许便插上一嘴。这一做法不仅干扰了对方的思绪，直接影响到谈话效果，而且还会给人以自以为是、喧宾夺主之感。确需发表个人意见，或是有必要进行补充、说明时，一般应当等待对方的陈述告一段落，或是在得到对方的首肯之后再讲。必须强调的是：当老师、学长、尊长或客人讲话时，随意对其打断或者插嘴都是严重的失礼。

（4）不抬杠

抬杠，亦称顶嘴或者犟嘴，它是指在谈话中过分地自以为是、固执己见，凡事喜爱与人进行争辩，偏好强词夺理。在一般性的谈话中，应当允许全体参与者言论自由、各抒己见、畅所欲言，不一定事事都要分清谁是谁非。

假定在任何谈话中都永远以"杠头"自居,自诩一贯正确,无理辩三分,得理不让人,非要争上一个面红耳赤、你死我活、不欢而散,不但大伤和气,而且也有悖谈话的主旨。

（5）不轻易否定

在谈话中,要善于倾听别人的意见。倘若对方所言之事无伤大雅,无关大是大非,一般不宜当面对对方加以否定。与别人进行谈话时,要虚心好学,求大同、存小异。对于对方的见解,只要其无关宏旨,不触犯法律,不有违伦理道德,不有悖公序良俗,不损害国格人格,不涉及生命安全,通常都没有必要小题大作、上纲上线、确认其对错,更没有必要对其当面加以指责、否定或者批驳。

4. 适可而止

与其他各种形式的交际活动一样,谈话也在一定程度上受到时间的制约。虽然说亲朋好友之间的谈话往往是"酒逢知己千杯少",不必过多地留意具体所使用的时间的长短,但它依旧需要其参与者见好就收、适可而止。适可而止,是人们在谈话时不可忘却的重要技巧之一。

在谈话时注意适可而止,具有以下五个方面的好处:第一,它可以为谈话的参与者节省时间,并且免得大家耽误正事;第二,它可以使每一名谈话的参与者都有机会发言,以示大家彼此完全平等;第三,它可以令谈话的参与者在陈述己见时努力提炼其精华,省得连篇累牍地大讲废话;第四,它可以让谈话的参与者在讲话时三思而行,防止其言多语失;第五,它可以使谈话的参与者感到此番谈话意犹未尽,耐人寻味,并且对其保持美好的印象。

要真正使谈话适可而止,一般而言有两大问题应予具体的重视。

（1）宏观上的限制

对于谈话的宏观限制,通常指的是对每次谈话在总体上所应当进行的时间限制。根据常规,任何一次谈话实际上都应当有其具体限制,而绝对不宜令其无休无止。在普通场合所进行的小范围谈话,一般应在半小时内结束,最长也不宜超过 1 小时。时间如果拖延过久,人们便会短话长说、没话找话,从而"稀释"了谈话的情趣。

（2）微观上的限制

对于谈话的微观限制,通常是指在每次具体的谈话中对其参与者一次发言的具体时间所进行的限制。在正常情况下,谈话者在每一次发言时,都必须有意识地自我控制时间。一般认为,在谈话中每个人所进行的发言大体上应以 3 分钟为限,至多也不要长过 5 分钟。有可能的话,则越是言简意赅越好。

附 西装

戴晓春大学一毕业,便进入了一家公司的销售部,具体从事新产品的推广工作。小戴早就听说过公司职员的个人形象在其具体的业务往来之中备受重视。因此,他在头一次正式外出进行新产品的推广时,便认认真真地穿上了一身刚买的深色西装、一双黑色的皮鞋和一双白色的袜子,希望自己形象不俗,并因此而使自己的此行有所收获。

让戴晓春所大惑不解的是,他虽然跑了不少单位,但其相关人员仅仅朝他打量几眼,便借故将他支走了。更有甚者,少数公司的保安人员,连公司大厦的大门都不准他进入。

过了多日之后,小戴才获知当时自己屡屡被拒之门外的原因,主要是不会穿西装。他在上门推介本公司的新产品时,虽然穿上了深色的西装和黑色的皮鞋,却不合时宜地以一双与前者反差过大的白色袜子同其搭配,而且在他所穿的西装上衣的左侧衣袖上,本当先行拆掉的商标依旧赫然在目。这些问题,都有悖于西装着装的基本规则。此虽瑕疵,却被他人直接与其所在单位的形象及其产品、服务的质量相提并论。正是由于出现了以上种种漏洞,他才吃了大亏。

西装,又称西服、洋服。它起源于欧洲,是目前全世界最流行的一种男装,也是各界男士在正式场合着装的优先选择。西装的造型典雅高贵,它拥有开放适度的领部、宽阔舒展的肩部和略为收缩的腰部,穿在男士的身上,会令之显得矫健英武、风度翩翩、魅力十足。

但是,在日常生活里,人们要想使自己所穿的西装真正令人赏心悦目,就不能不在西装的选择、西装的穿法、西装的搭配等三个主要方面循规蹈矩,严守有关的礼仪规范。

一、西装选择

要想使穿在身上的西装替自己增色,那么首先就要对其进行精心选择。一般而言,要挑选一身味道纯正、有模有样、适合于正式场合中穿的西装,根据常规,大抵需要关注其面料、色彩、图案、款式、造型、尺寸、做工等七个方面的基本细节。

1. 面料

鉴于西装在人际交往中往往充当正装或者礼服之用,故此其面料的选择应当力求高档。在一般情况下,毛料为西装的首选面料。具体而言,纯毛、纯羊绒的面料以及毛绒混纺和高比例含毛的混纺毛涤面料等,均可用以制作西装。而不透气、不散热、易磨损、易生静电、发光发亮的各类化纤面料,则尽量不要用以制作西装,否则只会降低其档次。

目前,以高档毛料制作的西装,是面料最佳的西装。它们大都具有轻、薄、软、挺等四个方面的特点:轻,指的是西装不笨、不重,穿在身上轻飘犹如丝绸;薄,指的是西装面料单薄,而不过度地厚厚实实;软,指的是西装穿起来柔软舒适,既合身,又不致给人以束缚挤压之感;挺,指的是西装外表挺括雅观,不发皱,不松垮,不起泡。

2. 色彩

在交际应酬中,男士通常只会在较为正式的场合才去穿西装。在一些职场之上,西装甚至起着制服的作用。因此,西装的具体色彩必须显得庄重而正统,而不是过于轻浮和随便。

根据此项要求,男士在正式场合所穿的西装,最好是上身与下身为同一色彩,并且宜以藏蓝色为首选。在世界各国,藏蓝色的西装套装都是政界、商界、学界男士所必备的。除此之外,还可以选择灰色或者棕色的西装。黑色的西装亦可予以考虑,不过它更适合在庄严而肃穆的仪式或庆典中穿着。要是平时穿黑色西装,则未免小题大作。

依照礼仪规范,男士在正式场合不宜身穿色彩过于鲜艳或者发光发亮的西装。多色彩、朦胧色、过渡色以及色彩过浅的西装,通常也不宜选择。总而言之,越是正式场合,越是讲究穿单色、深色的西装。

3. 图案

成年男子所推崇的是成熟、稳重、含蓄,所以其西装一般以无图案者为好。不要选择绘有花、鸟、虫、鱼、人等图案的西装,更不要自行在西装上绘制或者刺绣图案、标志、文字、字母、符号等。

通常,上乘西装的特征之一,便是没有任何图案。唯一的例外,是允许选择以竖条纹面料缝制的西装。在竖条纹的西装里,又以条纹细密者为佳,以条纹粗阔者为劣。

用格子呢缝制的西装,一般被人们认为难登大雅之堂。只有在那些非正式的场合里,男士才有机会去穿它。

4. 款式

与其他任何服装一样,西装也有自己的不同款式。区分西装的具体款式,现在主要有下述两种最为常见的方法。

(1) 根据西装的件数区分

根据此项标准,西装有着单件与套装之分。

一是单件西装。根据惯例,单件西装,指的是一件与裤子并不配套的西装上衣。对大学生而言,它仅适用于各种非正式场合。

二是套装西装。所谓套装西装,指的是上衣与裤子成套,其面料、色彩、款式一致,设计风格上相互呼应的多件西装。对大学生来说,它适用于各种正式场合。通常,它又有两件套与三件套之分。两件套西装,包括一衣一裤。三件套西装,则包括一衣、一裤与一件背心。按照传统看法,三件套西装比起两件套西装来,要更显得正规。

(2) 根据上衣的纽扣区分

根据这一标准,西装上衣有着单排扣与双排扣之别。一般的看法是:单排扣式的西装比较传统,而双排扣式的西装则较为时尚。具体而言,单排扣西装上衣与双排扣西装上衣的纽扣数目各自又有所不同,因而使其又各自呈现出不同的具体风格。

一是单排扣式的西装上衣。它最常见的有一粒纽扣、两粒纽扣、三粒纽扣三种。一粒纽扣和三粒纽扣两种款式穿起来比较时尚,而两粒纽扣的款式则被公认为比较正统。

二是双排扣式的西装上衣。它以两粒纽扣、四粒纽扣和六粒纽扣等三种较为常见。其中两粒纽扣、六粒纽扣等属于流行款式,而四粒纽扣这一款式则具有传统的风格。

5. 造型

西装的造型,又称西装的版型,它所指的是西装具体的外观形状。目前,世界上的西装主要有欧式、英式、美式、日式等四种主要的造型。

它们各具自己的特点,分别适合于不同体型者选择。

(1) 欧式西装

欧式西装,目前流行于欧洲大陆,并以法国、意大利等国的西装为其代表。它属于最早的西装造型。主要特征是:上衣在外观上呈倒梯形,多为双排扣式,而且纽扣的位置较低;衣领较宽,强调肩部与后摆,不甚重视腰部;垫肩与袖笼较高,腰身中等,后摆无开衩。

(2) 英式西装

英式西装,主要流行于英国。它系由欧式西装演化而来。主要特征是:上衣在外观上略呈"X"形不去刻意强调肩宽,而是讲究穿在身上之后的贴身与自然;它多是单排扣式,衣领大都是"V"形,并且较窄;垫肩较薄,腰部略收,后摆两侧开衩。

(3) 美式西装

美式西装源自美国,近年来在欧美各国颇为流行。它也由欧式西装变化而来。主要特征是:上衣在外观上方方正正、宽宽松松,较欧式西装稍短。多为单排扣式,领子为宽度适中的"V"形。肩部不加衬垫,因而被称作"肩部自然式"西装。它的腰部宽大舒适,后摆则中间开衩。

(4) 日式西装

日式西装,是日本人对欧式西装所作的改进。它比较适合于亚洲人穿着。主要特征是:上衣在外观上呈现为"H"形,即不过分强调肩部与腰部;它多为单排扣式,衣领较短、较窄;垫肩不高,不过度收腰,后摆也不开衩。

上述四种造型的西装,显然各有各的优点:欧式西装洒脱大气,英式西装剪裁得体,美式西装宽松飘逸,日式西装则贴身凝重。在对其进行具体选择时,人们可以听其自便,不过一般来说,欧式西装要求穿着者高大魁梧,美式西装穿起来稍显散漫。因此,应当对其三思而后行。比较而言,英式西装与日式西装通常更适合中国人穿着。

6. 尺寸

穿着任何西装,务必都要大小合身,宽松适度,尺寸正好。一位男士在正式场合所穿的西装,不论在其尺寸上是过大还是过小,是过肥还是过瘦,都会为其大帮倒忙。

一般来说,要想替自己选择一身尺寸符合标准的西装,大体上应兼顾如下三点。

(1) 了解标准尺寸

人所共知,西装的衣长、裤长、袖长、胸围、腰围和臀围,在尺寸上都有一定之规,并且彼此之间成比例。唯有对此有所了解,才能在挑选西装时轻车熟路。

（2）力求量体裁衣

市场上目前所销售的西装,多为批量化生产。它根据国家的有关标准分成一定的型号,其尺寸也十分标准。但是,由于每个人的身材各不相同,将同一型号的西装穿在身上并不一定人人合适。正因为如此,有条件者在选择西装时可以量身裁制。

（3）认真进行试穿

不论购买成衣还是量体裁衣,正式穿着西装以前,都应当先行对其进行试穿。如果发现其存在尺寸方面有问题,要么予以修改,要么进行调换,切勿马虎大意。

7. 做工

一套西装的身价,主要取决于它的面料和做工。西装做工的精良与否,直接影响到它的具体质量。在选择一套西装时,对其做工的好坏,万万不可忽略。

检查一套西装的具体做工,主要应注意以下两个方面。

（1）总体观感

一套西装的具体做工是否精良,往往从其外观上一看便知。真正做工精良的西装,理当给人以下述观感:一是立体感强,让人感到柔软而舒展;二是线条流畅,它应当造型线条流畅合体,并且具有一定的张力;三是悬垂性好,前身后背平服挺括,没有任何的褶皱。

（2）具体细节

在检查一套西装的做工质量时,通常还可以从下列八处具体细节着手:一是要看其领面是否平整;二是要看其驳头是否对称;三是要看其衣袋是否服帖;四是要看其肩袖是否接好;五是要看其裤管是否均衡;六是要看其衬里是否外露;七是要看其纽扣是否缝牢;八是要看其针脚是否均匀。

在挑选西装时,除要考虑上述基本问题之外,大学生还有必要知道西装有正装与休闲装之别。

一般来讲,正装西装适用于正式场合,其面料多为毛料、色彩多为深色、款式讲究庄重、保守,并且基本上都是套装。而休闲西装则恰好与其相反。休闲西装主要适用于非正式场合。它的面料可以有棉、麻、丝、皮、化纤等各种选择,它的色彩多为艳色、亮色和浅色,它的款式则讲究宽松舒适与标新立异。通常,休闲西装均为单件的上衣。

二、西装穿法

穿着西装时，必须对其具体的、规范的穿着方法加以重视，并且认真遵守。在人际交往中，身着西装而不遵守其规范性穿法，甚至为所欲为，都是有违礼仪的无知表现。

按照礼仪的基本要求，在正式场合身着西装时必须遵循它的具体穿法。在如下七个方面，尤其必须符合标准，并且一丝不苟。

1. 拆除商标

从市场上所购买的西装成衣，在上衣左边衣袖上的袖口之处，通常都会缝有一块醒目的商标。有时，在那里还会同时缝有一块纯羊毛标志。它们的作用，主要是为了告知消费者其品牌与质地，此外再无其他任何的意义。

因此，在购买西装之后、正式穿着之前，切勿忘记将它们一并先行拆除。这一做法，是穿着西装成衣的一种国际惯例，它等于是在对外界宣告：该套西装已被正式启用。假使一套西装穿过许久之后，其衣袖上的商标与纯羊毛标志仍旧原封不动，则必定会见笑于人。

2. 熨烫平整

要想使穿在自己身上的西装看上去美观大方，首要之点就是令其保持外观上的平整挺括、线条笔直、舒展自然、干净爽洁。在任何情况下，都不应当使自己作为正装穿着的西装皱皱巴巴、脏脏兮兮；否则不但会让西装本身美感顿失，而且还会直接有损于着装者的自我形象。

想要确保正装西装的平整挺括、干净整洁，主要需要着装者平时关注下述三点，即洗好、熨好、挂好。

（1）定期干洗

西装，尤其是纯毛西装一般忌讳水洗，而只宜干洗。在正常情况下，常穿的西装至少应当每个月交付洗衣店干洗一次。

（2）穿前熨烫

每次穿着西装之前，通常都应当认真对其进行一次熨烫。经常熨烫西装，是令其保持平整挺括的一种主要手段。

（3）正确悬挂

不穿西装之时，最好将其以专用的衣架悬挂在衣柜或西装袋内。把西装随手乱放、折叠起来，或者挂在、搭在椅背上，都是不正确的做法。

3. 系好纽扣

穿西装时,上衣、背心与裤子的纽扣,都有一定的系法。在正规场合,对其务必应予重视。

(1) 上衣纽扣

西装上衣纽扣的系法,讲究最多。一般而言,站立时,特别是在大庭广众之下起身而立之后,务必要将西装上衣的纽扣系上,以示郑重其事。而在就座之前,则通常要将其解开,以防止坐下来之后上衣扭曲走样。唯独在内穿羊毛衫或西装背心时,才允许站立时不系上衣的纽扣。

通常,单排扣式西装上衣与双排扣式西装上衣的纽扣又各自有着不同的系法。系单排两粒扣式西装上衣的纽扣时,讲究"扣上不扣下",即只应系上边那粒纽扣。系单排三粒扣式西装上衣的纽扣时,正确的做法有二:要么只系中间那粒纽扣;要么系上面那两粒纽扣。穿双排扣式西装时,则应将可以系上的纽扣一律系上。

(2) 背心纽扣

穿西装背心时,不论以之与西装相配套,还是单独将其穿着,都必须认真系上纽扣,而不可自由自在地敞开衣襟。在正常情况下,西装背心只宜同单排扣式西装上衣相搭配。其纽扣的具体数目有多有少,但基本上亦可分为单排扣式与双排扣式两种。根据西装的着装惯例,前者最下面的那粒纽扣应当不系,而后者的纽扣则无一例外地都要系上。

(3) 裤子纽扣

目前,在西裤裤门上把关的,有的是纽扣,有的则是拉锁。通常认为,前者比较正统,而后者则方便于人。不论穿的是系扣式还是拉锁式的西裤,都一定要认真将其系好或者拉好。参加重要活动时,还必须随时对其悄然进行检查,以防自己因未系好纽扣或未拉上拉锁而当众出丑。西裤裤腰正前方的挂钩,亦应同时挂好。

4. 不卷不挽

穿西装时,务必要认认真真地将其穿着在身,并且还要悉心对其呵护,令其维持原状。在公共场合里,千万不要当众随心所欲地脱下自己的西装上衣,更不能将它当作披风一样地披在肩上,或者随随便便地拎在手里。

特别应当强调的是:当自己身着西装,在正式场合里抛头露面时,无论如何都不可以把西装上衣的衣袖挽上去一截,否则极易给人以粗俗之感。此外,在类似的情况下,随意卷起自己所穿的西裤的裤角,同样也是一种不符合礼仪规范的做法。总之,穿西装的时候,对其衣袖与裤角不卷不挽,是每一位着装者都不得有意无意违反的。

5. 少装东西

为了确保自己所穿的西装不走样,就应当自觉地做到在其口袋里少装或者不装东西。对待上衣、背心与裤子,均应如此。在可能的情况下,应将自己随身所带的物品尽量置放在公文包之内。要是将西装的口袋当成一只"百宝箱",用乱七八糟的东西把它塞满,无异于是在对它进行糟蹋。

具体来说,西装上不同的口袋有着不同的功能。在西装上衣上,外侧的左胸袋,除了可以放置装饰性手帕之外,不准再放其他任何物品,尤其是不能插钢笔、挂眼镜。外侧下方的两只口袋,原则上不宜放入任何东西。因此,对其甚至不必开袋。内侧左右的两只胸袋,则可以分别用来别钢笔、放钱包或者名片夹,但不宜放入过大过厚的东西。

西装背心上的口袋,一般只具有装饰性功能。除了可在其中放置怀表外,最好别再去放别的任何东西。

在西裤上,左右两只侧面的口袋只宜放置纸巾、钥匙包以及碎银包。其后侧的左右两只口袋,则往往不适合放置任何东西。

6. 巧配内衣

西装的标准穿法,是以衬衫与之同时搭配。以 T 恤衫与西装配套的方法,是不符合规范的。在穿西装时,所穿的衬衫内最好不要再穿内衣。因为特殊情况而需要那么做,则有以下四点注意的事宜。

(1) 数量上的限制

穿在衬衫内的内衣,在其数量上必须以一件为限。若是一下子穿上多件,则必然会导致穿在外边的衬衫乃至西装上衣变形走样。

(2) 质地上的限制

内衣以精纺的纯棉或者纯羊毛面料为佳,这样一来它才会真正使自己享受"贴身的关怀"。尽量不要选择化纤面料者,也不要选面料过厚者。前者会令人不适,后者则会使人显得臃肿不堪。

(3) 色彩上的限制

内衣的质地,一般在色彩上应与衬衫相仿,至少也不应使之较衬衫的色彩为深,以防止二者反差过大。若是在浅色或者透明的衬衫里穿上深色、艳色的内衣,则必定令人笑话。

(4) 款式上的限制

在任何情况下,内衣均不得长于外穿的衬衫,因为内衣外现是一种失礼。内穿的内衣最好是领型为"V"领或"U"领者,省得其衣领变成外露于衬衫衣领之外的"花絮"。内衣的袖管,也不宜在衬衫的袖管之处外露。

7. 慎穿毛衫

要想把一套西装穿得有"型"有"味",一个重要的技巧,就是除衬衫与西装背心外,在西装上衣内不宜再添加其他任何衣物。在寒冷难忍时,只宜暂作变通,在西装上衣之内临时穿上一件薄型"V"领的羊毛衫或者羊绒衫。这样做既不会显得花哨,也不会妨碍自己打领带。

不要轻易去穿色彩、图案十分繁杂、抢眼的羊毛衫或者羊绒衫,也不要穿扣式的羊毛衫或者羊绒衫。后者往往纽扣甚多,与西装上衣同穿时,必然叫人眼花缭乱。

不要同时穿多件羊毛、羊绒的毛衫或背心,更不宜再去加上一件手工编织的毛衣。那样做不仅会使西装上衣鼓鼓胀胀,而且在衣领之处也会变得层次分明,好似不规则的梯田一样难看。

三、西装搭配

在穿着西装时,必须重视与之同时穿着的其他衣物的选择与搭配。衬衫、领带与鞋袜的选择搭配,更是应当予以特别的注意。

1. 衬衫

与西装为伍的衬衫,称为正装衬衫。正装衬衫在与西装进行组合配套时,其具体的选择与穿着方法都有许多专门的讲究。

(1) 具体选择

具体选择与西装相配套的正装衬衫时,主要应当注意其面料、色彩、图案、款式等几方面的问题。

一是面料。从面料上讲,正装衬衫应为高支精纺的纯棉、纯毛制品。以棉、毛为主要成分的混纺衬衫,亦可酌情选用。但不要选择以条绒布、水洗布、牛仔布、化纤布制作的衬衫,因为它们要么过于厚实,要么易于起皱,要么起毛起球。以真丝、纯麻缝制的衬衫,也不宜考虑。

二是色彩。从色彩上讲,正装衬衫应为单一色彩。在非常庄重的场合,白色衬衫可谓男士的唯一选择。除此而外,在一般活动里,蓝色、灰色、黑色、棕色的衬衫,亦可选用。但是,多色衬衫,或者红色、粉色、紫色、绿色、黄色、橙色、银色、金色等鲜艳色彩的衬衫,是绝对不可取的。

三是图案。从图案上讲,正装衬衫大体上以无任何图案为佳。印花衬衫,格子衬衫,以及带有人物、动物、植物、卡通、文字、字母、符号、建筑等图案的衬衫,均非正装衬衫。唯一的例外是,较细的竖条纹衬衫在正式活动中可以穿着。但是,禁止以之搭配竖条纹西装与竖条纹领带。

四是款式。从款式上讲,正装衬衫的衣领与衣袖均有讲究。从衣领上讲,正装衬衫的领型多为方领、短领与长领。在对其选择时,须兼顾本人的脸型、脖长以及所打的领带结的大小。扣领衬衫,仅适用一般性场合。立领、翼领与异色领的衬衫,则是不宜与正装西装进行搭配的。从衣袖上讲,只有长袖衬衫才是正装衬衫,而短袖衬衫则具有休闲性质。此外,长袖衬衫的袖口又有单层与双层之别。前者较为常见;后者则称为法国式衬衫,它要求穿着时佩戴装饰性袖扣。

(2) 穿着方法

穿着正装衬衫,尤其在以之与正装西装配套穿着时,有下述五点必须注意。

一是避免外穿。在房间内进行活动时,允许男士暂时脱下西装上衣,而直接穿着长袖衬衫,并且打着领带。但是,最好不要以这副打扮外出办事,特别是不要如此这般地前去参加正式活动。

二是大小合身。与休闲衬衫相反,正装衬衫既不宜过于短小紧身、使人拘束,又不宜过于宽肥长大、松松垮垮。选择正装衬衫时,务必要令其大小合身。特别应当使衣领与胸围松紧适度,衣袖与下摆则不宜过长或者过短。

三是系好衣扣。在正规的场合里,所穿正装衬衫的全部纽扣都必须逐个认真地系好。不论衣扣、领扣还是袖扣,概莫能外。只有在不打领带时,才可以解开衬衫上的领扣。

四是关注袖长。与正装西装配套时,一定要注意正装衬衫的袖长。最美观而标准的做法,是令衬衫的袖口在西装上衣的袖口之外恰好露出大约3厘米左右。既不应该使之永远不见天日,也不应当使之外露过长;尤其不要使之被一卷再卷,直至被翻卷到西装上衣的袖口之上。

五是束起下摆。穿长袖衬衫时,不论是否穿外衣,均应将其下摆认真地束入裤腰之内,并且整理好。不要让它在与裤腰交界之处上下错位、左右扭曲、动辄外逃,更不要让它完完全全地展现于裤腰之外。

2. 领带

穿西装时,领带乃是最重要的饰物,有人甚至称之为"西装的灵魂"。

若无必要,打不打领带关系不大。而一旦打了领带,就不能不认认真真地令其符合礼仪规范。

(1) 选择方法

选择领带时,在其面料、色彩、图案、款式、搭配、质量等六个方面,都是颇有讲究的。

一是面料。最好的领带,大都应以真丝或者羊毛制成。售价低廉的涤丝领带,有时亦可为大学生选择。除此之外,用棉、麻、绒、皮革、塑料、珍珠等物制作的领带,均不适宜在正式活动中佩戴。

二是色彩。领带在色彩上有单色与多色之分。在正式活动中,切勿佩戴三种以上色彩的领带或者色彩过于鲜艳亮丽的领带。一般而言,蓝色、灰色、棕色、紫红色等单色领带,或是以其为基本色的双色领带,才是理想的选择。进而言之,在正式场合,通常应选择色彩与西装色彩一致的领带;在喜庆活动中,则应优先选择紫红色的领带。

三是图案。适用于正式场合佩戴的领带,主要为单色无图案者,或者是以条纹、圆点、方格等规则的几何形状及其组合为主要图案的领带。以人物、动物、植物、景观、徽记、文字、符号或者卡通、电脑绘画为主要图案的领带,则仅仅适用于社交或休闲活动。

有关领带色彩的讲究

四是款式。在领带的款式上,有四点应予以注意。首先,领带有箭头与平头之分。前者较为正规,后者则显得时髦。其次,领带有宽窄之别。除要考虑流行外,最好是使之与本人的胸围、衣领的大小相协调。再次,各种简易式的领带,诸如"一拉得""一挂得"领带等,除穿制服外,一般不宜在正式场合佩戴。最后,领结是领带的一个特殊品种,它应当与礼服、翼领衬衫二者相配套,并主要适用于较为隆重的社交场合。

五是搭配。有时,领带与装饰性手帕被组合在一起成套销售,并搭配使用。与领带搭配使用的装饰性手帕,应当与领带在其面料、色彩、图案上相似。二者同时亮相,亦多见于社交活动之中。

六是质量。一条好领带,必须质地优良。其主要特征是:外形平整美观,悬垂挺括,线条流畅;衬里为毛料,整体上稍显厚重;并且无线头、无跳丝、无疵点。平时宁肯不打领带,也不要打以次充好的领带。

(2) 佩戴方法

一条打得漂亮的领带,在穿西装者的身上能发挥画龙点睛的作用。而大学生要打好领带,就必须采用正确的方法。

一是区分场合。打领带,有其适用的特定场合。由于打领带便意味

着郑重其事,所以在上班、办公、讲学、开会、走访、求职应聘或参加面试、论文答辩、进行演讲、出席学术活动、参加庆典仪式等公务性场合以打领带为好。出席宴会、舞会、音乐会时,为了表示尊重主人,亦可打领带。参加休闲活动时,则通常不必打领带。

二是服装搭配。打领带,必须选择与之配套的服装。一般而言,穿西装套装是非打领带不可的。穿单件西装上衣时,领带则可打可不打。在非正式活动中单穿西装上衣时,可以不打领带。不穿西装的时候,例如,穿运动装、风衣夹克、猎装、毛衣、T恤以及短袖衬衫时,通常没有必要打领带。

三是男女有别。严格地讲,领带属于男士专用的饰物。因此,在正式活动中,它仅仅适合于男士佩戴。因为男女有别,所以女士在正规场合里除身着制服之外一般都不宜打领带。若是女士将其视为普通的饰物而在社交、休闲场合加以使用,则是许可的。对此项规定,女大学生理当予以遵守。

四是置放到位。打好之后的领带,应被置于适当之处。穿西装上衣与衬衫时,应将其置于二者之间,并令其自然下垂。在此二者之间加穿羊毛衫、羊绒衫或者西装背心时,应将领带置于羊毛衫、羊绒衫、西装背心与衬衫之间。切勿将领带置于西装上衣与羊毛衫、羊绒衫、西装背心之间,尤其是不要在穿两件羊毛衫、羊绒衫时把领带塞进两者中间。

五是正确结法。领带打得漂亮与否,关键在于领带结打得是否规范。打领带结的基本要求是:令其端正挺括,并且在外观上呈倒三角形。领带结的具体大小,则最好同衬衫衣领的大小形成正比。除可在领带结之下压出一处小窝或者一道小沟外,切勿使之不端不正、松松垮垮。在正式场合露面时,务必要收紧领带结,千万不要任其与衬衫的衣领拉开距离。

六是规范长度。领带打好之后,必须长度适当。它的最规范的长度,是领带打好以后,下端的大箭头应当正好抵达皮带扣的上端。超过了这一长度,搞不好就会使领带暴露于上衣衣襟之外。而达不到这一长度,则它又很有可能会经常不受上衣衣襟的约束。

七是使用配饰。按惯例,打领带时大可不必使用其他任何配饰。除某些特殊需要外,打领带时一般不必使用领带夹。即使使用领带夹,也不应使其处于他人的视野之内,而应当被西装上衣的衣襟挡住。假如愿意,可在打领带时使用领带针或者领带棒。前者应被插在领带打好后偏上方的正中央,后者则只宜用于衬衫衣领之上。应当注意的是:打领带时所使用的配饰,应以一件为限,千万不要对其多用、滥用。

3. 鞋子

有道是"脚上没鞋矮半截"。大学生在穿西装时如果不重视鞋子的选择与穿着,难免就会使自己"足下无光"。

(1) 选择方法

在选择与西装相配套的鞋子时,不仅要合乎要求,而且还应当讲究舒适。在下述五个方面,均须备加注意。

一是质地。正所谓"西服革履",与西装配套的鞋子,只能是皮鞋,而非布鞋、麻鞋、草鞋、毡鞋、胶鞋、塑料鞋、尼龙鞋、绒毛鞋。与西装配套的皮鞋,应为真皮制品而非仿皮。一般而言,牛皮鞋最佳,羊皮鞋、猪皮鞋亦可考虑。用鳄鱼皮、鸵鸟皮、蟒蛇皮制作的皮鞋,既价格昂贵,又会给人以炫耀感,通常不宜选择。至于磨砂皮鞋、翻毛皮鞋、编织皮鞋、拼皮皮鞋、网眼皮鞋等皆为休闲皮鞋,也不适合用来搭配正装西装。

二是色彩。根据常规,与西装相配套的皮鞋,应为单色、深色。浅色皮鞋、艳色皮鞋与拼色皮鞋,例如白色、米色、金色、银色、红色、紫色、绿色、蓝色皮鞋等,都不适合同西装搭配。通常认为,最适合与西装配套的皮鞋,只有黑色一种。

三是图案。男士在正式场合所穿的皮鞋,最好是没有任何醒目的图案。就连鞋面的装饰与点缀,也是越少越好。打孔皮鞋、绣花皮鞋、拼图皮鞋,以及带有文字、符号、卡通或者金属扣链的皮鞋,在穿着正装西装时,均不应当加以选择。

四是款式。与西装相配套的鞋子,在款式上理当庄重而正统。按照这一要求,系带皮鞋是最佳之选。各类无带皮鞋,如船式皮鞋、盖式皮鞋、扣式皮鞋、拉锁皮鞋等,都不符合这一要求。穿正装西装时,绝对不宜穿旅游鞋、凉鞋或者拖鞋。穿厚底皮鞋、高跟皮鞋、坡跟皮鞋、高帮皮鞋或者皮靴,也会显得不伦不类。

五是尺码。用于搭配西装的皮鞋,其尺码一定恰如其分。皮鞋的尺码如果小了,肯定会夹脚、磨脚,难于走路。皮鞋的尺码如果大了,则又难免会走起路来不跟脚。

(2) 穿着要求

穿皮鞋时,有五个方面的基本要求。人人对其都要严格遵守。

一是鞋子无损。不论鞋面、鞋帮还是鞋底,均应无残破、无磨损、无掉漆、无褪色,否则即应加以更换。

二是鞋面无尘。皮鞋一定要天天打油上光,并反复擦拭。倘若任其蒙尘良久,再合脚的皮鞋也不会好看。

三是鞋底无垢。每日擦皮鞋时,都要同时打扫一下其鞋底,认真去除一切泥垢。雨天、雾天、雪天或沙尘暴天气上门拜访他人时,进门前务必要检查一下自己的鞋子是否拖泥带水。

四是鞋内无味。一般来讲,大学生常穿的皮鞋一定要勤换、勤晾,并进行必要的保养。做不到此点,就会使之气味熏人。

五是鞋垫相宜。如果使用鞋垫,则务必要使其大小与皮鞋刚刚合适,切勿任其在自己行走之时逃脱在外。

4. 袜子

袜子被称为人们的"腿部时装"。在正装场合里,大学生绝对是不宜赤足而行、不穿袜子的。穿正装西装时,对于袜子方面的具体规定则更为详尽。

(1) 选择方法

与正装西装、皮鞋所配套使用的袜子,在其质地、色彩、图案、尺码等方面,均有明确的要求。

一是质地。与西装、皮鞋配套的袜子,在质地上最好是纯棉、纯毛制品。有些高质量的以棉、毛为主要成分的混纺袜子,也可以酌情选用。但吸湿、透气性能较差的尼龙袜、涤丝袜,则切勿选择。

二是色彩。与西装、皮鞋配套的袜子,宜为单色、深色,并且最好是黑色,以便令其与黑色皮鞋浑然一体。至少它也不应为浅于皮鞋的颜色,因此白色袜子通常都是忌穿的。发光、发亮的袜子,以及过分亮丽的彩袜、花袜和其他浅色袜子,都不宜穿着。

三是图案。在正式场合所穿的袜子上,允许出现以几何形状为主的、风格庄重的图案。穿没有任何图案的袜子,则更为合适。在任何情况下,男士都不宜穿图案繁杂的袜子。

四是尺码。在正式场合所穿的袜子,大小一定要合脚,并以高筒的西装袜最佳。过小、过短的袜子,诸如袜套、船袜、运动袜等,千万不要去穿。袜子过小,不但易破,而且易脱落;袜子过短,则时常会使小腿肚子暴露出来。

(2) 穿着要求

对男士而言,在穿着袜子方面主要的要求有下述四点。

一是袜子要干净。袜子务必要做到每天一换,并洗涤干净。不然其异味既会令自己难堪,也会令他人难忍。

二是袜子要完好。平时所穿的袜子,一定要无破洞、无跳丝。发现袜子的外观上出了问题,必须及时予以更换。

三是袜子要成双。穿在两脚上的袜子,在其质地、色彩、图案、尺码上要成套,即必须成双成对。不要对其进行随意组合,从而使其不相般配。

四是袜子要到位。穿袜子时,一定要将其穿好,不要任其松松垮垮,甚至左右两脚上的袜子高低不一。

第二章

公共礼仪

《中华人民共和国教育法》规定："教育必须坚持立德树人,对受教育者加强社会主义核心价值观教育,增强受教育者的社会责任感、创新精神和实践能力。"[①]

在日常生活里,只要与其他人进行接触,人们就有必要运用一些基本的行为规范。所谓公共礼仪,对大学生而言,就是其在日常生活里所须共同遵守的基本礼仪。不论在校园生活里还是在社会生活里,大学生均应自觉地遵守相关的公共礼仪。

公共礼仪,是大学生介入社会生活的一种基本工具。大学生要想使自己在日常生活里言之有方、行之有道,唯一有效的捷径,就是恪守公共礼仪,并且一切依礼而行。公共礼仪的主旨,就是要让每一名大学生在公共场合里举止有方、表现得体,懂得如何做人、如何待人接物;就是要让每一名大学生讲大德、守公德、严私德,自觉地遵守公序良俗。从某种意义上讲,公共礼仪犹如大学生处理自己生活难题的一种实用工具。有礼即可走遍天下,无礼便会寸步难行。

公共礼仪,是大学生在其日常生活之中与他人和睦相处、建立友谊、增进合作的一座桥梁。要求大学生遵守公共礼仪,意在使之为大学生化解其人际交往中的种种难题。运用公共礼仪,绝非是要拒人千里之外,而是要以之缩短人与人之间的距离。因此,学习和运用公共礼仪,对于广大热爱生活、渴望友谊的大学生自然十分重要。

---

① 中华人民共和国教育法[M].北京:中国法制出版社,2021:7.

第一节 公德

一天下午,大学一年级学生莫非和同学们一起前往一处森林公园游玩。时逢周末,春光明媚,公园里景色宜人,游人如织。路过一条小溪时,原本又说又笑的他却眉头紧锁,停下步来。原来他发现那条水流潺潺的小溪上,漂浮着一些塑料袋、瓜果皮以及矿泉水瓶等游客的遗弃之物。此种状况,实在大煞风景。

于是莫非二话没说,便悄悄留了下来,跳进溪水之中去拾捡那些废弃之物。在那里,他整整辛苦了一个下午,终于使那条小溪“旧貌换新颜”。莫非的这次义务劳动,凑巧被几名外国记者注意到了。其中的一名记者还悄悄为胸佩校徽、正在埋头大干的莫非拍了一组照片,并且以《中国的希望》为题,在一家著名的外刊上发表。莫非的所作所为之所以被外国记者“小题大作”,就在于它反映了新一代中国大学生良好的公德意识。由此可见,一名大学生想要拥有良好的个人形象,只靠自己的颜值、打扮、花言巧语、训练有素的举止与主观打造的“人设”是远远不够的。更重要的是,他还应当拥有良好的公德意识,以及体现其公德意识的所作所为。

公德,是人们在社会生活中所须共同遵守的行为准则。它主要通过社会舆论对人们的社会生活发挥着一定的约束作用。遵守公德,不仅是每一名公民的天职,而且也是社会稳定而又有秩序地发展的重要保证。

《礼记》指出:“道德仁义,非礼不成。教训正俗,非礼不备。”[1] 在日常生活里,遵守公德与讲究礼仪之间的关系十分密切。我国《新时代公民道德建设实施纲要》曾经明确地指出:“礼仪礼节是道德素养的体现,也是道德实践的载体。”[2] 遵守公德是讲究礼仪的重要基础,讲究礼仪则是

---

① 礼记[M].[元]陈澔,注.金晓东,校点.上海:上海古籍出版社,2016:3.
② 新时代公民道德建设实施纲要[M].北京:人民出版社,2019:18.

遵守公德的具体表现。因此，对于每一位大学生而言，讲究礼仪就一定要遵守公德，而遵守公德又必然会对讲究礼仪大有促进。在社会生活里，既然大学生不能够不讲究礼仪，那么大学生自然也不能够不遵守公德。习近平同志指出："礼仪是宣示价值观、教化人民的有效方式。"[①] 由此可见，讲究礼仪与遵守公德毫无任何矛盾，而且从某种意义上来说，讲究礼仪与遵守公德实际上完全是殊途同归的。

不同的阶级，有着不同的社会公德。在不同的时代里，社会公德的具体内容往往又有所不同。当前，我国的社会主义现代化建设需要大学生不仅要学有所长，而且必须要在社会生活里遵守公德，真正做到品学兼优。

要求大学生遵守公德，意在使之成为一名真正有德行的人、有教养的人、有高尚行为的人。要真正做到此点，绝对不可以只是口头上谈谈而已，而是必须在行动上将这一系列的要求付诸实践。当前最重要的，就是要求大学生在公序良俗、关心他人、讲究卫生、爱护环境等四个方面身体力行。

一、公序良俗

遵守公序良俗，是对大学生讲究公德的首要要求。所谓公序良俗，在此指的是公共秩序与良好习俗。遵守公序良俗，是避免社会混乱无序、世风日下的基本规范和基本保证。只有全体公民自觉遵守公序良俗，一个社会才有安定与祥和可言。在遵守公序良俗方面，大学生应当努力做好下列四点。

1. 遵纪守法

作为一名公民，大学生在社会生活里，必须以自己的实际行动遵守法律、遵守纪律，成为遵纪守法的模范，而绝对不允许言行不一，口是心非，反其道而行之。

所谓法律，是指由立法机关制定、国家政权保证执行的成文的行为规则。它体现着统治阶级的意志，是阶级专政的一种工具。我国是一个实行法治、依法治国的国家。因此大学生一定要自觉做到有法必依，认真守法。

---

① 中共中央党史和文献研究院．习近平关于社会主义精神文明建设论述摘编［M］．北京：中央文献出版社，2022：101．

所谓纪律,则是指一个团体或者组织为了维护集体利益并保障其正常运作而制定的,要求其每一名成员遵守的规章、条文。在大学校园里,作为一名学生,大学生必须遵守学校纪律。在各类社团组织内,作为一名成员,大学生则必须遵守组织纪律。

春秋时期政治家管仲认为:"法出于礼,礼出于治。"① 由此可见,遵法守纪与遵行礼仪本就殊途同归。

2. 爱护公物

爱护公物,是维护社会公共秩序的题中应有之义。在社会生活里,大学生必须以自己的实际行动保护公物,并且积极与一切破坏公物的行为进行坚决斗争。

所谓公物,指的是公有、公用处所之中为大众提供服务的、属于社会所有的一切公共设施和物品。每一位具有良知的社会成员,对于任何公物都要加倍爱惜,自觉保护。有意或无意之中损坏公物,都绝对是不应该的。

大学生应当特别注意,任何公物都切切不可窃为己有,也不应当以任何形式对其独占或者私用。在公共场所进行活动时,不要四处乱刻、乱画、乱涂、乱抹,不要破坏公有建筑物;不要随意攀缘公有园林、绿地、山林之内的树木,或者偷折偷采其树枝、花卉、果实。不要对公用的亭台、桌椅、电话、图书馆、阅览室、报刊亭、卫生间,以及其他公用的便民、消防、救生、医疗用具不加爱惜。

3. 礼让于人

讲究礼仪,意在更好地与他人共处,并且促使彼此之间的合作愉快。而要与他人共处顺利、合作愉快,则必然有赖于依礼而行。依礼待人时,往往讲究礼让,也就是所谓依礼相让。依礼相让,亦即礼让于人。礼让的含义,通常指的是依礼待人时,应将方便或好处留给对方。

大学生在公共场所内进行活动时,必须注意慎独。对于自己所遇到的其他社会成员,不论相识与否,都要谦让对方、和平共处。不要无事生非,寻衅滋事。更不允许欺软怕硬、刁蛮无理、打架骂人。

需要与其他人同时使用公用设施或是进行某项活动时,务必要讲究先来后到、有先有后、依次而行。除按照规定可以给予某些特殊人士以

---

① 管子[M].[唐]房玄龄,注.[明]刘绩,补注.刘晓艺,校点.上海:上海古籍出版社,2015:76~77.

照顾之外,维护现场公共秩序的最佳良方,就是大家自觉排队。

在某些不需要排队,但又需要分出先后的情况,大学生切勿争先恐后。要懂得在这类场合里礼让别人,"退一步地阔天宽"。

4. 无碍于人

在日常生活里,大学生必须时刻注意,不要因为自己的粗心大意,而对别人造成某种程度上的妨碍。如下三点,特别应当为大学生所重视。

(1) 不在公共场所大声喧哗

在公共场所里,不论交谈、行走,还是运动、打电话,都不应当制造噪声。无视别人的存在,大呼小叫、高声谈笑、引吭高歌、打打闹闹,都是极度失礼的。

(2) 不尾随或围观其他人士

在公共场所里活动时,每一位有教养的人士都不可以尾随、围观、窥视或是反复打量陌路之人。指点、议论别人,甚至不邀而至地自动加入别人的谈话,同样是不允许的。特别是对异性、知名人士、少数民族、外国友人或者残障人士尾随、围观、窥视,则尤为不妥。

(3) 不同其他人士相距过近

人与人之间关系不同时,其彼此之间相处的距离往往会有所不同。在正常情况下,与亲密者相处,双方距离可小于 0.5 米。与常人打交道,双方距离宜在 0.5 米至 1.5 米之间。在公共场所里与陌生之人共处时,若非环境十分拥挤,则双方距离不应当小于 1.5 米。若无任何原因而与陌生人相距过近,难免令对方顿觉不快。

二、关心他人

在社会生活里,人与人之间应当相互关心,互助友爱。大学生在公共场合内要做到目中有人,并应在力所能及的范围内积极而主动地关心他人。具体来讲,需要同时注意下列两个方面的问题。

一方面,大学生对别人要真心实意地关心。所谓关心别人,就是要对对方加以重视和爱护,并且把对方的事情放在自己的心上。对于需要关心的人而言,来自别人的关心犹如雪中送炭,是不可缺少的。大学生对别人的关心,既要出自真心,发自诚意,又要重在实际行动。

另一方面,大学生对别人的关心必须适度。在关心别人时,大学生要力戒过犹不及,不要因为自己对别人的关心而有碍于对方的日常活动、有碍于对方的私生活,或者直接干涉了对方的个人行动自由。关心虽为善举,但理应适可而止。倘若对别人过分地关心,有时对方不但不会领情,而且还会因此而心生不快。

从遵守公德方面来讲,在社会生活中大学生要关心别人,主要需要将重点放在下述四个方面。

1. 照顾老人

老人既是长辈,又是需要关心的弱者。在任何情况下,大学生都应当主动关心老人。具体而言,有三点必须注意。

(1) 敬重老人

在日常生活里,大学生一定要以自己的实际行动敬重老人。对老人不恭不敬,是没有教养的表现。敬重老人,实际上就是在敬重将来的自己,所以孟子才会提出"老吾老,以及人之老"[①]的做人基本要求。

(2) 礼待老人

与老人相处,大学生务应时时处处对其待之以礼。在任何情况之下,大学生都要在自己的心目中和实际行动上将老人置于"上位",而由自己身居"下位",执礼以事之。

(3) 关照老人

由于身体衰老等原因,老人往往需要人们给予更多的照顾。在必要之时,大学生应当挺身而出,在日常生活里主动而耐心地照料老人。

2. 尊重妇女

妇女是人类的母亲。没有妇女,就没有整个人类的继往开来,人类社会也将不复存在。从某种意义上讲,尊重妇女,就是在尊重自己的母亲,就是在尊重人类自己。平时,大学生不但要尊重自己的母亲,尊重自己的姐妹,尊重女老师、女同学,而且也要无一例外地尊重身边的每一位女性。在尊重妇女方面,大学生有如下三点一定要自觉地做好。

(1) 体谅妇女

由于在社会生活里贡献良多,负担甚重,平日妇女有其种种难言之隐,不足为外人道哉。作为一名成年人,大学生一定对妇女加以真心体谅。不要难为妇女、苛求妇女,不要对妇女求全责备,不要对妇女缺乏基本的理解与谅解。

---

① 朱熹.四书章句集注[M].北京:中华书局,2011:195.

（2）平等相待

《中华人民共和国宪法》规定："中华人民共和国妇女在政治的、经济的、文化的、社会的和家庭的生活等各方面享有同男子平等的权利。"[①] 因此，大学生在思想上、行动上都要讲究男女平等。在任何情况之下，都不容许搞大男子主义、男尊女卑，不容许歧视妇女。

（3）备加呵护

保护妇女，是每一位公民的义务。对大学生来说，保护妇女不仅应当表现为保护妇女的正当权力和利益，而且应当表现为保护妇女不受任何形式的伤害。

3. 保护儿童

孟子曾经倡导："幼吾幼，以及人之幼。"[②] 儿童是人类的明天和希望。保护儿童，从广义上来讲，就是在保护人类的未来。大学生必须将保护儿童视为自己义不容辞的一项天职。具体而言，在保护儿童方面，主要应当注意以下两点。

（1）以身作则

儿童的可塑性与模仿性极强，在社会生活里，朝气蓬勃的大学生通常都是令其心悦诚服的学习榜样。古人云："上行之，下效之。"[③] 因此，大学生在儿童面前必须时刻检点自己的举止言行，要为儿童树立一个正面的榜样。自己平时如果大而化之，言行过于随便，不仅会对儿童造成误导，而且还很有可能会因此而误人子弟。

（2）悉心维护

作为未成年人，儿童缺乏自主意识，而且在生活里难以保护自己。因此，需要包括大学生在内的全体成年人给予全心全意的维护。维护儿童，一是要对其进行正面教育；二是要对其进行全面保护；三是要维护其正当的权利和利益；四是要同对其进行伤害的人和事坚决斗争。之所以称之为"维护"，就是因为关心爱护儿童是全社会的头等大事。

4. 帮病助残

在社会生活里，病人、残障人士都是最需要别人帮助照顾的弱者。

---

① 中华人民共和国宪法［M］.北京：人民出版社，2018：23~24.

② 朱熹.四书章句集注［M］.北京：中华书局，2011：195.

③ 周礼注疏：下册［M］.［汉］郑玄，注.［唐］贾公彦，疏.彭林，整理.上海：上海古籍出版社，2010：1524.

在力所能及的前提下,大学生应当对病人、残障人士给予热情的帮助。以下三点,均为大学生帮病助残时应予注意的重点。

（1）尊重人格

病人、残障人士是生理上、身体上出现问题的人,在人格上他们与其他人则是完全平等的。因此,即使在对其进行帮助时,也应当首先尊重对方的人格,切勿居高临下、出言不逊,切勿在口头上或行动上对其造成侮辱或伤害。例如,对其敬而远之、指指点点,或者对残障人士直接以"残废"相称,都是极为错误的。

（2）鼎力相助

在社会生活里,大学生对于病人、残障人士,尤其是那些急需别人帮助者,一定要及时而热情地援之以手,并且在帮助对方时一定要尽心尽力,不讲任何条件。

（3）体贴入微

在帮助病人、残障人士时,大学生一定要表现得耐心细致,体贴入微,热情周到,不厌其烦。最为重要的,是不要在帮助对方时搞形式主义、仅仅走走过场,而是要真心实意地争取替对方办上一些实事,能够为对方排忧解难;并且要在帮助对方时了解对方的所思所想,理解对方的种种难处,想其所想,急其所急,应其所需,真正为其排忧解难。

三、讲究卫生

在现代社会里,讲究卫生不仅是一项基本的社会公德,而且也是每一位文明人所必须具有的良知与良行。

所谓卫生,是有益于常人健康生活的一种状态,也是提高人们生活质量的一种必然要求。讲究卫生,就是要求人们的所作所为合乎有益于人类健康的要求。对于大学生而言,能不能够在平日生活里自觉地讲究卫生,不仅与其能否防止疾病直接相关,而且还会直接影响其生活质量与个人形象。在任何情况下,不讲究卫生,都不是一名受到过良好教育的大学生的正常表现。

要求大学生讲究卫生,一定要从我做起,从身边做起,从现在做起,从自己日常生活里的每一件小事做起。最关键的,是要主动而自觉地讲究卫生,而并非只是装装样子、走走过场、骗骗别人而已。在个人卫生、环境卫生等两个方面,大学生都应当认真地加以讲究。

1. 个人卫生

讲究卫生,首先必须从个人卫生做起,并且真正做到严于律己。一个人假如总是对其个人卫生不甚讲究,那么他在人际交往中就必定难以树立起其良好的个人形象。一般来讲,讲究个人卫生,主要有如下六个要点。

(1) 关注身体卫生

在日常生活里,对于个人的身体卫生务必要多加重视。要养成讲究身体卫生的良好习惯,尤其是要养成平日勤于洗手、勤于洗脸、勤于洗头、勤于洗澡的习惯。唯有如此,才能在根本上使自己显得干净卫生、清爽宜人。

(2) 讲究仪表卫生

对于个人的仪表卫生,大学生平日尤须加以注意。与身体卫生相比,仪表卫生更加容易受到交往对象的高度重视。因此,大学生平日必须做到:面必净、发必理;身体无污垢、无异味。

(3) 重视服饰卫生

大学生平日所穿戴的服饰,亦须讲究卫生,并勤于换洗。一个人的服饰不论有多么高档,如果它们显得不够卫生,甚至充斥异味、肮脏不堪,都会令人大倒胃口。

(4) 力求作息卫生

人体的生物钟,有其正常的运行规律。因此,人们平日工作、学习和休息的时间应当同样地讲究规律性。大学生如讲究作息卫生,做到准时就寝、作息规律、不熬夜、不赖床,既有益于自身健康,又有不妨碍他人之效。

(5) 注意饮食卫生

俗语说:"病从口入。"大学生在日常生活中一定要牢记此点,认真注意个人的饮食卫生。平时,一定要谨记:不吃、不喝不卫生的东西,不吃、不喝违规违法售卖的东西,不吃、不喝已过保质期的东西,并且不搞暴饮、暴食。与此同时,还须讲究进食方式的卫生:一定要按点就餐、饮食适量,重视营养均衡,不要反其道而行之;不要乱吃、乱喝,不要在大庭广众之前大吃大喝。

(6) 坚持禁烟戒酒

人所共知,吸烟与喝酒都无益于身体健康。吸烟过量、酗酒无度,则更是对身体危害极大。大学生必须自觉地忌烟、忌酒,尤其是不要在公共场所吞云吐雾,接连不断地无度饮酒。与此同时,也不宜向他人劝烟、劝酒。

2. 环境卫生

平时大学生对于环境卫生应当倍加爱护。此处所说的环境卫生,指的是每个人生活、学习和工作环境的卫生。个人卫生与环境卫生二者,历来相辅相成。假如只关注前者而忽略了后者,便难言是真正地讲究卫生。对大学生来讲,讲究环境卫生,一是要重视环境卫生;二是要积极主动地搞好环境卫生;三是要平日自觉地保持环境卫生。具体到下述三点,尤须加以注意。

（1）清理环境

讲究环境卫生,就要积极动手,勤于对其进行打扫与清理。对于自己的住所、宿舍、教室、实验室,以及身边的走廊、楼道、电梯、校园等的环境卫生不理不睬,与对其不加清理一样,都是缺乏社会公德的表现。

（2）废物归位

在任何情况下,大学生都应当对废弃之物主动进行收拾、打扫,并且将其投入指定的分类垃圾桶之内。一定要遵守有关垃圾分类、定点投放的具体规定,不要把自己的废弃之物随时随地乱丢乱扔,或者擅自进行焚毁。特别需要强调的是:切莫高空抛物或在乘坐各种交通工具时向外乱扔废物。

（3）痰不乱吐

随地吐痰,是一种极其不文明的恶习。它既会破坏环境卫生,又有害于他人的身体健康。因此,大学生必须做到:需要吐痰时,将其吐入纸巾内,并随后将其投入垃圾桶,绝对不能随地吐痰。

四、保护环境

在提及遵守公德时,保护环境是人们始终不应当遗忘的。所谓环境,在此是指人类生存与发展的外部条件。它被视为人类社会赖以生存和发展的基础。爱护环境,此处则是指每一个人在日常生活里都有义务对人类所赖以生存与发展的自然环境自觉地加以保护和爱惜。从本质上讲,爱护自然环境,归根结底就是爱护人类自己。胡锦涛同志曾经指出:"加强生态文明建设,是我们对自然规律及人与自然关系再认识的重要成果。"[①] 由此可见,中国式的社会主义现代化既要物质文明与精神文

---

① 胡锦涛文选:第三卷[M].北京:人民出版社,2016 :609.

明,同样也需要生态文明。爱护环境,乃是大学生参与我国生态文明建设的实际行动。

大学生身为今日社会的骄子、明日世界的栋梁,必须具备良好的环境保护意识。否则,使同大学生的身份极不相称。以下三个方面,必须同时予以兼顾。

其一,保护自然环境。自然环境是人类生存和发展的基础,大学生应当自觉成为保护环境的卫士,不仅要爱护绿水青山、践行绿色低碳与节能减排,而且也要爱护自己身边的每一处山、水、林、田、湖、草、沙,要敢于向破坏环境的行为进行斗争,阻止一切有意无意破坏环境的行为。

其二,维护生物多样性。生物多样性,一般指的是包括动物、植物、微生物在内的生物与环境所形成的生态复合体。在现实生活中,大学生理当自觉维护生物的多样性,不允许滥捕、滥杀动物,尤其是不允许滥捕、滥杀珍稀动物;不允许虐待动物、残害动物,或是随意殴打动物。与此同时,也要注重保护作为我们所处的这个万紫千红、绚丽多姿的世界重要组成部分的各种生物,尤其要重视保护珍稀植物与珍稀动物。

其三,珍爱生存环境。人类的生存,永远离不开其生存环境。人类与生存环境,属于同一命运共同体。因此,大学生应当从我做起,从现在做起,从自己身边每一件小事做起,以自己的实际行动去爱护自己的生存环境,爱护自己的美丽家园。

第二节　会面

于静是一名学习成绩优异的好学生。然而在现实生活里,她的人缘却并不太好。不熟悉她的老师和同学都认为她待人傲慢无礼。究其原因,则主要是因为她平时不论与何人见面,都不主动向对方打招呼。即使路遇自己的老师、同学,往往也会表现得对对方视若不见。

由此看来,于静的不足之处,就在于她对于会面礼仪缺乏应有的重视。人所共知:有道德才能高尚,有教养才能文明。对会面礼仪不重视的后果,往往便是给人以不文明、没教养之感。

会面,指的就是一个人与别人见面。在人际交往中,特别是在正式交往中,会面作为其"开场白",通常都是值得人人重视的头一个重要环节。

心理学证明:在人际交往中,尤其是在初次交往中,一个人留给其交往对象的第一印象,往往是至关重要的。在一般情况下,它不但直接左右着对方对其评价与看法,而且还会在很大程度上直接影响到双方之间的彼此交往。

会面,通常都是人际交往的第一个环节。一般而言,一个人留给他人的第一印象,大抵都形成于双方会面之初。有鉴于此,珍视自我形象的大学生,务必要对自己与他人的会面慎之又慎。

在与他人会面时,要想留给对方良好的第一印象,一个最佳的做法,就是要掌握并且恰到好处地运用会面礼仪。会面礼仪,亦称见面礼节,它所指的是人与人在会面之际所应遵守的行为规范。称呼、问候、介绍、握手等,都属于会面礼仪的基本内容。

一、称呼他人

称呼,通常是指人际交往之中所具体使用的称谓语。一个人在与别人打交道时,能否使用恰如其分的称呼,不但体现着其自身的修养、对于对方尊重的程度,而且还反映着双方彼此之间关系发展的程度与整个社会的风尚。

在人际交往中,称呼尽管短而又短,往往被人们一带而过,但是在实践中它却备受关注。大学生在日常生活里使用称呼时,切莫对其马虎大意。

1. 称呼的作用

大学生要想以称呼开启一个良好的会面,首先就必须充分了解称呼在人际交往中的重要作用。一般而言,称呼在人们的会面中至少发挥着下列四个作用。

(1) 体现着一个人对于他人的基本评价

称呼的一大特点,是它具有鲜明的褒贬性。尊重一个人时,自然应当对其采用尊称;而轻视一个人时,则往往会对其采用有失敬意的蔑称。

(2) 标志着一个人自身情感的显著变化

一个人自身情感的变化,通常会对其人际交往产生一定的影响。当一个人心情颇佳时,他对于别人的称呼往往会充满亲近、友善。当一个人情绪低落时,他对于别人的称呼则难免会有意无意地表现出冷漠或距离。

(3) 反映着一个人与其他人的亲疏远近

在人际交往中,人与人之间的亲疏远近有所不同,其彼此之间所采用的具体称呼时常会相去甚远。双方之间的关系愈是亲近,彼此所用的称呼往往便比较随便。双方之间的关系愈是疏远,彼此所用的称呼则反而较为郑重其事。

(4) 展示着一个人与其他人的地位差异

一个人在其人际交往中,通常会与自己的交往对象在地位上存在着一定的差异,包括职务、级别、年龄、辈分等。在正式场合里称呼他人时,往往会显现出双方之间所存在的地位差异。

2. 称呼的类型

具体而言,称呼有着许多用途不尽相同的类型。大学生如欲正确地使用称呼,就必须既能够区分称呼的不同类型,又善于在具体使用称呼时选择恰当的类型。

从总体上来看,称呼可以被区分为正规称呼与非正规称呼等两大基本类型。它们各自所适用的具体场合,通常有着明显的不同。

(1) 正规称呼

正规称呼,指的是适用于正式场合的称呼。它主要适用于人与人之间的初次交往、因公交往和对外交往。正规称呼的总要求,是要通过称呼的具体使用,来体现出称呼者对被称呼者的谦恭与敬意。

进而言之,大学生所使用的正规称呼具体又可以分为下列六类:一是以"您"相称;二是以"同志"相称;三是以"老师"或"同学"相称;四是以"小姐""先生""女士"或"夫人"相称;五是以学位、学衔、军衔、警衔等相称;六是以职务、职称或职业等相称。

(2) 非正规称呼

非正规称呼,在此是指人们平时在一般性交往中所采用的称呼。它主要适用于各类非正式场合,并且多为亲朋故旧之间所采用。非正规称呼的主要特点,是要借助于此类称呼的使用,去表达称呼者对被称呼者的亲近与随和。

一般来讲,非正规称呼大体上共有下列五类:一是以"你"相称;二是以姓名相称;三是以"老"或者"大""小"加上姓氏相称;四是以名字或者小名相称；五是以辈分相称。例如，"刘韵棋""黄小花""牛淑英""卢太平""王三勇""袁守忠""宝萍""军军""老张""大王""小李""爷爷""阿姨"等。

3. 称呼的原则

在称呼他人之时，礼仪上有着一些原则性的规定，它们即为称呼的原则。大学生所应遵守的称呼的原则，主要有以下两项。

原则之一，称呼他人时必须优先考虑相互之间的具体关系。在人际交往中，彼此之间的关系若有不同，具体所使用的称呼自当有所区别。举例而言，老师在称呼学生时，可以直接称呼其姓名；而学生如果直接称呼老师的姓名，在我国目前则属于不敬之举。

原则之二，称呼他人时必须重视当时所处的具体场合。同样一种关系的人，在具体不同的场合里，彼此之间所使用的称呼往往会有所不同。一般而论，在正式场合，或是在外人面前，需要采用正规称呼。在非正式场合，或是在自己人面前，则往往可以采用各种非正规称呼。

4. 称呼的禁忌

大学生在人际交往中，为了使自己对他人的称呼不失敬意，通常应当避免触犯下列几种主要的禁忌。

(1) 不宜以绰号作为称呼

以绰号作为称呼，尤其是自作主张去给他人起上一个绰号，既显得过于随便，也是不尊重他人的表现。

(2) 不宜使用庸俗性称呼

有些称呼，例如，"大咖""女神""男神""迷弟""迷妹""死党""学霸""青椒""废柴""懂王""叩盘""五毛""哥们儿""姐们儿""大腕儿""歪果仁"等，要么显得过分亲昵，要么过于低俗，要么肤浅不堪，统统都是难登大雅之堂的。

(3) 不宜使用歧视性称呼

在现代社会里，人与人之间应当是完全平等的。因此，在称呼他人时，切勿有意居高临下地歧视对方。此类对他人轻视、歧视性的称呼，即蔑称。不允许随意以此类称呼去贬低对方，更不准在称呼上带有对对方国家、地域、肤色，民族、宗教，或者生理、性别、年龄、学历、职业、家庭背景等方面的歧视。

(4) 不宜滥用行业性称呼

有的称呼，仅仅适用某一特定的行业。如果超出了这一范围，便会显得不伦不类。"师傅""伙计""老板""同仁""出家人"之类的称呼，均属于这类不宜滥用的行业性称呼。

（5）不宜滥用区域性称呼

不少称呼，只有在某一特定区域内使用才名正言顺，才不会招致误会，它们即为地域性称呼。例如，四川人称父亲为"老汉"，湖南人称奶奶为"娭毑"，山东人称已婚的另一半为"对象"；一旦离开了其适用的区域，往往便会令人莫名其妙。再如，中国人常用的"爱人"这一对配偶的称呼，到了境外则往往会被理解为"情人"。

（6）不宜不使用任何称呼

与他人见面，尤其是与陌生人打交道时，假如对对方根本不使用任何称呼，在礼仪上显然是大有欠缺的。

二、互致问候

问候，又称问好或者打招呼。它适用于人们见面之初，主要用以向他人询问安好、表示关切或者致以敬意。在正常情况下，一个人在与自己的熟人见面时，双方理当相互致以问候。否则，就是一种目中无人的表现。

在会面时，人们彼此之间互致问候虽说是一项例行公事，但依然不可对其掉以轻心。在问候他人时，大学生主要应当注意下列三方面的问题。

1. 问候的内容

人们在问候他人时，所使用的具体内容往往多有不同。通常，问候语的具体内容具有明显的地域性特征。在一般情况下，人们常用的问候语往往都是约定俗成的。根据具体内容加以区分，问候语大致可以分为三类。

（1）问好型

问好型的问候语，即见面时直接问候交往对象："您好""早上好""下午好"，或者"大家好""各位好"。它言简意赅、直截了当，既不失礼貌，又可避免东拉西扯，故此最为正规，适用范围最广。

（2）寒暄型

寒暄型的问候语，即人们在平日问候他人时所讲的某些表示友善、关切的应酬话,诸如"吃了没有""上哪里去""忙什么呢"等。对此类问候语,一般没有必要予以实质性的答复。它多适用于熟人之间,在跨文化交际时则需要慎用。

(3) 交谈型

交谈型的问候语,即人们在问候他人时直接引起某一个话题,在问候对方的同时,希望就此交谈下去。此类问候语,多适用于公务场合。

2. 问候的顺序

问候别人时,其先后顺序方面的具体问题,理当引起大学生的重视。越是正式的场合,越是需要正视这一点。

(1) 两人见面

两个人见面时,双方均应主动问候对方,而不必非要等待对方首先开口不可。但在正常情况下,标准的做法是所谓"位低者先行"。即双方之中处于地位较低的一方,应当自觉地首先问候地位较高的一方。

(2) 一人与多人见面

当一个人与多人见面时,问候对方有两种具体方法可循。一是由尊而卑,依次一一问候对方。二是统一问候对方,而不必再一一具体到每个人。例如,"诸位好""老师们好""同学们好",等等。

3. 问候的态度

在问候他人时,大学生务必要使自己言行一致,因为此时此刻人们往往讲究对交往对象"听其言,观其行"。大学生在问候他人时,一定要力求态度热情而友好,切勿显得傲慢冷漠、敷衍了事、得过且过。

问候他人时要使自己的态度热情而友好,关键是要使自己的表情与举止能够同问候语的具体使用彼此协调,并相互配合。以下几点,尤其需要注意。

一是起身站立,迎向对方。问候别人时,既不应该坐而不起,也不应该等待对方走向自己。但凡有可能,就要站起身来,并且主动走向被问候者。一般来说,问候他人时,双方之间的距离以1~3米为宜。

二是面含微笑,待人友善。问候他人时,通常应当面含微笑。这样做,既是对对方的一种接纳,也是对对方友好、亲善之意的直接体现。倘若在问候别人时不苟言笑,甚至过度冷漠,就会使自己显得排斥对方。

三是目视对方,专心致志。在问候他人时,必须做到"三到"。即话到、眼到、心到。唯有如此,才会使自己的问候显得实心实意。问候别人时,眼到与心到往往与之直接关联。假如在问候他人时根本不看着对方,而是东张西望、左顾右盼,则会给人以心不在焉之感。

四是认真对待,及时回应。在任何情况下,问候别人都是一项不可或缺的会面礼仪,大学生对其一定要引起重视,并且认真对待。特别重要的是,当他人问候自己之后,一定要谨记"来而不往,非礼也",应及时地对对方予以回应,认认真真地问候对方,千万不可有来而无往。

三、进行介绍

介绍,一般指的是在人际交往中使彼此双方互相有所了解。在人际交往中,互不相识者之间唯有通过介绍,才能够彼此认识,并且进而建立联系。所以说,介绍是人际沟通的出发点。

按照被介绍者的不同,介绍通常被分为介绍自己、介绍他人和介绍集体三种基本类型。在礼仪方面,它们各有一些不同的规定。

1. 介绍自己

介绍自己,亦称自我介绍。它所指的是自己把自己介绍给其他人,以便使对方认识自己。主动向别人介绍自己,称作主动型的自我介绍。应邀而向别人介绍自己,则称作被动型的自我介绍。不论采用何种类型介绍自己,均应注意下述四个主要问题。

(1) 掌握时机

向别人介绍自己,总要在有其必要之时。不然的话,便会劳而无功。不仅如此,介绍自己还应当选择适当的时机。注意这一点,才会使自己所做的自我介绍引起他人的重视,并且为对方所牢记。一般来讲,干扰较少的时机,对方有兴趣的时机,初次见面的时机,都适合于进行自我介绍。

(2) 简明扼要

介绍自己,犹如为自己开启人际交往的一扇大门。做到这一点则可,而漫无边际地信口开河,滥搞长篇大论,不但毫无任何必要,而且还会给人以华而不实的印象。因此,在进行自我介绍时,必须以简短为佳。

(3) 内容有别

介绍自己时,应当根据具体的情况,而在内容上有所区别。就具体内容而论,介绍自己可以分成三种:一是应酬式,即只介绍自己的姓名。二是交流式,即除了介绍自己的姓名之外,还应当同时介绍自己所在的具体单位,所担负的具体职务,或者所学习的具体专业。其目的,是要使他人对自己的基本情况初步有所了解。三是答问式,即根据交往对象所提出来的具体问题,来选择、组合自我介绍的基本内容。届时不但要有问有答,而且还讲究答其所问。上述三种自我介绍,各有其适用的场合。应酬式自我介绍,适用于面对泛泛之交。交流式自我介绍,适用于面对意欲结交之人。答问式自我介绍,则主要适用于自我介绍时兼以答复他人的询问。

(4) 诚实无欺

进行自我介绍之时,务必要实事求是,在具体内容上诚实无欺。具体涉及个人的情况,尤其是需要进行自我评价时,既不必过度谦虚,不宜再三再四地贬低、否定自己,也不应该自吹自擂、夸大其词,甚至不着边际。介绍自己,既然主要是为了让别人了解自己,那么在其具体内容上就必须真实可信。

2. 介绍他人

介绍他人,又称第三者介绍或替他人做介绍。它是指由介绍者作为第三者,来为彼此不相识的双方相互进行介绍。在人际交往中,大学生往往也免不了要充当介绍者,来替他人做介绍。介绍他人时,有下述四点应予注意。

(1) 介绍者

在人际交往中,介绍他人时究竟应由何人充当介绍者,通常有一定的讲究。在一般情况下,介绍他人时介绍者应由下列身份者担任:一是与被介绍双方相识者;二是社交聚会中的主人;三是公务往来之中的专职接待人员;四是在场之人中的地位最高者;五是应被介绍人一方或双方要求者。

(2) 介绍的准备

欲使介绍他人顺利进行,介绍者事先应当有所准备。其中最重要的是要掌握如下三点:一是要了解被介绍者双方之间是否认识,免得令自己的好心好意变成多此一举;二是要了解被介绍者双方是否希望相互认识,如当他们一方或双方无此愿望,则大可不必去强人所难;三是要了解介绍他人的具体时机是否合适,时机如果选择得不好,介绍的效果便会大打折扣。

(3) 介绍的顺序

介绍两人相识时,总有一个孰先孰后的先后顺序问题。一般的规

介绍他人相识时的先后顺序

则,是讲究"尊者居后"。其具体含义是:介绍双方时,应当先介绍位低者,后介绍位高者,以便使居后的位高者首先了解位低者的情况。具体而言,介绍长辈与晚辈时,应当先介绍晚辈,后介绍长辈;介绍老师与学生时,应当先介绍学生,后介绍老师;介绍女士与男士时,应当先介绍男士,后介绍女士;介绍已婚者与未婚者时,应当先介绍未婚者,后介绍已婚者;介绍职务高者与职务低者时,应当先介绍职务低者,后介绍职务高者;介绍客人与主人时,应当先介绍主人,后介绍客人。

(4) 介绍的内容

介绍他人相识时,介绍者所陈述的具体内容需要根据当时的具体情况而加以斟酌。介绍他人的具体内容,常用的主要有下述四种类型:一是简介式。即只提及彼此双方的姓名或者姓氏,其他内容则留待被介绍者自己接下来各自见机行事。二是标准式。即将双方的单位、职务、专业与姓名一并道来,它适用于正式场合。三是引见式。即当一方认识另一方,而不为对方所认识时,由介绍者将前者引见给后者。至于后者的情况,则可以略表不谈。四是强调式。即为了加深被介绍者双方之间的相互印象,而对其中的一方或者双方的某一方面的情况加以着重介绍。

3. 介绍集体

介绍集体,乃是介绍他人的一种特殊情况。它指的是由介绍者为两个集体之间,或者个人与集体之间所做的介绍。在正式场合,大学生经常有必要介绍集体。此时,主要有两个礼仪方面的问题应予重视。

(1) 介绍集体的类型

介绍集体,通常亦有不同的类型。进行不同类型的集体介绍时,在礼仪上有着各种不同的具体要求。一般来讲,集体介绍可以分为两大基本类型:一是替集体与集体进行介绍。替集体与集体进行介绍时,讲究"双向介绍",即对于彼此双方的情况都要分别进行介绍。二是替个人与集体进行介绍。替个人与集体进行介绍时,讲究的则往往是"单向介绍",即只需介绍个人的情况,而不必介绍集体的情况。

(2) 介绍集体的顺序

介绍集体时,依礼亦有顺序上的尊卑先后之别。在一般情况下,介绍集体同样应当遵守"尊者居后"的规则。例如,替两个团队进行介绍时,通常应当首先介绍东道主一方,随后方可介绍来访者一方。或是首先介绍稍后抵达现场的一方,随后再介绍较早抵达现场的一方。至于具体介绍的内容,则有以下两种方式。一是只做整体介绍。即只介绍双方集体的情况,而不具体涉及个人情况。二是介绍个人情况。在介绍集体时涉及个人情况,一般讲究"双方对等",即在遵守"尊者居后"的介绍规则的同时,对双方各自团队中每一名成员的情况均应予以介绍。在具体介绍每个人的情况时,则应当由尊而卑地依次进行。

四、彼此握手

人们在见面时,通常都会相互行礼,以便向交往对象致以敬意。对中国人来说,握手便是相互见面时使用最普遍的礼节。在国际交往中,它也非常通行。在日常生活里,握手虽为司空见惯之事,但它在许多方面却颇有讲究。对其若是疏忽大意,搞不好就会弄巧成拙。

1. 握手的方式

与他人握手,有必要对具体的方式方法加以讲究。只有采用正确的方式,方能使握手发挥作用。一般来讲,与别人握手时,具体应当注意以下七点。

(1) 起身站立

在他人面前主动地起身站立,含有对对方的恭敬之意。因此,在与别人握手时,均应起身站立,只有女士在社交场合才可以有所例外。

(2) 使用右手

与别人握手时,通常应当使用右手。用左手与别人握手,一般被认为是不礼貌的。只有在特殊情况下,才允许那样做。

(3) 手位正确

与别人握手时,手位应当力求正确无误。标准的做法是:握手的双方相互握住对方右手除拇指之外的整个手掌。仅仅握住对方手指的指尖,或者直接握对方的手腕,都是非常失当的。

(4) 时长适中

握手的具体时间,既不宜过短,也不宜过长。握手的时间太短,好似敷衍对方;握手的时间过长,则会显得热情过度。在正常情况下,与他人握手的时间以 3 秒钟左右为宜。

(5) 力量适度

握手时所用的力量,以 2 千克左右为好。用力过轻,会令人感到自己缺乏热忱;用力过重,则会给人以挑衅之嫌。

（6）神态友好

一般来讲，与别人握手时均应目视对方双眼，并且面含微笑。此刻若东张西望，或者面无任何表情，都会给人以不专心、不友善的感觉。

（7）稍事寒暄

与别人握手时，总要同时与对方稍谈片刻：要么是问候对方，要么是叙叙家常。届时如果始终一言不发，便会导致冷场。

握手时谁应当首先伸手

2. 握手的顺序

与他人握手时，双方伸出手来的先后顺序有着一定之规。最基本的讲究，是"尊者在前"。即双方握手时，应由地位较高者首先伸出手来。地位较低者若首先伸出手来，则是失礼的表现。

具体而言，长辈与晚辈握手时，应由长辈率先伸手；老师与学生握手时，应由老师率先伸手；女士与男士握手时，应由女士率先伸手；已婚者与未婚者握手时，应由已婚者率先伸手；职务高者与职务低者握手时，应由职务高者率先伸手。

当客人与主人握手时，情况则较为特殊。客人抵达时，一般应由主人率先伸手；而当客人告辞时，则应由客人率先伸手。前者是主人为了体现自己对客人的欢迎之意，后者则是客人请求主人就此留步。

如果一个人需要与数人一一握手时，其合乎礼仪的顺序有两种：一是由尊而卑地依次进行；二是由近而远地依次进行。前一种做法，适用于握手对象地位尊卑较为明显之时。后一种做法，则适用握手对象地位的尊卑不甚明显或者难以区分之时。

3. 握手的禁忌

大学生在与别人握手时，如欲使自己的所作所为表现得彬彬有礼，就不宜冒犯下述八种握手的禁忌。

（1）不宜戴着手套

在正常情况下，戴着手套与别人握手是非常不合适的。只有女士在社交活动中，才可以戴着薄纱手套与别人握手。

（2）不宜戴着墨镜

戴着墨镜与别人打交道，通常被视为暗含"防范于人"或"拉开距离"之意。唯有眼部患病或存在缺陷者，才可以那么做。

（3）不宜以手插兜

与别人握手时，另外一只手不仅应当空着，而且应当在身体的一侧自然垂放。届时要是以之插入衣兜之内，容易给人以过分随便之意。

（4）不宜掌心向下

伸出手来与人相握时，假如令掌心向下，通常会给人以居高临下之感。如果令掌心向上，表示待人谦恭；如果令掌心垂直于地面，则表示待人平等。

（5）不宜滥用双手

只有在亲朋故旧相见时，方可用双手与对方相握。与初交之人握手时，尤其当对方为异性时，以双手与其相握是不合适的。

（6）不宜推拉抖动

与别人握手时，动作与幅度应当适度。既没有必要握着对方的手推过去拉过来，也没有必要握着对方的手上上下下、左左右右地抖动不止。

（7）不宜跨着门槛

在握手时，双方的身体一般均应保持静态、站立不动。双方不宜一边握手一边走动，尤其是不可跨着门槛，一脚门内一脚门外地与别人握手。

（8）不宜争先恐后

不论与要人、明星握手，还是与多人握手，均应讲究先来后到，依次而行。也就是说，握手时不要推推搡搡、不守秩序、争先恐后。

第三节　赠礼

汪大同最近这几天很不愉快，因为他刚刚好心好意地办了一件"坏事"。事情的经过是这样的：汪大同是西北某大学一年级的一名班长，前几天他发现进入冬季以来班里的一位同学一直没有帽子，而天气又十分寒冷，于是他便拿出自己的助学金，买来一顶崭新而厚实的狗皮帽子，悄然送给了对方。

对方当时把那顶狗皮帽子收了下来，并且再三向汪大同道谢，可是在此之后，却从未戴过。经过侧面打听，汪大同方才知道，他的那位同学是满族人，而根据满族的民族禁忌，是绝对不准头戴狗皮帽子的。原来，汪大同无意之中触犯了对方的民族禁忌。人家不为此责怪他，就已经很是不错了。

在大学生的人际交往中,互赠礼品时有所见。在现实生活里,赠礼乃是人际交往中的一项重要活动。对大学生而言,赠礼往往是一种双向的行为。即不单自己时常需要向他人赠送礼品,而且自己往往也可能要接受他人所赠送的礼品。从本质上来看,在人际交往中向他人赠送礼品,主要是为了向对方表达自己的敬重、友好之意。与此同时,赠送礼品往往还具有借物抒怀、表示感谢、传递情感、满足需求以及留作纪念之用。

应当说,向他人赠送礼品是既容易做,又不容易做的一件事。说它容易做,是因为赠送礼品这件事本身并不困难:准备好礼品,届时送上即可。说它不容易做,则是因为要想使自己赠送给他人的礼品准确无误地传递自己意欲传递的信息,并且可令对方欣然接受、真心欣赏,是难上加难的。在这些方面如果稍有不慎,就会像上文中的汪大同那样犯错误。

赠礼,指的就是礼品赠送。在赠送礼品时,需要大学生掌握的基本礼仪规范主要涉及礼品的挑选、礼品的赠送与礼品的接受等三个方面。

一、挑选礼品

赠礼的第一步,便是要首先进行礼品的挑选。只有在挑选礼品时严格而认真地遵守有关的礼仪规范,才能使赠礼行为达到目的。在挑选礼品时如果掉以轻心、滥竽充数,则必然会直接破坏赠礼的效果。一般来说,大学生在挑选礼品时,有必要重视下列三个主要问题:

1. 量力而行

在挑选礼品时,大学生需要予以重视的首要问题,就是务必要从自己的实际能力出发,始终坚持量力而行的原则。

与社会上的其他人士相比,大学生尚且属于没有工资收入的特殊阶层。不论求学还是维持生计,大学生基本上都需要依靠家庭的支持或者社会的帮助。因此,大学生在挑选礼品时切切不可脱离自己的客观条件、不自量力地勉为其难。至于成心要装富摆阔,或者是要同社会上的富有一族进行攀比,则更是毫无必要。

俗话有道是:"礼轻情义重。"大学生在为自己的亲朋好友挑选礼品时,一定要牢牢地记住这一点。换而言之,在挑选礼品时,大学生务必要善于勤俭办事情,坚决杜绝铺张浪费之习。要想方设法突出礼品特殊的纪念意义与丰富的情感内涵,而不是指望以其高价、高档、珍贵或者稀缺而取胜。更加简单地讲,就是要少花钱、办好事。一定要厉行节约,绝不乱花一分钱。

2. 突出特色

本着量力而行的原则,大学生在挑选礼品时还必须注重突出其特色。在挑选礼品时,只讲究节约,而对其特色漠然无视,往往也会出问题。大学生在挑选礼品时要注重其特色,主要应当体现在如下三个方面:

（1）富有独创性

作为注重情感、崇尚情趣、讲究情调的一族,大学生在挑选礼品时一定要力求匠心独运,标新立异,与众不同。不论礼品的具体品种还是赠送礼品的具体方式,都要反对千人一面,而应努力使之新、奇、特、异,与众不同。向别人赠送具有独创性的礼品,不但可以反映出自己对于它的重视,而且也可以令对方耳目一新、爱不释手、久久难忘。讲究礼品的独创性,并不意味着非要去进行"高消费"、买大牌。有些时候,亲手为他人制作一件小礼品,例如画一幅画,谱一支曲,写一首诗,或做一种甜品,便等于"特别的爱给特别的你",显得情义无价。

（2）兼顾时尚性

在力所能及的条件下,送给他人的礼品,还必须适当地兼顾时尚性,即可以酌情选择当下正在流行的物品作为礼品送人。有些时候,选择稍为前卫一些的东西送给别人也是可以的。应当注意的是,除非必要,通常不应当将目前早已过时的东西郑重其事地送给别人。将淘汰之物、过时之物、落伍之物充当礼品送给别人,往往会被视为以"处理品"搪塞对方,因而会被对方理解为对其应付或轻视。

（3）具备针对性

稍有经验的人都懂得,为他人挑选礼品,理当投其所好。这便是所谓礼品的针对性。具体而言,若想使自己为他人选择的礼品具有针对性,就必须争取事先对对方有一定程度的了解,然后据此在挑选礼品时优先考虑对方的兴趣、爱好或者实际需要。唯其如此,方能使自己赠送给对方的礼品适得其所,受到对方的真正青睐。例如,将一张优质的西洋古典音乐黑胶唱片送给一位西洋古典音乐的爱好者,好比"雪中送炭",必定会让对方欣喜若狂;但若将它送给一名对西洋古典音乐一无所知的"音乐盲",想要博得对方开心一笑恐怕都非常困难。

3. 忌送之物

对于大学生来讲,在挑选送与他人的礼品时,千万不可因为一时疏忽而选择了忌送之物。不论将社会上忌讳的物品还是受赠者本人所忌讳的物品赠予对方,都有可能会冒犯对方。需要大学生谨记的忌送之物,主要有下列四类。

(1) 违法物品

作为现代社会里受过良好教育的一员,大学生必须自觉地知法守法。在任何情况下,大学生在挑选礼品时,都不得使之与法律相抵触。涉毒、涉枪、涉黄、涉赌以及涉及国家秘密的物品,都绝对不允许相赠予人。也不可明知故犯,将盗版、假货、"三无产品"、走私物品或珍稀动物及其制品送人,不然的话,既会害了对方,又会害了自己。

(2) 有害物品

有些物品,虽不为法律所明文禁止,但对于人们的工作、学习、生活和身体健康,却是无益而有害的,例如香烟、槟榔或内容庸俗低劣的书刊、音像制品等,均属于此类物品。

(3) 犯规物品

明显地触犯某些重要规矩的物品,在选择礼品时必须有意识地不予考虑。它们主要涉及下述六种物品:一是触犯宗教禁忌的物品;二是触犯民族禁忌的物品;三是触犯地方禁忌的物品;四是触犯行业禁忌的物品;五是触犯职务禁忌的物品;六是触犯个人禁忌的物品。以上述犯规之物贸然送人,将直接有损于双方关系。

(4) 残次物品

送给他人的礼品,虽然不必一味追求高档、高价,让人叹为观止,但也不应该将残次物品出手相赠。自己已经使用过的东西、过期失效的东西、淘汰废弃的东西、难以再用的东西,在一般情况下都不应该送给别人。把旧物、废物、残品、次品或是尾货送给别人,往往意味着不尊重对方的人格。

二、赠送礼品

具体而言,大学生在向别人赠送礼品时,必须注意下列四个方面的问题。只有在这些方面都做好了,才可以使自己所精心挑选的礼品正常地发挥其本应发挥的作用。

1. 明确目的

向他人赠送礼品,并非无的放矢,自然具有一定的目的。大学生在赠送礼品时,不仅应当首先明确自己的目的,而且还必须从根本上端正对赠送礼品的目的性的认识。

对大学生来讲,向他人赠送礼品的正确目的主要可以分为以下六类:其一,用以向对方表示尊敬;其二,用以向对方表示友好;其三,用以向对方表示感谢;其四,用以向对方表示祝贺;其五,用以向对方表示纪念;其六,用以向对方表示歉意。

大学生必须意识到,抱有以下目的而向他人赠送礼品,显然都是不正确的:其一,摆阔炫耀;其二,收买人心;其三,贿赂对方。

2. 选准时机

向别人赠送礼品的具体时机是非常讲究的,切勿不分具体时机地向他人乱送、滥送礼品。

对于大学生来讲,在下列几种时机可以考虑向自己的交往对象赠送适当的礼品。

(1) 祝贺他人

当交往对象有可喜可贺之事时,例如,升学、毕业、就业、晋级、乔迁、结婚、生子、获奖或者过生日时,均可向其赠送礼品,以便为其锦上添花。

(2) 适逢节庆

在一些重要的节庆之日,例如元旦、春节、妇女节、老人节、青年节、儿童节、教师节、护士节、建军节、父亲节、母亲节以及劳动节、丰收节、情人节时,可向自己的亲朋好友赠送礼品。

(3) 初次登门

初次前往他人家中登门拜访,尤其当对方是自己所尊敬的师长、学长时,在力所能及的前提下,可以为对方略备薄礼。去外国友人家里初次做客时,特别需要注意这一点。

(4) 依依惜别

当亲朋好友或同学、室友即将同自己分别远行之际,可以为对方准备具有纪念意义的礼品,以示"海内存知己,天涯若比邻。"

(5) 进行慰问

当自己的亲戚、至交、挚友遭遇挫折或不幸,可在探访对方之际,向其赠送含有慰问、安抚、勉励、支持之意的礼品。

3. 重视方式

向他人赠送礼品时,有必要重视具体的方式方法。在一般情况下,常规的送礼方式主要有下述三种。

(1) 亲自赠送

向他人亲自赠送礼品,通常不仅最为普遍,而且也易于产生较好的反响。

(2) 托人转送

当自己不能向受赠对象面交礼品,可委托双方或其中一方的熟人,例如同学、同乡或家人,将礼品转送给对方。

(3) 付费代送

在必要之时,还可以通过付费的方式,委托邮局、快递公司、公关公司、礼仪公司替自己代劳。

需要加以强调的是,向他人赠送的礼品,一般均应加以适当的包装。包装礼品,主要有四点好处:一是可以保护礼品;二是可以提升礼品的档次;三是可以增加礼品的神秘感;四是可以体现对礼品的重视。

4. 检点表现

向他人赠送礼品时,务必要检点自己临场时的具体表现。如果在赠送礼品时表现失常,往往会使自己前功尽弃。

(1) 落落大方

向他人赠送礼品时,一定要表现得大大方方、自然而然。千万不要使自己举止失常、手足无措、偷偷摸摸、小里小气,甚至使自己在外人眼里显得形迹可疑、居心叵测。

(2) 郑重其事

向别人面呈礼品时,为了避免功亏一篑,务必要表现得端庄稳重、郑重其事。将礼品递交对方时,应当稳步走向对方,先打一声招呼,然后以双手将礼品捧交到对方手中。不宜显得漫不经心、十分随便,也不要将礼品放下之后任由对方自取。

(3) 认真说明

向他人赠送礼品,本是光明正大之事。对其虽不应该大张旗鼓、招摇过市,但也不可一言不发、不进行任何说明。面呈礼品时,一般有下述四项内容需要酌情向受赠者加以说明:一是赠送礼品的原因;二是礼品自身的寓意;三是礼品主要的功能;四是礼品常规的用途。缺少上述必要的说明,往往会使人觉得礼品"残缺不全"。

(4)兼顾他人

向他人送礼时,应对其他在场之人适当地予以兼顾。具体需要注意的有如下三个问题:一是向某人赠送私人性礼品时,不宜在大庭广众之前堂而皇之地公开进行;二是向数人赠送的礼品若互有不同时,最好分别进行赠送,以防其彼此之间当面加以比较;三是向多人同时赠送礼品,应依照合乎礼仪的先后顺序,一一将礼品亲自递送到每一名受赠者手中:要么是由尊而卑地依次而行;要么是由近而远地依次而行。

三、接受礼品

在接受礼品时,受赠者亦应遵守相关的礼仪规范。从总体方面来讲,受赠者既要对赠礼者表示应有的谢意,又要对对方所赠送的礼品给予应有的重视。在一般情况之下,接受礼品时,大学生主要有下列三个方面的问题应当予以注意。

1. 态度恭谨

对于人际交往中他人所赠送的礼品,只要并非违法犯规之物,大学生通常都可以大大方方地欣然笑纳。然而在接受他人所赠送的礼品时,对其一定要认真加以对待,并且要在自己的表情、神态、动作、语言上表现出对于礼品应有的重视。唯有如此,才会使赠礼者真切地感受到"功夫不负有心人。"

在接受礼品时,不论对方与本人具体关系如何,均应令自己的态度表现得对其恭谨有加。具体来说,下述三点尤其应予重视。

(1)神态专注

当有人表示马上要向自己赠送礼品时,一定要中止自己正在处理的任何事情,立即起身站立,随之健步迎向对方。此时应面带笑容,并且面向对方。不但要稳重大方、保持风度,而且也要表现出认真专心、充满喜悦。这样做,才能够恰如其分地表现出自己对对方的一番好意真正地心领神会。此时此刻,假定对对方不理不睬,表现得置若罔闻、若无其事,或者心不在焉,并不意味着自己见过世面,而只会对送礼者造成伤害。

(2)双手捧接

对于送礼者尊重和对于礼品重视的一种公认的、合乎礼仪的常规做法,就是要在送礼者送上礼品时使用双手捧接。在一般情况下,切勿只用一只手去接受礼品,尤其不要仅仅使用左手那么做。必不得已之时,则应当先向对方说明具体原因,并且认真地为此表示自己的歉意。应当提示的是,双手捧接对方的礼品,不仅要认认真真、稳稳当当,而且要等到对方递过礼品时才可以伸出手去;不要急不可耐地伸手抢夺礼品。双手接过他人相赠的礼品之后,倘若需要与对方继续应酬,可以暂时小心翼翼地将礼品放在一旁,或是收装起来。但是不要随手乱扔、乱放,并且最好不要直接地将礼品放在地面之上。

(3) 诚心致谢

按照人们的一般习惯,在双手捧接他人相赠的礼品的同时,受赠者必须真心实意、恭恭敬敬地立即向送礼者当面道谢。假如有可能的话,受赠者还应当与此同时郑重其事地主动与送礼者握手,以此举再次表达自己的感激之心。不论对方身份如何,不论双方关系如何,不论对方赠送的礼品价值如何,受赠者都应当认认真真地这样做。

2. 欣赏有加

在适当的场合,受赠者可在接受礼品之后,当着送礼者本人的面,以一定的方式表达自己对对方所赠之物的欣赏之意。只要做得有分寸,这种做法肯定会产生良好的反馈。

接受礼品之后,受赠者对其表示欣赏的具体做法主要有下列三种。

(1) 当面启封

接受他人所赠送的带有正式包装的礼品之后,如果当时的现场条件允许,例如不会令送礼者难堪,不会令其他在场者误解等,受赠者均应尽可能地当着送礼者的面,当场拆启礼品的包装,以便观赏其中的具体内容。这种做法,不仅表示受赠者尊重送礼者,而且也显示着受赠者重视自己的获赠之物。客观地说,此种做法比起接受礼品之后不看一眼,随手乱掖、乱丢、乱放,的确有其所长,需要注意的是,当场启封礼品的外包装,动作要既文明又轻盈,不要无意之中损伤了礼品,也不要乱撕、乱扔包装用品。

(2) 适度称道

当场拆启礼品的外包装之后,假如现场条件许可的话,受赠者切勿忘记当着送礼者的面,采用适当的语言和动作表达自己对礼品的欣赏。具体来讲,主要有下述两种方法可以采用:一是可以口头上对礼品加以肯定。届时既可以实事求是地称道礼品的优点和与众不同之处,也可以高高兴兴地告知送礼者:对方所送的礼品恰恰是自己久觅不得之物。二是可以动作表示对礼品的青睐。例如可以面含喜色,把礼品捧在手中反复观赏,以示对其爱不释手。上述两种做法,可以选择其一,也可以二者并用。出于礼貌,受赠者无论如何都不应当在送礼者面前对礼品加以否定,或是对其吹毛求疵。即使告诉对方此物并不适合自己,或是自己早已拥有此类物品,也是非常不明智的。

（3）酌情使用

常人对物品表示重视的一种普遍做法,就是对其经常加以使用,受赠者同样可以这样做。受赠者在适当的时候尽可能地使用自己获赠的礼品,既可以体现其"物有所值",又可以令送礼者在发觉此事之后备受鼓舞。受赠者在具体使用获赠之物时,有三点应予注意:一是不宜刻意张扬;二是不宜大材小用;三是不宜转送他人。除此三点之外,受赠者使用获赠礼品,可以说是多多益善。道理十分简单:这是受赠者对自己获赠之物欣赏之意的最直接的体现。当一个人不欣赏一件物品时,除非万不得已,他通常都是不会对其反复使用的。

3. 拒绝有方

在人际交往里,对于他人所赠之物,大学生并非均应来者不拒。倘有必要,大学生完全可以对他人所赠送的礼品加以拒绝。

拒绝他人所赠送的礼品,必须依礼而行,并且讲究方式、方法。具体而言,有如下三个方面的问题必须予以注意。

（1）事出有因

拒绝他人所赠送的礼品,肯定存在一定的原因。对其不加任何区别地一概回绝,显然是不适当的。一般来讲,大学生不宜接受的礼品,主要有下列三类:

一是违法违规之物。不论对方是什么人,只要他所送的礼品是违法违规的,大学生在任何情况下均不应予以接受。

二是有损国格、人格之物。假定他人所赠送的礼品有损于自己的国格、人格,则理当断然加以拒绝。

三是价格过分昂贵之物。如果彼此双方关系一般的话,通常不宜接受他人所赠的贵重之物。说不定对方或许另有所图,只不过以之充作"敲门砖"而已。

（2）讲究方法

拒绝别人所赠送的礼品时,一定要具体情况具体对待,采取适当的方法。合乎礼仪的拒绝方法,主要有下列四种。

一是直言缘由法。直言缘由法,即受赠者直截了当而又所言不虚地当面向送礼者诚恳地说明自己难以接受礼品的具体原因。这种做法开门见山,有时反倒省事。

二是婉言相告法。所谓婉言相告法,即在退还礼品时,由受赠者使用委婉而不失礼貌的语言,向送礼者暗示本人难以接受对方所赠之物的原因。此法的长处,在于可为对方留有余地。

三是事后退还法。有些时候,退还礼品不宜在众目睽睽之下进行,而可事后操作,此即事后退还法。采用此法时,不宜拖延时间,而应当尽量从速。

四是托人代退法。托人代退法,即受赠者不便亲自退还礼品时,而转请他人代劳。这种方法虽然可以免除受赠者与送礼者双方面对面的尴尬,但却易于引发误会,故此平时少用为妙。

(3) 不失敬意

退还别人礼品时,切莫有意无意失敬于对方。若因此而有损双方关系,既没有必要,也不值得。

退还别人礼品时,在神态上应当不卑不亢、坦诚自然。不要故作严肃,更不要表现出极不开心、不耐烦的神情。

退还别人礼品时,在语言上应当依旧以礼待人。不要忘记:即便退还了对方所赠之物,口头上也要向对方道谢。千万不要在退还礼品时小题大作、借题发挥、无事生非。此时既不要指责对方,也不要流露出自己的不满或不屑之意。

第四节　交通

临近大学毕业,崔滢和同学们一样,也忙着四处去寻找理想的工作单位。由于她学业优秀、精明强干,很快被一家知名的外资企业看中了。一天,崔滢接到通知,那家外资企业的外方总经理要亲自前来她的学校,最后敲定此事。谁知在这一最后关头,崔滢却由于不熟悉有关轿车座次的礼仪,从而"大意失荆州"。

原来,当时那家外资企业的外方总经理是亲自驾车前来,而由崔滢在她的学校门外登车为其带路的。一方面是因为双方并不熟悉，另一方面是担心影响对方专心驾驶，崔滢在登上轿车时，不声不响地选择了轿车的后排座位。而根据礼仪规范，当轿车的主人亲自驾车时，一名搭车者只有在轿车的前排与之平起平坐，才是尊重对方的得体做法。像崔滢的那种择座方式，通常会被理解为搭车者是在有意怠慢为之亲自驾车的主人。这样一来，其求职结果便可想而知了。

交通者，往来通达之谓也。在日常生活里，大学生不论参加何种活动，往往都与交通不无关系。不论个人徒步行走、使用共享单车、驾驶私家汽车，还是乘坐公用交通工具，大学生都必须自觉地遵守相关的礼仪规范。不遵守交通礼仪，既会破坏交通秩序，而且也会因此给人以表里不一、缺乏自律之感。

交通礼仪，是对与交通相关的各种具体礼仪规范的一种泛称。对大学生而言，其所应遵守的交通礼仪，主要集中在徒步行走、共享单车、驾驶汽车、乘坐汽车、乘坐火车、乘坐轮船以及乘坐飞机等七个具体方面。

一、徒步行走

徒步行走，又称步行或者走路。对于每一名正常人来说，徒步行走无一例外的都是其平日进行活动的基本方式。大学生平常在徒步行走时，尤其是在公共场所或室外正规的道路上徒步行走时，对于基本的礼仪规范必须了解得仔仔细细。更为重要的，则是要在下述四个方面端正自己的态度，并时时遵守规范。

1. 遵守交规

在室外的道路上行走时，大学生首先必须严格地遵守交规。所谓交规，是对交通规则的简称。它是由国家为了确保交通的顺畅与安全，而专门规定出来以供全体社会成员共同遵守的有关交通的法律规定。遵守交规是每一位公民义不容辞的义务，大学生自然也不应当有所例外。

大学生在遵守交通规则时，尤其需要认真注意下列五个方面的问题。

(1) 走人行道

在室外行走时，一定要选择人行道。若是没有明显的人行道时，也要尽量靠路边行走。千万不要在机动车道上行走，更不要行走在交通干道之上，或者有意与车辆抢夺道路。

(2) 靠右行走

为了确保交通的顺畅，我国规定：不论行人还是车辆，在道路上一律应当靠右侧行进。在室外行走时，无论是在正规的道路上还是在非正规道路上行走时，大学生一定要切记此点。否则，便会影响交通，甚至发生交通事故。

(3) 走过街人行横道

需要横穿道路时，务必要走指定的过街人行横道，或是专用的过街天桥、地下通道。千万不要随随便便地横穿马路，或是任意跨越专用的隔离栏。

(4) 看交通信号灯

按照交规，行人或车辆通过路口时，均应遵从交通信号灯的指示。其常规的做法是："红灯表示禁止通行，绿灯表示准许通行，黄灯表示警示。"它的通俗的说法则是："红灯停，绿灯行，黄灯亮后等一等。"对于这一点，大学生既要了解，更要遵守。不要对此视若不见，贸然抢行。不论是否有人监督，均应遵守规定。

(5) 服从管理

在路上行走时，大学生切莫自高自大、目中无人、我行我素。诸如在道路上使用滑板、旱冰鞋等滑行工具，在车行道上坐卧、停留、嬉闹、追车、抛物击车等行为，都是有碍交通安全的。对于交通警察与其他交通管理人员善意的批评、教育，应当表现得心悦诚服。对对方的正常管理，不但要自觉服从，还应当积极予以配合和协助。

2. 明确方位

徒步行走时，方位方面有一定的讲究。在正式场合里，大学生一定要重视这一点，并且要在平时就努力养成良好的习惯。例如，在行走时当前则前，当后则后，当左则左，当右则右。

行走时的具体方位问题，通常与其他人一道同行时才会有所涉及。对大学生来讲，需要注意以下五点。

(1) 单行行走

当多人一同单行行走时，通常以前排为上。因此，当大学生与老师、学长、尊者、长辈、贵宾一起单行行进时,应当自觉地随行于其后。唯有当对方初来乍到、并不认路时,方可在前排为之引导带路。

（2）并排行走

假若多人一同并排行走时,其方位的讲究应视具体人数的不同而有所不同。当两人并排行走时,一般以内侧为上,即靠道路内侧、靠墙的位置较为尊贵。《中华人民共和国道路交通安全法实施条例》规定:"行人列队在道路上通行,每横列不得超过 2 人,但已经实行交通管制的路段不受限制。"[①] 当三人或三人以上并排行走时,则往往以居中为上。

（3）出入房门

当与其他人一同出入房门,特别是当自己以学生、晚辈、主人的身份陪同他人一起出入房门时,应当谨记"后入后出"的规则。即出于礼貌,自己应当在他人之后进入房门,在他人之后走出房门。

（4）上下楼梯

在一般情况下,上下楼梯,包括使用自动滚梯、自动扶梯时,大学生一定要牢记"单行右行"的规则,即不要在楼梯上并行,不要不分左右地横行霸道,或者居中而行,以免阻挡他人。礼貌的做法,是要单行行进,居右而行。与贵宾、长辈、女士、儿童一起走下较陡的楼梯时,为安全起见,还必须主动行走在前。

（5）进出电梯

使用升降式电梯,必须切记"先出后入"的规则,即电梯内的乘客出来之后,电梯外的人方可进入。陪同他人一同乘坐升降式电梯时,若其无人驾驶,陪同者通常应当先进、后出,以便操纵电梯;若其有人驾驶,陪同者则应当后进、后出。

3. 礼让他人

大学生在徒步行走时,尤其是在大街小巷、公共场所行走时,难免会路遇他人。与他人一起行进时,要不分生疏,一律以礼相待,并且彼此谦让。

（1）不争抢道路

多人一同行走时,必须讲究先来后到,依次而行。若有急事,可轻声

---

① 中华人民共和国道路交通安全法 中华人民共和国道路交通安全法实施条例［M］. 北京:中国法制出版社,2021:45.

对身前之人道一声"对不起,请让一下",然后侧身通过,并随后向对方道谢。切勿争先恐后、横冲直撞,而毫不在乎其他人的存在。

(2) 不阻塞道路

在道路狭窄之处,应当快速通过,不要逗留。在此处无论席地而坐、徘徊不前,还是与人交谈之举,均属不宜。还须注意,不要在通过道路狭窄之处与同行者并行,尤其是不要与其勾肩搭背、相互搂抱而行。

(3) 不目无弱者

徒步行走时,对于老、弱、病、残、孕以及儿童,大学生不但应当礼让,而且还应当在必要时主动对其加以照顾。遇到问路的外地人、外国人,更是应当有求必应。

(4) 不蛮横失礼

在道路上或者公共场所内行走时,一定要礼待他人、保持风度。通过狭窄之处或门庭时,可请他人先通过。需要让路时,应当立即采取行动。不小心碰撞、踩踏别人之后,则应立即向对方致歉。得到他人的礼让、帮助后,应当道谢。切不可自高自大、目中无人,不可待人蛮不讲理。

4. 严于律己

即便一个人独来独往,大学生外出行走之时,亦应对自己严格要求,在种种细微之处以身作责。除要严格遵守交规和礼让他人之外,还必须注意以下四点。

(1) 不手舞足蹈

在人多之处手舞足蹈,不但显得自己神经兮兮,而且搞不好还会因此而冒犯他人,进而酿成事端。

(2) 不吃吃喝喝

在行走之时大吃大喝,不仅吃相不雅,而且必定不够卫生,甚至有损于个人健康。在人多之处那么做,有时还会妨碍于人。行走时吸烟,则更为不妥。

(3) 不过度亲昵

与关系密切的异性外出时,大学生务必要对个人举止多加检点。不要在大庭广众之前彼此表现得过分亲热,以免令他人不堪入目。

(4) 不围观尾随

外出行走时,为了自觉维护公共秩序,大学生切莫少见多怪,动辄在街头巷尾围观、起哄。不要对陌生人过分好奇,极其失礼地对对方指点、议论;不要尾随或围观名人、明星、异性、外国人等。

二、共享单车

对当代大学生而言,近年来被称为共享单车的公共自行车已成为其短途出行的主要方式之一。在一些外国友人眼里,共享单车则更是与高速铁路、扫码支付、网络购物一起被称为"中国新四大发明"。虽说这一提法未必严谨,但它却客观地反映了我国共享单车迅速发展的不争事实。

共享单车,即共享自行车,是基于互联网技术,由自行车企业提供其分时租赁服务,而由消费者通过扫码付费的一种绿色环保的公共交通出行模式。其知名品牌,目前有哈啰、美团、青桔、永安行、人民出行等。

使用共享单车,与骑自家的自行车既有其共同之处,亦有一些不同之点。礼敬他人、安全第一、遵法守规,便是骑共享单车时大学生应着重关注的三个具体方面。

1. 礼敬他人

骑行在外,大学生必须谨记"礼多人不怪",勿忘礼敬他人。下述四点,尤须予以重视。

(1) 路遇行人

路遇行人时,骑共享单车的大学生必须时刻礼让行人。届时必须自觉做到:遇到红灯不越线;遇到黄灯不抢行;遇到人行横道等待行人先通过;遇到老年人、残障人、孕妇、儿童,则更是应当恭候对方先行通过。

(2) 出入院门

出入有专人值守的办公大院、商务中心、居民小区的大门时,骑共享单车的大学生应提前下车推车行进,以示对值守者的尊重。若其要求查验证件时,则必须提前下车。

(3) 路遇熟人

骑共享单车行进之际,倘若路遇熟人,尤其是路遇老师、学长或其他尊长,方便的话,宜立即下车,并向对方问候、致意,以示尊重。待对方离开自己视线后,方可上车继续骑行。若对方当时也在骑车,虽不必专门下车对其进行问候,但亦应主动以语言或动作向对方打招呼。

(4) 面对骑友、车友

遇到骑友、车友之际,正在骑共享单车的大学生亦不可漠然视之。偶遇其他骑友、车友,可主动向对方致敬,但骑行中不宜与之争先恐后。

遇到其他驾车者,亦应对其进行礼让。骑行中需要拐弯或路旁停靠时,务必要提前向身后的骑友、车友以手势示意,当其他骑友、车友向自己表示善意时,亦应有来有往。

2. 安全第一

骑着共享单车外出,往往是自己独往独来,并无师长、同学在场监督,但大学生依然不可我行我素、忽略个人安全。以下三点,均应重度重视。

(1) 忌大秀"车技"

骑共享单车期间,切莫转身、站立,或者单手、双手撒开车把。如此忘乎所以地自秀车技,不仅十分危险,而且也有可能因此而伤己、伤人。

(2) 忌冒险骑车

与其他骑友勾肩搭背、动手动脚、打打闹闹、互相追逐、飞车比赛,力图赶超机动车,甚至反复地曲折、往返行驶,皆为骑行安全之大忌。

(3) 忌禁区骑车

凡禁止行车的路段、夜间没有路灯的路段或荒邻野外,均不宜骑共享单车前往;高速公路、机动车道、人行道(步道)、盲道等,均为禁行之处。遇到步行街、旅游景区、军事禁地,以及学校、幼儿园门口的路段,骑共享单车的大学生亦应主动加以回避,或下车推行。

3. 遵法守规

《中华人民共和国道路交通安全法》《中华人民共和国道路交通安全法实施条例》以及其他的相关交通法律、法规,必须为骑共享单车的大学生所自觉地遵守。以下三点,尤其应为大学生所明确。

(1) 骑行依法合规

我国的现行规定是:包括共享单车在内的所有非机动车,都应当在非机动车道内行驶。在没有非机动车道的道路上,则应当靠车行道的右侧行驶。骑车时,不得双手离把或手中持物;醉酒者不得骑车;在骑行中需要横过机动车道时,应下车推行通过,等等。遵守上述规定,是每一名骑共享单车的大学生所应尽的责任与义务。

(2) 骑行规定之路

许多大城市目前都设有专用的自行车道,它自然是骑共享单车的最佳之选。此外,不论在非机动车道、自行车道还是慢行车道上骑行,大学生均不得闯灯、越线。

(3) 使用合乎规定

使用共享单车期间,大学生必须遵守以下几项具体规定:

一是扫码付费。大学生在其使用共享单车时，一定要依照有关程序进行扫码、付费。

二是爱惜车辆。从某种意义上讲，属于我国公共交通重要组成部分的共享单车，亦为社会公众所共同使用的公物。对其理应爱惜，平时不得有意无意加以损害。

三是停放到位。使用共享单车完毕，务必要将其停放于指定之处。附近并未设置停车点的，则应在停放时以不妨碍其他车辆、行人的通行为宜。若停放地点尚有其他共享单车，则应将自己使用完毕的车辆与同一品牌的车辆成行成列地摆放在一起。切切不可将使用完毕的共享单车随处丢弃、乱停、乱放，尤其是不得将其停放得东倒西歪或扔倒在地。

当大学生使用自行车、电动车（电动自行车）、摩托车出行时，均可参照上述骑共享单车的礼仪规范执行。

三、驾驶汽车

在现实生活里，已有不少大学生能够驾驶汽车。不论属于自己的私家车还是租赁汽车，大学生在驾驶汽车时都应该依法守规、知礼行礼。唯其如此，大学生的汽车驾驶才能够方便自我，并且畅行无阻。

驾驶汽车时，大学生理当遵守的礼仪规范，具体包括精通技术、接受管理、安全行驶、文明行驶等几个方面。

1. 精通技术

依据规定：大学生在其驾车上路之前，必须进行系统的驾驶知识学习、驾驶技术培训，并通过正规考试，以获得驾驶资格。对于掌握驾驶知识与驾驶技术，大学生必须力求好上加好、精益求精。若驾驶知识不完备、驾驶技术不过硬，或未经过规范的培训、未通过正规的考试，大学生绝对不得驾车外出。

驾驶汽车时，大学生应特别重视三点基本的要求。

（1）掌握驾驶技术

每一名驾驶汽车的大学生，都毫无例外地须要将掌握驾驶技术置于首位。对于相关的驾驶理论与驾驶技能，大学生均应在学习时给予同等的重视。总体上来讲，汽车的驾驶属于由人、车、路与环境四大要素所构成的一项系统工程。若想全面而系统地掌握驾驶技术，并且做到精益求精,大学生就必须对上述四要素力求知行合一,并首先掌握交通法规与基础的驾驶理论、驾驶知识。

(2) 取得合法资格

《中华人民共和国道路交通安全法》规定:"驾驶机动车,应当依法取得机动车驾驶证。""驾驶人应当按照驾驶证载明的准驾车型驾驶机动车;驾驶机动车时,应当随身携带机动车驾驶证。"[1] "公安机关交通管理部门依照法律、行政法规的规定,定期对机动车驾驶证实施审验。"[2] 遵守以上规定,是大学生取得合法的驾驶资格并且合法出行的基本保证。

(3) 细心维护车辆

在汽车驾驶中,驾驶者属于主体,被驾驶的车辆则属于客体。离开了设备完好、保养得当的被驾车辆,驾驶者若想畅行天下便好似痴人说梦。有鉴于此,每一名驾驶汽车的大学生都应当自觉地知车、爱车、护车、检车。具体来说,一是知车,即对自己所驾车辆要尽可能地多加了解;二是爱车,即对自己所驾车辆要爱护备至;三是护车,即对自己所驾车辆要细心地保养、维护;四是检车,即对自己所驾车辆要进行必要的定期检查与例行的每次出行前的检查。

2. 接受管理

大学生在其驾车外出期间,必须自始至终地遵法守规,无条件地服从公安机关交通管理部门的管理。下述各点,均应虚心了解,并遵照执行。

(1) 遵法守规

对于汽车的驾驶,《中华人民共和国道路交通安全法》以及《中华人民共和国道路交通安全法实施条例》均明确规定了各项相关的权利、义务与责任。经常驾车出行的大学生对此切莫一知半解、不以为然,甚至一无所知。

一是机动车驾驶证的有效期为 6 年,初次申领机动车驾驶证后的 12 个月为实习期。在驾驶人实习期内,对其不准驾驶的车辆类型有着详尽的规定。

二是驾车上路行驶,应悬挂其号牌,放置检验合格等标志,并随车携

---

① 中华人民共和国道路交通安全法 中华人民共和国道路交通安全实施条例[M].北京:中国法制出版社,2021:6.

② 同①,7.

带机动车行驶证和个人驾驶证。

三是驾车上路前,应对机动车的安全技术性能进行认真检查,不得驾驶安全设施不全或者机件不符合技术标准等具有安全隐患的机动车。

四是驾车者应当遵守道路交通安全法律、法规的规定,按照操作规范安全驾驶、文明驾驶。

五是饮酒之后,服用国家管制的精神药品或者麻醉药品,患有妨碍安全驾车的疾病,或者过度疲劳影响安全驾驶的,均不得驾车。

此外,在道路上学习驾驶,大学生应当按照公安机关交通管理部门指定的路线、时间进行;并应使用教练车、在教练随车指导下进行。

(2) 服从管理

驾车上路后,欲使此行安全而顺畅,大学生就必须虚心而自觉地服从公安机关交通管理部门依法所进行的各项具体管理。

一是要服从交警的管理。面对交通民警的指挥、检查、处罚以及其他各项管理,大学生驾车出行时必须无条件地予以服从。

二是要及时了解道路状况。驾车出行前,应充分掌握公安机关交通管理部门所发布的有关重大活动与道路维护的相关通告。行驶期间,亦应及时查看或收听相关路段临时实行交通管制的信息。

三是要定期进行车辆查验。依据法律法规,公安机关交通管理部门具体负责对机动车进行初次登记检验、核(补)发牌证、变更、转籍、过户、报废、停驶,以及定期检验。对驾驶机动车的交通违法、违规行为,公安机关交通管理部门将依法依规进行教育、处罚。处罚的具体方式,有警告、罚款、暂扣或者吊销机动车驾驶证、拘留。凡负有刑事责任者,将被依法追究。

四是定期缴纳费用。按照规定,每一部正常行驶的机动车均应定期缴纳车船税与"机动车交通事故责任强制保险"(简称"交强险")费。

3. 安全行驶

驾车外出之际,大学生必须坚持安全至上,时时谨慎驾驶,处处小心翼翼,绝对不当"糊涂虫""冒失鬼""傻大胆"。

(1) 树立安全意识

驾车外出的大学生必须自始至终地树立安全意识,以求防患于未然。具体而言,驾车外出的大学生一定要把安全意识付诸活动:该想的要想、该查的要查、该带的要带、该严的要严、该看的要看、该停的要停、该让的要让。

一是该想的要想。为了自己、家人与其他人,驾车外出的大学生应该凡事多想想安全与否。

二是该查的要查。为了减少交通事故，驾车外出的大学生开车上路之前应该多查查车况正常与否。

三是该带的要带。驾车外出前，应该随身携带机动车驾驶证与随车携带机动车行驶证。

四是该严的要严。驾车行驶期间，大学生应该对自己从严要求：过度地疲劳不开车；吃了令人嗜睡的药品不开车；饮酒之后不开车；情绪欠佳不开车；接打手机不开车；未系安全带不开车；患有妨碍安全驾驶的疾病不开车。以上"七不"，驾车的大学生必须牢记于心。

五是该看的要看。通过拥堵路段、陌生路段、照明或光线欠佳路段之前，应该先看清楚具体路况后再行驶通过。

六是该停的要停。遇到交通信号灯显示红灯、临时实行交通管制、行人通过人行横道，或者幼儿园、中小学生上学与放学，大学生驾驶的车辆需要停下来的话，则一定要停。

七是该让的要让。偶遇行人、其他机动车或非动车在道路上争先恐后，尤其是与自己所驾驶的车辆争抢道路时，应该为其让道。

(2) 采取安全措施

为了确保自己的安全行驶万无一失，大学生有必要主动地采取行之有效的安全措施。

一是检查自身服饰。诸如美瞳、拖鞋、高跟鞋一类可能有碍于安全驾驶的服饰，大学生驾车时务必敬而远之。

二是了解道路特点。通过熟悉路段时，仍须保持警惕；通过平坦道路时，不可麻痹大意；通过高速公路时，需要保持合规合理的车速；通过窄路、胡同、坡路、弯道、隧道、坑洼、沟槽、泥泞、积水、积雪、冰封等难行的路段时，则需要依照具体情况减速或限速。

三是警惕异常天气。遭遇台风、暴雨、大雪、雾霾、沙尘暴等异常天气时，大学生应减少驾车外出。万一有此必要，则务必及时了解天气变化与道路管制状况。

四是妥善处置险况。驾车外出时一旦遭遇危险状况，不论自己所驾驶的车辆出了问题，还是前方道路或其他车辆出了问题，大学生都应当沉着冷静，安全而理智地对其加以处置。

4. 文明行驶

《中华人民共和国道路交通安全法》明文规定："机动车驾驶人应当遵

守道路交通安全法律、法规的规定,按照操作规范安全驾驶、文明驾驶。"[①]
由此可见,大学生在驾车外出之际,文明驾驶与安全驾驶同等重要。

具体而言,文明驾驶车辆的基本要求是:礼让他人。亦即:礼让行人;礼让非机动车;礼让其他机动车。

(1)礼让行人

驾车外出时,大学生对行人应当礼让三先,即先让、先慢、先停。遇到老、弱、病、残、孕以及携带儿童者,尤其应予礼让。

遇到雨雪天气,经过行人身旁时,一定要立即减速,以防届时被溅起的污泥浊水弄脏了对方。

(2)礼让非机动车

一旦遇到自行车、平衡车、滑板车、轮椅车、架子车、畜力车以及摩托车、电动自行车,驾车的大学生应尽量避免与其并行。若有可能,届时应与之错开行驶。

(3)礼让其他机动车

驾车外出时,遇到军车、警车、消防车、救护车、工程救险车以及外宾车队,大学生务必要对其加以礼让。

驾车上路后,大学生应当具有平等待人的意识:大车不能欺负小车;新车不能欺负旧车;高档车不能欺负低档车。与此同时,老司机应当礼让新司机;男司机应当礼让女司机;本地司机应当礼让外地司机;中国司机应当礼让外国司机。

驾车行驶的过程中,大学生应当一如既往地礼让三先。特别应当在此提及的是:切莫强行超车、强行并道,切勿挤占其他机动车的行车道。至于长时间霸占超车道、随意倒车、乱开远光灯亦为违规行为,并且失礼之至。

在停车场上,不要乱抢、乱占车位;不要横跨、多占多个车位;不要因为停车的位置不当而阻碍了其他车辆的出入。

四、乘坐汽车

在日常生活里,大学生乘坐汽车的机会甚多。在正常场合乘坐汽车

---

① 中华人民共和国道路交通安全法 中华人民共和国道路交通安全法实施条例[M].
北京:中国法制出版社,2021:7.

时,上下车的顺序、就座时的座次、乘车时的表现等,无一不与礼仪密切相关。以下,就来简介乘坐公共汽车、有轨电车、地铁、轻轨以及轿车时,大学生所应当恪守的主要礼仪规范。

1. 上下车的顺序

上下汽车时,顺序问题十分重要。从总体上讲,上下车时必须礼让他人。但是具体来说,车辆的类型不同,则又有其各不相同的具体讲究。

(1) 乘坐公共汽车、有轨电车、地铁或轻轨

乘坐公共汽车、有轨电车、地铁或轻轨时,需要注意的有关顺序的礼仪问题主要有四个方面:

一是上车依次排队。需要上车的人数较多时,一般讲究先来后到,排队依次上车。唯有老、幼、病、残、孕以及携带儿童者,方可优先上车。在理当排队上车时,切勿蜂拥而上,切勿不讲顺序地与别人乱挤,切勿加塞插队。

二是依规先下后上。在上下车时,一般的惯例是“先下后上”。它的含义是:当车上的乘客首先下车后,车下的乘客方可随后上车。假如不遵守这一规则,上下车的乘客就会彼此交错、混乱不堪,而且还会造成拥塞,因此而浪费大家的时间。

三是在指定处上车。上车时,必须在规定之处。有些无人售票的汽车要求乘客“前门上,后门下”,或者“中间上,两边下”,乘客切不可反其道而行之。

四是下车提前准备。需要下车时,应当提前有所准备,主动向车门靠近,不要在车停之后才急忙那样做。倘若有不少人同时需要下车,则亦应讲究先来后到的顺序,自觉地依次下车。

(2) 乘坐轿车

轿车,是国内对小客车的俗称,有时亦称为小轿车。在乘坐轿车时,需要注意的有关顺序的礼仪问题主要包括下列三点。

一是后上先下。在一般情况下,大学生与他人一道外出乘坐轿车时,均应“后上先下”,即后上轿车,先下轿车。这是合乎礼仪的标准做法。

二是方便为要。有些时候,由于轿车上的具体座次安排所限,大学生在上下轿车时难以做到“后上先下”。此时此刻,则不必非要墨守成规。

三是车后绕行。依照交规,国内的轿车均停靠于道路右侧。因此需

要在中排、后排左座上就座,而右座上已有他人在座时,应从车后绕行上下车,而不宜在就座者身前强行通过,或从车前绕行。

2. 就座时的座次

在车上就座之时,如有他人同时在座,通常应当对具体座次的尊卑适当地加以注意。具体而言,乘坐轿车的座次问题讲究最多。

(1) 乘坐公共汽车、有轨电车、地铁或轻轨

乘坐公共汽车、有轨电车、地铁或轻轨时,在座次方面的基本讲究大致包括如下五点。

一是前面的位置高于后面的位置。在公共汽车、有轨电车、地铁或轻轨的某一节车厢内就座时,因前面的位置颠簸较少,故其被视为上座。

二是面向前方的位置高于背对前方的位置。在车上就座时,面向前方的位置在视觉上令人舒适,背对前方的位置在视觉上则令人别扭,所以前者高于后者。

三是位于右侧的位置高于位于左侧的位置。由于"以右为尊"是交通工具上普遍适用的位次排列规则。因此,当车上的座位在车厢两侧面对面时,一般应根据车辆行驶的方向为准,以位于右侧的位置较位于左侧的位置为高。

四是位于内侧的位置高于位于外侧的位置。当车上的每排座椅规定不止一人就座时,通常认为受干扰较少的内侧座位较受干扰较多的外侧座位为高。在一般情况,临窗的座位因其视野最为开阔,故被视为车上的最佳座位。

五是正式的座椅高于临时的座椅。在有些车辆上,座椅有正式与临时之别。在正常情况下,大凡正式的座椅均在座次排列上优于临时的座椅。

(2) 乘坐轿车

为轿车具体确定座次时,座椅排数、座位数量与方向盘位置不同的轿车具体上通常讲究有别。而在同一种轿车上,驾车者的具体身份对其座次的安排亦有相当大的影响。以下分别介绍的是国内轿车(方向盘居左)的几种座次排列方式。

一是双排五座轿车。此种轿车,目前在国内最为多见。当主人驾车时,其座次自高而低依次应为:前排右座,后排右座,后排左座,后排中座。当专职司机驾车时,其座次自高而低则应为:后排右座,后排左座,

后排中座,前排右座。

二是双排六座轿车。当主人驾车时,其座次自高而低应为:前排右座,前排中座,后排右座,后排左座,后排中座。当专职司机驾车时,其座次自高而低则应为:后排右座,后排左座,后排中座,前排右座,前排中座。

三是三排七座轿车。当主人驾车时,其座次自高而低依次应为:前排右座,后排右座,后排左座,后排中座,中排右座,中排左座。当专职司机驾车时,其座次自高而低依次则应为:后排右座,后排左座,后排中座,中排右座,中排左座,前排右座。

四是三排九座轿车。当主人驾车时,其座次由高而低依次应为:前排右座,前排中座,中排右座,中排中座,中排左座,后排右座,后排中座,后排左座。当专职司机驾车时,其座次由高而低依次则应为:中排右座,中排中座,中排左座,后排右座,后排中座,后排左座,前排右座,前排中座。

五是多排座轿车。所谓多排座轿车,在此是指四排和四排以上的多座轿车,亦可称之为大轿车。不论何人驾车,多排座轿车的座次都讲究由前而后,自右而左,并依照其距离轿车前门的远近而依次进行排列。

3. 乘车时的表现

在乘车的具体过程之中,大学生对于自己的表现一定要认真加以注意。不论有无熟人在场,不管是否有专人进行管理,大学生在车上的具体表现都绝对不应当于礼不符。在下列三个基本方面,大学生尤须注意。

（1）主动让座

与他人一同外出乘车时,大学生应当主动请对方在上座就座。当座位不够时,则应当恳请对方首先入座。在车上就座时,假如遇到中途上车而无座位的老、幼、病、残、孕以及携带儿童者,大学生还需主动发扬互助友爱的精神,将自己的座位让给对方。不要自以为理所应得,而对对方熟视无睹。应当说明的是,乘坐轿车时,务必应当自觉遵守乘车的额定人数,切勿随意违规而使轿车超载。

（2）注重安全

在乘车时,尤其是乘坐网约车或与人拼车外出之时,大学生一定要谨记安全至上。无论如何,都不要因为忽略乘车安全而自找麻烦。在上车时,一定要等待车辆停稳。在上下车辆的具体过程中,与身前身后之人要尽可能地保持一定的距离,不要推挤、践踏对方。不论坐在前排还

是后排,乘车期间均应自觉系上安全带。当车辆启动之后,千万不要逞一时之勇,而去追车、扒车或者跳车。在车辆行驶期间,不要主动与司机攀谈,免得分散其注意;不要在车窗、车厢连接处等危险的地方就座,更不要信手向窗外乱扔东西。忽略他人的安全,同样也是不应该的。在任何情况下,都绝对不要搭乘陌生人的私家车或无照经营的"黑车"。此外,"乘车人不得携带易燃易爆等危险品,不得向车外抛洒物品,不得有影响驾驶人安全驾驶的行为。"[①]

（3）严于律己

在乘车期间,大学生必须处处严格要求自己。具体而言,一是不要争抢座位。在乘车时争抢座位,是极其不文明的表现。二是不要设置路障。在乘车时,既不要在通道上乱放东西,也不要乱伸自己的腿脚,以防阻挡他人。三是不要连吃带喝。在乘车时又吃又喝,往往会给自己的周围之人造成不便。四是不要妨碍别人。乘车时,应使自己的身体距离其他人尤其是不相识者或者异性稍远一些,下雨时所用的雨衣、雨伞或雨披等物亦应在上车后立即收好。五是不要坐特殊座。在公共汽车、有轨电车、地铁或轻轨上,通常都设有专为老、幼、病、残、孕预留的特殊座位,其他正常人均不宜在此就座。

五、乘坐火车

在远距离外出时,中国人目前主要选择乘坐经济实惠的火车,大学生自然也不会例外。在乘坐火车时,不但旅程漫长,时间较久,而且乘客甚多,难免你来我往,彼此接触较多,因此大学生有必要学习并掌握基本的乘坐火车的礼仪。

1. 持票就座

乘坐火车时,不论任何人,均应自觉地持票上车。具体而言,有以下四点必须牢记不忘。

（1）预先购票上车

大学生在乘坐火车之前,必须依照规定在车站或网上预先购买车

---

① 中华人民共和国道路交通安全法　中华人民共和国道路交通安全实施条例[M].北京:中国法制出版社,2021:14.

票。万一来不及购票,应在上车之前预先进行声明,并且在上车之后尽快补票。持月票、磁卡通票、纸质车票、电子客票或身份证上火车时,亦应按规定将其出示,进行检票、刷卡或验票。若购买的是学生票,则检票时往往还需要出示本人的学生证。

(2) 乘坐指定车次

按照常规,持票乘坐火车时,只能够乘坐票上所明确规定的车次。不仅如此,在乘坐火车时,其具体区间亦须遵守票上所作的规定。这样做,主要与乘客所支付的乘车费用直接相关,而且也是防止乘客误乘火车而南辕北辙的必要措施。

(3) 乘坐指定座位

目前,火车在我国具体上有高铁、动车、城际列车、普通列车之分,普通列车亦有特快、普快与慢车之别。在同一列火车上,卧铺与座席、软席与硬席、商务座与普通座(含一等座、二等座)等,往往在舒适程度、服务标准方面存在一定的差别。其具体票价,自然也不可能完全一致。因此,大学生在乘坐火车时,只能在指定的车厢、指定的铺位或座位上就座。

(4) 一人一票一位

在一般情况下,人们在乘坐火车时,只能够一个人一个座位或者一个铺位。在火车满员或者超载时,尤其应当强调这一点。大学生在乘坐火车时,不要指望多占座位,而漠视其他无座位者的存在。当车上乘客超载时,大家应当互谅互让。必要时,大学生应当主动为老、幼、病、残、孕或携带儿童者让座。

2. 位次尊卑

与别的交通工具进行比较,火车上的位次尊卑问题相对而言不甚明显。但是,这并不等于说,乘坐火车时可以对位次的尊卑毫无讲究。在具体确定火车上的位次时,有如下四点应当予以注意。

(1) 舒适之处为上

在火车上,较为舒适的车厢和座位,理当被视为上座。例如,卧铺较座席为佳,软席较硬席为佳,商务座较普通座(含一等座、二等座)为佳等。

(2) 方便之处为上

火车上行动方便的位置,一般都被视为上座。就座席而言,内侧的位置高于外侧的位置。就卧铺而言,下铺高于中铺,中铺则又高于上铺。

（3）面向前方为上

不论卧铺还是座席，在火车上均以面对火车行驶的方向为上位，而以背对火车行驶的方向为下位。究其原因，主要在于前者令人感觉比较自然。

（4）临窗之座为上

乘坐火车时，如果靠近车窗就座，不仅视野开阔，可以饱览窗外的山川秀色，而且空气清新，可以使人免于晕车，故此这一位置被视为上座。

3. 重在休息

由于乘坐火车者大多是在进行长途旅行，为了保存体力，一般而言，休息乃是人们乘车时的第一要旨。不论自己精力多么充沛，大学生乘坐火车时均应切记此点。

（1）细声细语

在火车上，不论白天还是在夜间休息的时间里，都要尽量保持安静，不要无意之中制造了有碍他人休息的噪声。在交谈时，应当尽量调低自己的音量。在收听音乐、打扑克牌、玩游戏机，或者接打手机、观看视频、使用社交软件时，都要使之声音愈小愈好。即使是走动、取物、开关门，也要轻手轻脚。

（2）与人方便

当自己身边的乘客显得疲倦困乏或者已在休息时，要想方设法避免对对方造成干扰，尽量减少自己的走动，尤其是不要反反复复地开灯、关灯。在此时收拾整理自己随身携带的物品，是极不自觉的表现。万不得已需要走动时，尽量不要碰撞对方或者请求对方挪动位置。不要找对方交谈。当自己在卧铺上就寝时，应当头部朝向通道。倘若使自己双脚朝外，睡相既不雅致，又可能会影响在通道上行走的其他乘客。

4. 举止适度

大学生在乘坐火车时，务必要对自己的举止行为严格要求。以下三点，特别应当加以注意。

（1）应对得体

在乘坐火车时，大学生可以与自己周围的乘客在两相情愿的前提下进行适度的交际。主动找人交谈时，不要让对方勉强。他人找自己交谈时，一般应当予以合作。乘务人员进行查票、验票时，要积极配合，并且以礼相待。不论与任何人交谈，都要检点态度、注意内容，既不要目中无人、言词傲慢，也不要信口开河，东拉西扯。

（2）装束得体

大学生乘坐火车时的具体装束,应当体现出本人的良好教养。在活动方便的前提下,必须对其文明与否给予高度的重视。在外人面前,大学生切不可失之于自尊。不可动辄打赤膊,不可在车上穿着过于短小的背心、短裤、短裙或内衣、内裤招摇过市。需要更换衣服时,通常应当前往洗手间内避人耳目。赤脚踏在座椅上、蹬在他人的椅背上,或者当众脱衣、脱袜,都是有碍观瞻的。

（3）饮食得体

在火车上,大学生对于享用饮食时的所作所为,需要认真地加以注意。有可能的话,最好去餐车就餐。在车厢内用餐时,应当"速战速决",并且不要享用气味刺鼻的食物。不要对自己剩余的食物置之不理,或者将其扔到地上、窗外等处。不要在车厢内吸烟,尤其是不要在禁烟的车厢内吸烟。当自己用餐时,可请身边的其他乘客加以品尝。当对方如此对待自己时,则宜婉言谢绝。

六、乘坐轮船

轮船,在此是指大型机动客轮。它是水上长途交通的现代化工具。当大学生需要跨越江河湖海,尤其是在其进行旅游观光时,乘坐轮船前往目的地不失为一种合理的选择。

大学生在乘坐轮船旅行时,既要遵守通行于世的有关规则,又要对相关的礼仪规范有所了解。具体来讲,在确保安全、各就各位以及和睦相处等三个方面,均应处处依礼而行。

1. 确保安全

乘坐轮船旅行时,安全第一。这一点,是大学生绝对不容忽视的。对于没有乘坐轮船经验的大学生来讲,安全问题则更为重要。在乘坐轮船时所要特别注意的安全问题,主要具体涉及下列四点。

（1）上下有序

在上下轮船时,一定要按照先来后到的顺序排队,并且自觉地依次而行。在正常情况下,上船或下船时,都要争取与身前身后之人保持一定的距离,并且全神贯注、小心翼翼。这么做,既是讲究社会公德,也是为了确保安全。在上下船时假如一拥而上、乱挤乱跑,通过舷梯时就难以保证不出现闪失。此刻东张西望,对脚下毫不留神,则很有可能会险象环生。

（2）活动有规

在乘船旅行途中,进行室外活动亦有一定之规。凡有碍安全的地方,大学生均应敬而远之,切勿为了逞英雄、充好汉而去拿自己的生命安全冒险。诸如船上的轮机舱以及桅杆、救生艇等处,均非可供常人观光戏耍之处。至于没有护栏之处,则更不宜只身前往。在夜深人静或者风大浪险之际,尽量不要在甲板上自我陶醉、流连忘返。否则,被风浪无情地卷入水中,或者失足落水的可能性都是很大的。

（3）离船有忌

乘船途中,若未经允许,任何乘客均不得擅自离船进行自由活动,尤其是严禁不告而辞。以下两种擅自中途离船的情况,特别应当被禁止。一是擅自下水游泳。当轮船所在的水域状况不甚明了时,下水游泳无异于自投罗网。二是擅自登陆上岸。在轮船因故暂时靠岸并禁止乘客登陆时,切勿反其道而行之。

（4）逃生有法

万一在乘船旅行途中遇上了难以预料的天灾人祸,例如撞船、触礁、劫船、沉船、台风、火灾等,大学生一定要处变不惊,与其他乘客一起同舟共济、进行自救,并且在力所能及之时给予他人援助。需要弃船逃生时,应当听从船员的指挥,不要惊慌失措、夺路而逃,更不要急不择路。

2. 各就各位

在乘坐轮船时,具体的顺序、座次有着一定的讲究。大学生对于这一方面的礼仪规范,必须既了解,又遵守。在如下三个方面,尤其不可随随便便。

（1）上下轮船的顺序

上下轮船时,顺序上是有一定讲究的。除要遵守先来后到、依次排队而行的规定之外,与同行者的先后顺序通常颇有讲究。正确的做法是:在上船时,应当主动请同行之人居前而行,尤其是应当请同行的老师、长辈、妇女、儿童走在自己的前面。而在下船通过舷梯时,则应当自己居前而行,而请同行之人走在身后,尤其是应当请同行的老师、长辈、妇女、儿童走在自己的后面。

（2）客舱之内的位次

船上专供乘客休息的客舱,一般都是分档次、讲位置的。根据常规,以垂直于水平面而论,越是往上的舱位便越是舒适,其位次因而也就越高。在同一平面的舱位之中,通常单人间优于双人间,双人间优于多人间,多人间则又优于通铺。在同一档次的舱房之中,距离通道出口处越近,一般位次便越高。而就普通的多人住宿的客舱来讲,卧铺高于座席,软席高于硬席,下铺高于上铺,空调席高于非空调席。具体到某一间双人或多人住宿的客舱内,则以距离舱门远者为上位,距离舱门近者为下位。

(3) 就座于规定之处

在轮船上,不同档次的舱位通常在票价上相去甚远。因此,凡购买标有座号、铺号的船票者,均应自觉对号入座。不要占据、争抢不属于自己的位置,也不要随便与其他不相识的乘客互换座号或铺号。倘若自己所持的是散座船票,则上船后应当在指定之处就座,并且一人一座。既不要多占位置,也不要再三调换自己的位置。

3. 和睦相处

乘坐轮船时,大学生与船上的其他一切同船之人均应友好相处,彼此之间以礼相待。在下列三点上,尤须认真注意。

(1) 照顾同行之人

当大学生与自己的老师、同学或亲朋好友一同结伴乘船时,应当对对方给予力所能及的帮助。在客舱之内休息时,应将较好的位置让予对方。在日间活动时,应当主动与对方在一起进行交谈、娱乐,或者共同外出观光、散步。发现对方身体不适,或者晕船之时,应当积极为其寻医找药,并且对对方进行安慰和照料。在任何情况下,都不应当在乘船时见异思迁,有意或无意之中疏远或者冷落自己的同行之人。

(2) 礼待其他乘客

乘船之时,可以适度地与其他乘客进行交际活动。与其他乘客进行交往时,勿忘待之以礼。在船上,只要双方情愿,大学生完全可以同自己所遇到的任何人进行交往。大家可以在一起谈天、散步、娱乐,甚至是共同进餐,但是不要忘记给对方留下私人活动的时间。与异性进行交往时,既要光明磊落、大大方方,又要讲究分寸,不要对对方热情过高,更不要与对方如影随形。与其他乘客交谈时,对于海难、劫船、台风等一类耸人听闻的话题应当免谈。当刚刚结识的同伴,特别是异性乘客对自己热情相待时,既不要自作多情、受宠若惊,也不要对对方来者不拒、毫无戒心。

（3）尊重全体船员

按照乘船礼仪的基本规范，任何身份的乘客在搭乘客轮时，都要给予全体船员以应有的尊重。大学生在乘船旅行时，对此务必要加以重视。以下四点，特别应当尽力做好：一是要尊重船员的人格，不要对对方颐指气使；二是要感谢船员的服务，不要自觉受之无愧、理所当然；三是要配合船员的工作，不要有意无意给对方平添麻烦；四是要听从船员的管理，不要一意孤行。

七、乘坐飞机

目前，飞机是最为先进的交通工具。它一方面具有安全可靠、快速便捷、轻松舒适等显著的优点，另一方面对其乘客在礼仪方面也有着更高的要求。在日常生活里，大学生有必要认真而系统地学习并掌握乘坐飞机的礼仪规范。

大学生所应掌握的乘坐飞机的礼仪，具体而言，主要涉及严守规定、尊重他人、自尊自爱等三个方面。

1. 严守规定

为了确保飞机的飞行安全，民航方面对于乘客在乘坐飞机时的表现，有着一系列明确而具体的规定。对此如果违犯，有时不仅会受到严厉的批评，而且还有可能被依法进行惩处。

（1）购买机票

在我国境内购买机票时，不论网上还是现场均应使用本人的有效证件，诸如居民身份证、学生证等，否则不能购票。购买机票时，必须提供购票者的真实姓名与正确的证件号码。购票之后，可以按规定退票，但不得转让他人。专门优惠学生的机票，通常在其具体航班或时间上还会有所规定。

（2）携带行李

因飞机载重量有限，所以对乘客随身携带或交付托运的行李的件数及其重量、尺寸都有专门的规定。在我国，持头等舱票者，每人可随身携带两件物品。持公务舱或经济舱者，每人则只可随身携带一件物品。每件物件的重量不得超过 5 千克，其体积应限制在长 55 厘米、宽 40 厘米、高 20 厘米之内。乘坐飞机时，每位乘客均可免费托运一定数量的行李。具体的数额是：头等舱 40 千克，公务舱 30 千克，经济舱 20 千克。超额的行李则应付费托运。凡托运的行李,每件不得重于50千克。除包装完好之外,其体积应限制在长100厘米、宽60厘米、高40厘米之内。凡违规物品,均不能够交付托运。

(3) 登机检查

在登乘飞机之前,每位乘客均应依照有关规定接受例行的检查:一是要出示个人有效证件与登机牌;二是要接受个人安全检查。所谓安全检查,在此是指对每一位乘客及其随身所带物品进行的以维护航空安全为目的的技术检查或者手工检查。按照规定,枪支、弹药、刀具、利器、酒类、超限化妆品、易燃易爆物、剧毒放射物,以及水银温度计、超限移动电源,均不得携带登机。

(4) 乘机期间

乘机旅行期间,对于所有乘客的个人行为亦有一定的规定。在飞机起飞或降落时,应在座位上坐好、系上安全带、调直座椅、打开遮光板,并且收起面前的小桌板。当飞机颠簸时,不要起身站立、四处走动,不得使用卫生间、取放个人行李。凡禁止触动之处,均不得随意乱摸乱动。机上专用的救生器材,不得私自携带下机。在飞行期间,一切有碍于飞机正常工作的电子用品,诸如手机、笔记本、平板电脑、电子玩具、电子游戏机等,均禁止使用。

2. 尊重他人

乘坐飞机期间,大学生作为有教养的年轻一代,必须处处尊重其他人,否则就会使自己显得少调失教,从而贻笑大方。

(1) 尊重机场工作人员

大学生在上飞机之前、下飞机之后,都要始终如一地对机场工作人员表示应有的尊重。享受对方所提供的服务之后,要向对方道谢。得到对方的帮助之后,亦应不忘致谢。办理登机手续与登机时,勿忘彬彬有礼。接受对方的检查时,则应全力进行配合,既不要有意为难对方,更不要借机对对方吹毛求疵。乘坐运送乘客的摆渡车或轻轨时,务必要依次排队,并礼貌待人。

(2) 尊重机上乘务人员

乘机期间,对机上的所有乘务人员,不论对方是同性还是异性,都要礼貌有加。在上下飞机时,对于来自对方的问候要积极回应。当对方为自己送上食物、饮料、书刊、纪念品时,勿忘向其道谢。请求对方帮助时,不要给对方出难题。可以自己解决的问题,则最好不要去麻烦对方。当对方对自己提出建议时,一般均应欣然接受,而不宜顶撞对方。

（3）尊重其他同行乘客

乘机旅行的时间通常较短,因此在机上与其他乘客进行交际的时间较少。虽则如此,亦应注意下列五点:一是上下飞机要排队依次而行;二是在机上走动或摆放行李时不要阻挡别人;三是不要因为个人行为不检点而影响别人休息;四是不要围观和纠缠名人、明星、异性或者外宾;五是不要拒绝与别人进行交谈。

3. 自尊自爱

大学生在乘坐飞机期间,有必要以实际行动体现出自己的自尊自爱。在下列六点上,尤应多加注意。

（1）不大声喧哗

当别人休息时,尤其是在飞机夜间飞行时,千万不要高声谈笑、喋喋不休或放声高歌,从而有碍于其他乘客的休息。此时如有必要说话,则声音愈低愈好。

（2）不危言耸听

在飞行期间,不要对飞机的性能说三道四,尤其是不要谈论有关劫机、撞机、坠机或其他飞行事故。否则既吓唬了别人,还有可能因此而使自己的行为违法。

（3）不乱走乱动

不要在飞机飞行期间从座位上进进出出,或者在通道上走来走去。身前的小桌板、身后的椅背,亦不得反复调试,不然就会令自己的身前、身后之人感到厌烦。

（4）不乱伸手脚

不论自己周围的座椅或通道上是否有人,均不应将自己的手脚随意乱伸出去。在任何情况下,都不要触及其他乘客的身体。至于将身子躺在别人的座椅上或将自己的腿脚搭放上去,则更是不可以。

（5）不当众更衣

万一有必要在机上更换衣服,应前往洗手间进行,而不宜当众进行。随意在机上脱去袜子,虽说较为舒适,但因其污染空气,亦为不雅之举。

（6）不占小便宜

在机上享用免费的食物、饮料时,应当量力而行,不要让自己显得欲壑难填。机上专用的报刊、画册、毛毯、枕头、靠垫等物,包括自己所使用过的餐具,均不得私自带下飞机占为己用。

第五节　书信

作为大学一年级新生,赵俊有一个与众不同的特点。一方面,他平日非常渴望收到亲朋好友的来信;另一方面,他又十分懒于动笔回复他人的来信。即使回复别人一封短信,他也非要拖到对方来信十天或半个月之后再说。久而久之,赵俊收到的来信便越来越少。到后来,除去父母的来信之外,他几乎再也接不到任何人的来信了。

对于个中原委,赵俊百思不得其解。他还多次私下埋怨亲朋好友早已忘记了自己。其实,他的问题是出在未能自觉遵守书信礼仪上。与别人通信时,基本的礼仪是:双方对等;有来有往。赵俊对待别人的来信长时间地来而不复,那么谁还会愿意与其保持联络呢?

通信,即书信的往来,是人际交往之中迄今为止最古老、最实用的一种联络方式。个人与个人、个人与组织、组织与组织之间,都可以利用书信往来而传递信息、互通情报、交流思想、表达情谊、巩固友谊、加强合作、密切关系。

在现代生活里,尽管新的联络方式随着科学技术的进步而层出不穷、令人目不暇接,但书信所具有的独特作用,例如,可藏性、纪念性、实物性等,却始终是其他新的联络方式难以替代的。总之,对大学生而言,在人际交往之中适当地巧用书信进行联络,并不意味着自己落伍守旧。与此相反,掌握必要的书信礼仪,在人际交往中适时地利用书信与别人保持联络,依旧是大学生应予认真重视的。

作为一种古老的联络方式,书信的相关礼仪规范极多。书信礼仪,即有关书信的具体规范化做法。概括地说,最基本的书信礼仪主要体现在书信的格式与通信的技巧等两个方面。

一、书信格式

书信的格式,亦称书信的程式,它通常指的是书信的标准化布局结构与写作法则。一封正式的书信,在人际交往之中如果想要既发挥其正常功效,又不至于失礼于人,最重要的就是务必要使之在具体的格式上中规中矩,尽可能地不出现任何差错。

在正常情况下,人们所写的每一封书信,都由信文与封文等两大基本部分所构成。因此,在具体的格式上,信文与封文都必须遵守各自的礼仪规范。

1. 信文的要求

信文,指的是在书信之中被人们直接写在信笺之上的文字,所以它又叫作笺文。在常规情况下,信文既是一封书信中的主体部分,也是写信人写作与收信人阅读的重点之所在。

就具体格式而言,每一封正式书信的信文,大致上都是由信文前段、信文中段和信文后段等三个主要部分所构成的。一般来说,在一封书信里,三者必须一应俱全,缺一不可。在每一封书信里,它的三个具体组成部分在格式方面各自均有一系列的具体要求。

(1) 信文前段

信文前段,通常指的是信文的起始部分。在我国民间,信文前段又被叫作信文的开头。过去,人们对它讲究极多,不仅通常要采用专用的文言文词语,而且还要选择与通信双方彼此身份相称的提称语、启事敬词以及应酬语等敬语、谦词。今人写信,自然不必再去刻意仿古、复古,没有必要照抄照搬早已时过境迁的繁文缛节,然而在信文前段使用必要的称谓语、问候语,依旧还是一种必不可少的基本礼貌。目前,信文前段即由这两部分组成。

一是称谓语。所谓称谓语,在信文之中是指写信人对收信人所采用的具体称呼。在信文里,它通常都位于开篇之处。写信人在选择书信中的称谓语时,应当兼顾收信人的性别、年龄、职业、身份以及双方之间的具体关系。依照惯例,称谓语应当在信笺的首页首行顶格书写。这是对收信人尊重的一种特殊的表示。

二是问候语。所谓问候语,在书信之中是指写信人对收信人所进行的正常问候。它不仅应当体现出写信人对收信人的敬重、友好之意,而且还必须符合收信人的具体习惯。在比较讲究的正式书信里,所使用的问候语大都约定俗成。这一部分内容,一般均不应随便略去。在写信时,问候语按照规矩一般都应当接着称谓语另起一行,写在信笺的第二行上,并且还必须在其开头之处空出两格。

（2）信文中段

信文的中段，通常被人们叫作信文的正文。实际上，人们在具体写作一封书信时，至此方才"言归正传"，所以这一部分是书信的核心部分和主要内容。

在一般情况之下，信文的中段可长可短、可繁可简，需要写信人在写信时具体情况具体对待，而无过于严格的限制。但是，从根本上来说，言事则是对它的总体要求。所谓言事，指的是叙述正事、转入正题。它要么是介绍情况，要么是答复疑问，要么是提出建议，要么是有所要求。总而言之，它是有话要讲，有事要办。倘若在信文中段无事可言，或者没话找话，令人不知所云，则必然会使一封书信的实际价值与重要程度大大地降低。因为一封书信若是没有任何实质性内容，那么就会使它变成可有可无的了。

按照常规，信文的中段不再进行具体的划分。它应当紧接着问候语之后书写。可以不再分段，也可以另起一段书写。通常认为，另起一段书写信文中段的做法最为正规。采用这一做法时，头一行应当空出头两格，此后转行顶格书写。根据实际需要，信文中段可以再进行分段。分段之后，书写每一自然段时，头一行均应空出两格，此后再转行顶格书写。

在正常情况下，一封书信可以只叙一事，也可以兼叙数事。兼叙数事时，为了层次分明、条理清晰，令收信人一目了然，每叙述一件事情，原则上都需要另外再起一段。

（3）信文后段

信文后段，位于信文的正文之后，它属于信文的结束部分，犹如信文的尾声，所以又称信文的结尾。在一封正式的书信里，信文后段绝对不是可有可无的。只有认真写好这一部分，才有可能使之有头有尾、有始有终，不至于由于虎头蛇尾而令人非议。

依照书信礼仪的基本规范，信文后段基本上可以由下述五个具体部分所组成。它的前三者通常必不可少，后两者则可有可无。

一是结束语。所谓结束语，一般是指写信人专门写在书信结尾之处的客气话和按惯例所应当采用的敬语、谦词。它的作用是呼应正文，宣告信文到此完结。具体来讲，这一部分在信文里可以自成一个自然段书写，也可以紧接着正文的最后一段书写，不再独立分段。

二是祝福语。所谓祝福语，又叫作祝词，它是写信人特意写在信文结尾,用来向收信人表达良好祝愿的词语。根据常规,它大都应当采用固定的习惯用语,并且分成两行书写。它的第一部分,例如"祝""颂",可以直接写在结束语之后,也可以单独另起一行,并且空出头两格。它的第二部分,例如"春安""夏祺""秋绥""冬宁",则应单独成行,并且顶格书写。

三是落款语。所谓落款语,指的是写信人写在信末的下款。一般来说,它具体又分为自称、署名与写信日期等三个部分。自称,是写信人对自己的称呼,它多用谦称。有的时候,信上可以不写自称。署名,一般应为写信人的全名,有时也可以写名而不写姓。写信日期,通常以越详尽越好,既可以具体到年月日,也可以只写月日,甚至还可以具体到时、分。自称与署名,应在祝福语之后另起一行连在一起书写,并且应当偏向信笺的右侧。写信日期有两种具体写法:要么可与自称、署名同行书写,并且位于其后;要么则另起一行,书写在自称、署名的正下方。

四是附问语。所谓附问语,指的是写信人对收信人身边亲友的附带性问候,或者是写信人代替自己身边的亲友问候收信人及其身边的亲友。当关系密切者通信时,附问语时常不可或缺。按照书信礼仪的基本规范,为了显示郑重其事,附问语一般均应另行书写,并且独立成为一个自然段。它的具体位置,可以是在结束语之前,也可以是在落款语之后。

五是补述语。所谓补述语,又被叫作附言,它所指的是写信人在写完信文的正文之后,自觉还有必要补充的内容。如果有可能,在一封书信里补述语最好不要出现。越是正式的书信,这一点便显得越是重要。唯其如此,方才可以显示出写信人在写信时的三思而行。写毕书信的正文之后万一非常需要再补上这一部分的话,按规矩应当将其写在全部信文的最后。通常需要使之以"又及:"或"又启:"开头,独立成段,空出头两格书写,并且一定要力求简明扼要。不要将它在信文之中胡乱穿插,或者在信笺之上四处乱写。不要任其变为长篇大论,甚至在篇幅上长于信文的正文,从而显得本末倒置。

2. 封文的要求

封文,通常是指写信人在信封上按照规定所书写的文字。人们在通信时,尤其是在互通正式信件时,用以装存、保护信笺的信封必不可少。因此,封文被视为一封完整的书信中不能缺少的重要内容。

书写书信的封文时,大学生必须认真依照有关规范去做。做到了这一点,至少可以有三大好处。首先,能够保证书信及时无误地到达收信人的手中。其次,能够反映出发信人对书信传递者的尊重程度。最后,能够直观而形象地体现出写信人个人的文化素养。

目前,在国内所通行的标准封文,一般都由收信人地址、收信人称谓以及写信人落款等三大部分所组成。除此之外,在信封上随意再加写其他任何内容都是不适当的。至于将附言等本属信文的内容乱写在信封背后,不仅会破坏信封自身的美观程度,而且还存在使通信内容暴露的可能。

根据封文不同的情况,它通常分为两种不同的形式。

(1) 交寄书信的封文

交付邮局正式邮寄的书信,其封文理当最为正规。以下简述其各个组成部分的具体要求。

一是收信人地址。在正式交付邮寄书信的封文里,收信人的地址是自然不可缺少的。不仅如此,在具体书写收信人地址时,还应当使之规范、完整、准确。做不到这一点,就会使之难以被送达。完整的收信人地址,原则上应当包括省、市(县)、区(村、镇)以及街道名称和门牌号码。其中的任何一项,都不要随便省略。国内目前通行的信封多为横式。使用横式信封书写收信人地址时,应当自左而右在信封上方书写。可以写成一行,也可以分作两行。按照规定,在其左上角还须书写收信人所在地址的邮政编码。

二是收信人称谓。收信人称谓,是指写在信封上专供传递书信之人所使用的,对收信人加以确认和称呼的词语。在正常情况下,它又由三个具体部分所组成。在书写横式信封时,三者应当并列为单独的一行,书写于信封的正中央,自左而右依次排列。具体来说,它包括:第一,收信人的真实姓名;第二,专供传递书信者对收信人所使用的称呼;第三,诸如"收""启"之类的专用的启封词。后两部分内容,有时可以省略。但在书写正式书信的封文时,则最好不要那么做。

三是写信人落款。写信人的落款,有时亦称发信人的落款。它的主要作用,是将难以送达的书信准确地退还给写信之人。它的基本内容,一般应由下述四个部分所组成:第一,写信人的地址;第二,写信人的姓名;第三,诸如"缄""谨缄"之类表示尊重收信人之意的缄封词;第四,写信人所在地址的邮政编码。其中最关键的地方,是写信人的地址要如同收信人的地址一样写得尽量详尽一些,写信人所在地址的邮政编码亦须写得准确无误。在横式信封上,写信人落款应被书写在信封的右下方。具体而言,前三个部分可以写成一行,其中第三个部分还可以略去不写。而第四个部分一般则应当单独成为一行,并被写在信封右侧的最下方。

(2) 托带书信的封文

有些时候,写给他人的书信可以委托第三方代为转交,而不必通过邮局正式邮寄。被委托者,通常属于通信双方或其中一方的至交、熟人、亲友。这一类书信,除可以克服邮路不畅的缺点之外,往往还可以提高书信自身的重要程度。

书写委托他人代为转交的书信封文时,收信人与写信人双方的具体地址和邮政编码可以省略不写,但下述三项内容却是不能够缺少的。

一是托带语。托带语,在此指的是写信人为了拜托带信人带信而使用的专用词语。在横式信封上,托带语通常应当被书写在左上方。

二是称谓语。称谓语,在此是指适用于带信人称呼收信人之时所使用的词语。在一般情况下,它应当由收信人的真实姓名、专供带信人对收信人所使用的具体称呼以及约定俗成的收件词等三个部分所构成。在横式信封上,三者应当位于正中之处,自左而右连成一行依次书写。

三是自署语。自署语,又称落款语,它是指写信人在封文上所使用的落款。除写信人的姓名之外,若有必要,该部分还可以包括专门的拜托词和托交的具体日期。在横式信封上,此项内容一般应当自成一行,并且在右下角自左而右书写。

应当指出的是,委托他人代为转交书信时,假如通信双方或者其中一方与带信人关系较为生疏之时,则封文的书写越是显得正规越好。

二、通信技巧

在日常生活里,书信往来是一种双向的交际活动。在通信的具体过程之中,除写信人在写信时要遵循其格式以外,写信人与收信人双方在写信、发信、收信、复信等一系列的环节上都有许多的可操作性技巧需要加以掌握。

1. 写信

大学生在写信时,最应当注意的问题,是要尽可能地使自己信文与封文的行文礼貌、完整、清楚、正确、简洁。

(1) 礼貌

在写信时，写信人应当像当面面对收信人一样，以必要的礼貌向对方表达自己的恭敬之意。其中一种重要的做法，就是要在行文之中多使用敬语与谦词。

例如，在信文前段称呼收信人时，可酌情使用"尊敬的""敬爱的"一类的提称词。诸如"亲爱的""心上的"一类适用范围狭窄的提称词，则务必慎用。对收信人的问候，肯定必不可少。在信文后段，还可以向收信人的亲友致意，并且依礼向收信人表达自己良好的祝愿。

(2) 完整

为了防止传递错误的信息，大学生在写信时必须使书信的基本内容按部就班、完整无缺。不要为了贪图省事，或是为了标新立异，而有意对其进行增删。

例如，在信文里提及收到对方来信，或者是在信末落款，最好不要对时间问题一带而过，而是应当写明准确的日期。通常要求写明几月几日，必要之时还须写明何年何月何日何时。在书写封文时，对于写信人与收信人双方的地址都绝对简略不得。否则，就极易使之丢失。写信时若信笺不止一页，一定要逐页地对其进行编号。

(3) 清楚

书写信件时，务必要使之清清楚楚，以便于收信人阅读。要真正做到这一点，有以下三项要求必须注意：一是条理分明。在信中叙事表意时，必须层次清晰，有条不紊，有头有尾，令人一读就懂。这一点至为关键。二是字迹工整。写信时，要一笔一画地把字书写清楚，切勿使自己的字迹过于潦草、缺笔少画、有如天书一般，更不要在信上乱涂乱改、加加减减。三是纸笔规范。书写信件时，应当选用耐折、耐磨、吸墨、不洇、不破、不残的信笺和信封。同时，还应慎选笔具、墨水，尽量不用铅笔、圆珠笔和红色、绿色、紫色、棕色等彩色的墨水写信。

(4) 正确

在写信之时，不论称呼、叙事，还是遣词、造句，都应当努力做到正确无误。

特别应当强调的是：写信时，大学生一定要使用规范汉字。依照《中华人民共和国通用语言文字法》的明确规定，所谓规范汉字，指的是由国家正式公布的简化字、传承字。因此，大学生不得随意弃用规范汉字。

不要在信里出现错字、别字、漏字、代用字或者自造字;没有特殊原因,也尽量不使用繁体字、古体字、异体字。不要为图省事,而以汉语拼音或外文、字母、符号、数字替代自己不会写的汉字。不要滥用诗词、成语、典故,尤其是要避免对其误用或者自行杜撰。

在书写收信人的姓名、职务、职称、学衔、学位、尊称以及对方的地址时,千万不要出现一丝一毫的差错。

在封文上,书写在收信人姓名之后的称呼,并非为写信人称呼收信人所用,而是仅供邮递员或者带信人以之称呼收信人的。因此,诸如"大人""父亲""爱妻""大姐""小弟"之类的私人性称呼是绝对不宜采用的。

(5) 简洁

如同吟诗作文,写信同样讲究的是简短扼要、适可而止。大学生在写信之时,必须谨记"有事言事,言毕即止。"切勿写起信来无休无止、洋洋洒洒、虚耗笔墨、一味空谈。

要求在写信时注意简洁,主要是要求写信人自觉地使自己的行文言简意赅、不尚虚言。但是,不要为了做到这一点而搞另外一个极端:在写信时过度地惜墨如金,把一封书信写得冷冰乏味、过于简短,好似电报一样。

2. 发信

写信人在将其正式寄出之前,通常还有一系列的准备工作要做。在准备发信时,大学生主要应该注意以下几个问题。

(1) 折叠

寄发的书信,通常均须将信笺装入正式的信封。把信笺装入信封前,应对其进行折叠,使之平平整整,既不过大,也不过小。在折叠信笺时,不要信手乱折,也没有必要将其上缠下绕、边角对插,使之显得过分神秘。

信笺折叠,主要有四种方法:一是随意折叠法。即先把信笺横向对折两次,然后再将其纵向折叠到可以装入信封之内的长度。它适用于日常通信之时。二是公函折叠法。即先把信笺纵向对折,随即在折线处朝里卷折 1~2 厘米宽,最后再将其横向对折。它多用于公函往来。三是外露姓名法。即折叠信笺时,设法使收信人的姓名完全外露。它适用于亲友之间的通信,可令收信人产生亲切感。四是以低示己法。即先把信笺三等分纵向折叠,然后再将其横折,并且令其两端一高一低。它适用于寄信给尊长,意在向对方表示谦恭。

(2) 装信

在装信前，一定要选择好信封，其中四点尤须注意：一是信封必须采用被邮局所认可的标准信封；二是信封大小必须与信笺大小相适应；三是信封必须牢固可靠；四是信封必须与信笺同为横式或竖式，而不是令二者一横一竖。

将信笺正式装入信封时，不要令前者大于后者。信笺被装入信封后，应尽力将其推向信封的顶端，同时最好令其与信封的封口之处保持 1 厘米左右的距离。这样一来，在收信人拆阅书信时，就不会使信笺被搞得残缺不全了。

(3) 附件

写信人有时在寄发书信之前，往往还会将其他一些附件与信笺一道装入信封之内。是否需要在一封书信之内装入附件，应该视具体状况而定。

写信人如果打算寄发书信时在信封之内装入附件，通常必须对以下三点加以认真的注意：一是要向收信人交待明确。在信文里，写信人一定要将附件的具体名称与数量写得一清二楚。在必要时，还可以要求收信人“收到即告”。二是要考虑信封的容量。不要因为装入信封的附件太多，从而使其极度膨胀，甚至因此而被撑破，并造成丢失。三是要符合邮政部门的具体规定。在任何情况下，都不要违犯有关规定，不要在书信之中夹带违规、违禁的物品。

(4) 封闭

一封书信是否一定要对其信封加以封闭，一般不宜不加任何区别地一概而论。

按照现行的习惯做法，凡通过邮局正式寄发的书信，其信封必须加以封闭。这样做主要有以下两个目的：一是为了尊重个人隐私，保障通信自由；二是为了防止信笺或者附件中途失散。但是，不要在封好的信封上再增添任何记号。

委托他人代为转交的书信，其信封原则上大都不宜加以封闭。唯其如此，才能够充分地体现出写信人对于带信人的尊重与信任。

(5) 邮资

邮资，指的是写信人寄发书信时按规定应向邮政部门支付的具体费用。不同类型的书信，所需要交纳的邮资往往相差甚远。在寄发书信时，大学生必须自觉地交付足够的邮资。抱有侥幸心理，而使自己所寄发的书信缺资、欠资，只会给自己带来麻烦。

需要自己在信封上粘贴作为邮资凭证的邮票的话,应当将其贴得端端正正。根据规定,在信封上粘贴一枚邮票时,应当将其贴在信封正面的右上角;不论信封是横式还是竖式,均应如此;信封上若有指定的"邮票粘贴处",应将邮票贴在那里;在信封上万一需要粘贴多枚邮票时,则应当将其一并贴于信封背面的封口之处。不要在信封上随意乱贴邮票。不要为了传递某种信息,而成心将邮票贴得歪歪扭扭,尤其是不要倒贴邮票。

在信封上粘贴邮票时,尽量不要直接用手触及胶水,尤其是不要以舌头去舔邮票。

3. 收信

作为收信人,大学生在收到他人的来信之后,有一系列重要的礼仪规范理当认真地加以遵守。否则,对写信人和自己都不够尊重。

(1) 守法

在通信往来之中,人人都必须遵守宪法和法律。大学生身为收信的一方时,对此特别应当予以重视。《中华人民共和国宪法》明文规定:"中华人民共和国的通信自由和通信秘密受法律的保护。"[①] 这等于告诉大学生:任何扣留、私拆、偷阅或者毁坏别人书信的行为,都是违法的。

在任何情况下,私人通信都不宜公之于众。若未经当事人同意而将它传阅于外人、公开张贴发表或发布在网上、朋友圈里,均甚是不妥。

大学生在日常生活中接触书信,尤其是在替他人收发或者代转书信时,务必要具有良好的法律意识。即使要同别人开玩笑,也绝对不能够使自己的行为与法律相抵触。

(2) 拆信

收到别人来信后,一般都要先行对其拆启,才能进行阅读。拆启信件时,一定要注意具体方法是否正确。它不但涉及书信能否完整无缺,而且也间接地体现着收信人的个人修养。

拆启书信时,通常必须注意两点:一是要确保信笺的完好;二是要维护信封拆启之后的美观。拆信的最佳之处,当为信封的封口处。有可能的话,最好利用刀、剪拆信。也就是说,尽量不要直接用手去撕扯信封。

(3) 阅读

收到他人的信件之后,理当及时而认真地对其加以阅读。阅读他人

---

① 中华人民共和国宪法［M］.北京:人民出版社,2018:21.

的来信不够及时,甚至长期不予阅读,是轻视对方的典型表现。而阅读他人的来信不够认真、细心,则可能不得其要旨,并因此而耽误正事。

在一般情况下,私人之间往来的书信应当予以保密,故此不应当擅自当众朗读、介绍或展示。

(4) 保存

收到并阅读了他人的来信之后,应当采取必要的措施,对其进行收藏保存。不允许对其乱扔、乱塞、乱放。那样做既易于失散,寻找起来也将多有不便。

需要长期保存的重要书信,可以认真整理在一起,或者装订成册。凡毋须保存的书信,则可以集中起来,以火焚毁,或利用碎纸机对其进行销毁处理。但不要将无用的书信当作垃圾扔掉,尤其是不要将其当作废品卖掉。

4. 复信

人们在通信时,最重视的是有来有往。作为对来信的一种积极回应,复信不但是一种礼貌,而且也是维系通信双方正常联络的重要措施。一而再、再而三地对他人的来信不予回复,则必将有损于双方的关系。复信时,必须注意下列两点。

(1) 即收即复

在正常情况下,接到别人的来信后,收信人应当马上去做的头一件事情,就是尽快地回信。所谓即收即复,就是要求收信人在接到别人的来信后,立即给对方复信。这是做人的基本教养。

对于别人的来信只收不复,或者能拖便拖、得过且过,既会令写信人担心自己的来信中途丢失,又有可能延误对方的正事。对于别人的来信一律一拖了之,索性不做任何答复,让对方觉得自己音信杳无,从而为自己担心,是通信之大忌。

(2) 回应问题

收到他人的来信以后,不仅需要尽早回复对方,而且还应当在复信之中善解人意地对对方迫切需要了解的问题给予答复。

需要重视的是,对别人来信里明确提出的问题,应及时复信作答。对于不能作答或者需要延后答复的问题,要尽快复信讲明具体原因,或者将延后答复所需要的大致时间告知对方。不要对此避而不谈,或者含糊作答、胡乱作答。

当别人在来信里求助自己时,若能够出手相助,最好尽力而为。由于某种原因难于帮助对方的话,亦应及时地复信给对方,申明自己的具体困难,请求对方予以谅解,并就此向对方致以歉意。

第六节　通讯

吕莉萍是一名相貌出众、人缘极好的女大学生。在一家公司里进行毕业实习时,凭着个人的能力,她不仅使公司的员工上上下下都很喜欢她,而且就连公司的领导也萌生了将来欢迎她到公司就职的念头。

可是,时间一长,她的"人气"却不怎么旺了。有一些公司的员工,甚而对她产生了反感。原来,交际极广的吕莉萍在公司里上班时,她的手机铃声好像从来就没有停下来过。不仅如此,为了尽快回复他人,她还动不动便丢下自己的工作去回复别人的电话或微信。须知,她的这些做法,都有悖于礼仪规范。恐怕她从未想到,正是她的这些不良习惯,阻断了她进入这家公司工作的道路。

现代社会是一个信息的社会,对于许多人而言,信息就是资源,所以大家便不约而同地对其重视有加。而如欲在日常生活里更好地获取信息、利用信息,每一名现代人都不能不对通讯礼仪认真地加以遵守。

通讯,也称通信,一般是指人们利用电信设备所进行的信息交流与传递。在现代生活中,各式各样的通讯工具正在源源不断地问世,并且广泛地介入每一个人的生活空间。通讯礼仪,通常指的就是人们在使用各种通讯工具时,所应当自觉遵守的礼仪规范。

对大学生而言,电话、手机、社交软件以及电子邮件等,都是其接触最广的通讯工具。在学习通讯礼仪时,大学生自然应当从这些方面入手。

一、接打电话

当前,在各种通讯手段之中,电话的普及程度始终高居排行榜之首。

不论在学习、工作中还是在生活中,大学生都早已同电话难舍难分。即使电话的使用普普通通,大学生还是需要认真对其加以对待。

电话,此处是指座机电话。具体来讲,大学生使用电话时,无论作为拨打电话的一方还是作为接听电话的一方,在礼仪规范上都有着不同的详尽要求。

1. 拨打电话

使用电话时,如果主动把电话打给别人,则称作拨打电话。作为发起者,在通话过程里,拨打的大学生始终处于主动、支配的地位。因此,在礼仪规范的运用方面更需要多多加以留意。

通电话的三分钟规则

(1) 通话时间

要打好一次电话,就应当挑选适宜的通话时间。以下两点,特别应当为大学生所重视。

一是要选好通话时机。拨打电话,绝对不能够想打便打,而不注意具体时机的选择,不然就很有可能会使之事倍功半。通话的最佳时机有:其一,双方预定的时间;其二,接听电话者方便的时间。除非有要事相告,一般不宜在他人休息或用餐的时间内给对方打电话。给海外人士打电话时,还须了解此地与彼地之间的时差,免得昼夜不分。

二是要注意通话长度。每一次拨打电话的具体时间长度,原则上应由拨打电话者予以掌握。基本的要求是:以短为佳;宁短勿长。在电话礼仪里有一项"通话三分钟规则",其含义是:拨打电话者每次通话的时间,应当被有意地限制在三分钟之内。在通话期间,最忌讳没话找话、反复地节外生枝、拖延时间、浪费时间。

(2) 通话内容

通话时,拨打电话者必须做到通话内容简洁明了。这样做既是电话礼仪的基本要求,同时也是控制通话长度的必要前提。要做到通话内容简练,有以下三点必须注意。

一是要事先准备。每次通话前,尤其是拨打重要电话前,拨打的大学生都应当尽量提前做好准备。若有可能,最好是事先动笔开列出一份通话提纲。这样一来,在通话时便会有其所本、条理清晰,不至于现想现说、丢三落四、啰啰嗦嗦了。它的优点不仅是利己利人,而且还可以显得自己为人干练。

二是要直言主题。拨打电话,一定要做到务实而不务虚。要在通话之初便开宗明义,直接转入正题。长话应当短说,没话不要找话,废话一句别说。不论与通话对象关系如何,都千万不要在打电话时与对方东拉西扯、大"熬电话粥"。

三是要适可而止。拨打电话时,只要把正事讲完了,即可终止通话。根据电话礼仪规范,应当由拨打电话者负责终止通话,所以必须谨防"当断不断,自受其乱。"在打电话时,不要将某些内容说来道去、反复铺陈,好似是在怀疑通话对象记忆力欠佳。使用公用电话时,则更是应当力求速度愈快愈好。

(3) 通话行为

在通话过程里,拨打的大学生都要始终如一地对自己的所作所为加以约束,并且力求使之文明大方。这样做既是为了尊重通话对象,也是为了维护拨打电话者的自尊。下述三点,特别需要予以注意。

一是语言要文明。通话之时,不论对方与自己是否至交,在语言上都应当注意文明礼貌,而不得滥用任何"脏、乱、差"的语言。以下三句电话基本文明用语,尤其是大学生与别人通话时每次非讲不可的。

其一,向通话对象所做的问候。在电话接通话后,应当首先问候对方:"您好"或者"你好",随后方可转入正题。无论如何,都不允许以连续不止的"喂"代之,更不可以对对方连一声招呼都不打。

其二,向通话对方所做的自我介绍。届时,一定要向接听电话者酌情进行必要的自我介绍,以便令对方迅速了解"来系何人"。拨打电话时所进行的自我介绍,至少应当是本人的全名。有时,还可将自己的具体身份包括在内。不可以使其过于简略,不可以以"我"取而代之,更不可以将此项内容完全省掉。

其三,向通话对象所做的告别。在终止通话,预备放下话筒时,应当先对接听者道上一声"再见!"要是少讲了这一句话,就会使通话的终止显得有些突如其来,并且还会使拨打电话者的待人以礼显得有始无终。

二是态度要文明。拨打电话者在通话时,除了语言要文明之外,还必须对自己的态度加以约束,使自己做到态度文明。通话的具体态度,永远都是一个人"电话形象"的重要内容。

需要总机接转电话时,勿忘首先向总机的话务员问好。在得到对方服务之后,应当主动向对方道谢。

假如自己所找的人不在现场,而需要别人代为寻找、代为转告时,除"请""劳驾""拜托""谢谢"等礼貌用语必不可少外,在电话上还应当不失态度上的谦和。

要是自己拨错了电话号码,一定要当即向接听者说明原因,并且表示歉意。不允许届时一言不发地直接挂断电话了事。

不论接听者是何种身份,打电话给对方时,都不应当对对方疾言厉色、粗暴地进行呵斥。要是有意对对方阿谀奉承、低三下四,当然也没有必要。

在通话过程里,假如电话突然中断,按照礼仪规范,应由拨打电话者主动负责再次拨打,并在再次拨通后向对方说明具体的原因。不要就此不了了之,或者坐等对方将电话打来。

三是举止要文明。在拨打电话时,任何人对自己的举止动作都不应当自由放任。在别人面前拨打电话,则更是不可以对此疏忽大意。

在通话时,拨打的大学生最好是起身站立,双手握持话筒。绝不许故作潇洒地将话筒夹在脖子下面、抱着电话机随意走动,或者趴着、仰着、靠着、躺着与人通话。拨号时以笔代手,通话时一心二用,亦为失态。

通话之中,嗓门不宜过高,免得让接听电话者承受不住。标准的做法是:声音宁低勿高,并且应使口部与话筒之间保持 3 厘米左右的距离。

终止通话时,应以双手将话筒慢慢地、轻轻地放下。千万不要用力一摔,那种做法有可能会令接听电话者震耳欲聋,甚至由此而产生误解。

假如通话半途而废,或者拨号时一再占线,应当表现出应有的耐心。不要为此在口中不干不净,或是采取粗鲁的动作对电话机大发脾气。

2. 接听电话

在利用电话通话的过程里,接听电话者尽管处在被动的、受支配的位置上,但这并不意味就没有任何礼仪规范可循。具体来说,接听的大学生在本人受话和代接电话时,在礼仪规范上是各有各的要求的。

(1) 本人受话

所谓本人受话,在此是指由接听的大学生本人亲自接听别人打给自己的电话。在本人受话时,基本的礼仪规范有如下三项。

一是接听应当及时。电话铃声一旦响起,接听电话者即应立刻停止自己所做的事情,尽快赶去接听。接听电话及时与否,实质上反映着一个人待人接物的真实态度。

在电话礼仪里,有一项"铃响不过三声规则"。它的含义是:接听电话时,应当迅速而及时,并以在电话铃响三次左右拿起话筒最为恰当。过早会显得突兀,过迟则会给人以对此毫不在乎之感。在日常生活里接听电话时,大学生应当认真遵守此项规则。

接听电话时,通常不宜请别人代劳。因特殊原因必须那么做,或是在电话铃声响过许久才迟迟去接电话,则勿忘在通话之初特意向拨打电话者做出解释,并为此致以歉意。

二是应对应当谦和。在接听电话时,接听电话者不但要及时做出积极的反应,而且还应当在通话过程里体现出自己待人的亲切与友善。

在拿起话筒之后,接听的大学生首先应当向拨打电话者问好,并且随之自报家门。主动向拨打电话者问好,既是一种礼貌,也是为了说明有人正在接听电话,此刻一言不发是很不应该的。若拨打电话者率先致以问候,则还须立即回应对方。至于在接听电话之初自报家门,则主要是为了使拨打电话者验证一下:对方是否拨错了号码,或者是否找错了人。在一般情况下,自报家门时可以报出自己的姓名、学校、院系、班级或者实习的单位,也可以报出自己所使用的电话号码。倘若拨打电话者先行询问自己"怎么称呼"时,切不可不予以回答。

在通话过程里,不论拨打电话者是何人,不论对方所言何事,都应当始终聚精会神地接听电话。不允许在此时三心二意,或是把话筒放在一边任其自言自语。在通话时,对于拨打电话者所谈论的问题,不但要予以关注,而且还要积极进行参与。不允许一言不发,有意冷落对方。

当通话终止时,不要忘记认真向拨打电话者道上一声"再见"。当通话因故暂时中断后,应耐心等候对方再把电话拨过来。在这种情况下,不要立即扬长而去,更不要为此而大发牢骚。

接听到不相识者误拨进来的电话,不要勃然大怒、出口伤人。合乎礼仪的做法,应当是就此细心向对方说明。有条件的话,还应给予对方一定的帮助。

三是主次应当分明。对接听电话者而言,电话铃声一旦响起,即应以此作为自己当前活动的中心。

在接听电话的整个过程里,不允许与身边的其他人进行交谈、打闹,也不允许同时读书报、看电视、听广播、吃东西或者接听手机、收发微信、使用电脑。在一般情况下,尽量不要直截了当地对拨打电话者表示对方的电话"来的不是时候"。

万一在处理重要事情或接待重要客人期间有人打进来电话,而此刻不宜与对方深谈的话,可在接听电话时向其讲明原因、表示歉意,并且约上一个具体时间,届时再由自己主动打电话过去。倘若对方打进来的是重要电话,尤须注意此点。约好下次通话时间后,即应认真遵守。在下次通话之初,勿忘再次为此向对方致歉。

正在接听一个电话时,适逢另外一个电话打了进来,切忌对后者不予搭理。可以先对正在通话的对象略做说明,请其不要挂断电话而小候片刻,然后立刻去接那个电话。待接通之后,可请对方稍候,或者过上一会儿再来电话,或者等一会儿由自己再把电话打过去,随后即应回过头来继续接听头一个电话。让前者或后者稍候的时间,通常都不宜长于 2 分钟。

不论自己多么繁忙,都不应当拔断电话线同外界实行自我隔绝。将虚假的电话号码、别人的电话号码以及莫须有的电话号码交给别人,也是不适宜的做法。

(2) 代接电话

大学生平时经常有机会替别人代接、代转电话。在代接、代转电话时,对于如下四项基本礼仪,务必要认真恪守。

一是要礼尚往来。大学生在接听电话时,假如拨打电话者要找的人并不是自己,不要口出不快,或者马上将电话挂断。如果拨打电话者请求自己代为寻找某人接听电话时,应当热情帮助对方,不要对其予以回绝。

家人、邻居、室友、同学之间相互代接电话,本为互助互利之事。因此,讲究礼尚往来。连电话都懒得替他人代接一下的人,在现实生活里是难以有其好人缘的。

二是要尊重隐私。替人代接、代转电话时,不要充当"包打听",向其双方打探彼此之间是何种关系。当受到拨打电话者的委托,被要求向某人转达某事时,一定要严守口风,而切勿辜负对方的信任,随意对其进行扩散。

当拨打电话者所找之人就在附近,而由自己代接电话时,切勿当即大喊大叫,闹得四邻不宁,人人皆知。当别人接打电话时,应主动避开。不要有意旁听,更不宜在旁边随便插嘴、打岔。

三是要记录准确。如果拨打电话者要找的人不在,在代接电话时可在向对方说明之后,询问一下是否需要自己代为转达。若是对方有此请求的话,即应鼎力相助。

对于拨打电话者要求转达的具体内容,最好当场进行笔录。待对方叙述完毕后,还应当复述一遍,以验证自己的记录是否正确无误。在一般情况下,记录他人的电话,至少需要包括拨打电话者的姓名、单位、通话时间、通话时长、通话要点、是否需要回电话给对方、回复对方电话的号码、回复对方电话的时间等项内容。

四是要及时传达。替人代接、代转电话时,通常先要搞清楚"对方是谁""现在找谁"这两大问题。若对方不愿意讲第一个问题,可不必强求。若对方所找之人不在,可先以实相告,随后再询问对方"有什么事情?"要是把这一合乎常理的先后顺序颠倒了,就很可能令对方产生疑心。

要是拨打电话者要找的人就在附近,应当立即去找,而不宜拖延。如果答应拨打电话者为其向别人传话,则应尽快予以落实,不要置之脑后、一忘了之。

不到万不得已,不要把自己替人转达的内容再去委托其他人代为处理。那样一来,一则易于使内容走样;二则难保不会耽误时间。

二、使用手机

当前,手机已在国内普及。在使用手机时,大学生不仅应当掌握正确的方法,而且还应当同时掌握基本的礼仪规范。

对于大学生而言,使用手机时所须掌握的基本的礼仪规范,主要体现在下列四个方面。

1. 勿碍于人

大学生之所以使用手机,自然是为了方便自己与外界进行联络。然而在任何情况下,都不可以把这种方便建立在有碍于人之上。换句话说,平日大学生在使用手机时,一定要认真讲究社会公德,切切不可使自己的所作所为妨碍到其他人士。对于以下两点,尤其必须牢记不忘。

(1) 在教学场所内不使用手机

所有的教学场所,包括课堂、自习室、实验室、报告厅、图书馆、资料室等,一般都要求保持绝对的肃静,这是维护正常教学秩序和教学纪律的需要。在这些场所里,大学生均应自觉地关闭自己的手机,或者使之处于震动、静音状态。切不可任其随时随地地大呼小叫、有碍于人。不然的话,既会显得自己在学习时心不专,而且也会对教学效果造成直接的破坏。在校内的办公室,教师休息室,通常也不宜使用手机。

(2) 在公共场所里不滥用手机

公共场所乃是公用共享之地,大学生置身于公共场所之内时,应当尽可能地不使用手机,自觉保持安静,免得侵犯他人的权利。一方面,需要与别人通话时,应当寻找无人之处,切勿当众高声喧哗。另一方面,需要与别人保持联络时,应当自觉地令手机静音或变为震动。前往影剧院、音乐厅、展览会、美术馆、博物馆、咖啡屋、宴会厅、会议中心以及医院、商场、超市时,均应对此切记不忘。

2. 保证畅通

使用手机的主要目的之一,是为了保证使用者与外界联络的畅通无阻。使用手机的大学生对此不但需要加以重视,而且还必须采取一些行之有效的必要措施。

一是将手机号码相告于人时应准确无误。否则,既有可能误事,又有蓄意骗人之嫌。将其书面告之于人时,必须书写清楚。如系口头相告的,则应当重复一至两遍,以便让对方有机会进行核对验证。倘若对方许可,直接用自己的手机拨打其手机,也不失为通报本人手机号的一种方式。

二是手机号码变动之后应主动通报于人。由于某种内部或者外部的原因而变更了自己的手机号码之后,应当尽早地向自己重要的交往对象进行通报,以防使双方的联系出现中断。在必要时,除手机号码外,不妨同时再告知交往对象本人其他的几种有效联络方式,做到有备无患。

三是暂不使用手机时应加以说明。万一因故暂时不使用自己的手机,应提前告之重要交往对象。在进行说明时,最好明确手机暂不使用的具体时长、期限和其他有效的联络方式。

四是要在使用手机时养成良好的"机德"。发现因故未能接听的他人打给自己手机上的电话后,一般均应当即与对方进行联络。没有特殊的原因,回复他人不宜延后,而宜在5分钟内进行。拨打他人手机而当时未能接通的话,应当保持耐心,至少应当等候10分钟左右。在此期间,不宜再与其他人联络,以防自己的电话频频占线。凡此种种,都是手机所应具备的基本"机德"。不回复或者不及时回复他人的电话;拨打他人的手机后马上关机,或者转而接打另外的电话,都属于"机德"欠佳的表现。

3. 尊重私密

通讯自由,在我国受到法律的保护。在通讯自由之中,私密性,即通讯属于公民的个人私事和个人秘密,是其重要内容之一。使用手机时,大学生对此不容忽视。最为重要的是要注意下列两点。

一是别轻易向他人索要手机号码。在一般情况下,人们是绝对不会随随便便地把自己的手机号码告之于外人的。即使是在名片上,常常会不包括此项内容。唯有对待十分信任的人,才会有所例外。因此,不应当随意打听初识之人的手机号码,更不应当自作主张,不负责任地把别人的手机号码转告外人,或者是对外界广而告之。

二是别随意向他人借用对方手机。手机纯属于个人私用的物品,再加上人们出于自我保护和防止他人盗机、盗码或无事骚扰自己的考虑,非常忌讳将手机借给他人使用。所以,动辄向别人借用其个人的手机是缺乏教养的。当双方关系一般时,千万不要这么做。

4. 确保安全

大学生对于手机的使用安全万万不可大意。特别是在以下四种情况时,手机绝对禁用。

(1) 驾驶车辆

在驾驶车辆时,千万不要忙里偷闲使用手机与他人通话。不注意此点的话,就极有可能导致交通事故。

(2) 乘坐飞机

乘坐飞机旅行时,必须自觉地关闭自己所携带的手机,因为它所发出的电磁波有可能会干扰飞机的导航系统。

(3) 探访病人

前往医院探访病人时,尤其是前往危重病房探访病人时,为了防止影响医疗设备的正常使用,应当关闭自己的手机。

(4) 汽车加油站

在汽车加油站经过或者停留时,切勿使用手机,不然就有酿成火灾的危险。

此外,凡一切以通告、标语或图标禁止使用手机的地方,大学生都应当自觉地遵守规定。

三、社交软件

在当代的中国,人们的交际范围日益扩大,交际的具体方式随之日新月异。目前,在诸多的新交际方式中,社交软件的使用最为令人青睐。

社交软件,通常指的是基于互联网所日常使用的群体性交流电子软件。它亦称社会性软件、社群性软件。通过手机、电脑使用社交软件所进行的交际、沟通与互动的平台,称之为社交媒体。换言之,社交媒体即利用社交软件进行交流的特定平台。微信、抖音、微博、B 站(哔哩哔哩)、QQ、小红书等,均为国人最常使用的社交软件。

作为社交软件的积极追捧者,大学生在以之进行交际时,必须自觉自愿地文明使用、理性使用、适度使用。

1. 文明使用

使用社交软件时,大学生必须讲公德、讲规矩、讲礼貌。此之谓社交软件的文明使用。以下四点,特别应予重视。

(1) 忌不顾身份

在社交软件上使用的自称头像、简介,平时所发表的见解、评论,大学生均应令其与自己的身份符合。千万不要因为社交软件上往往可以采用虚拟的身份,便在那里有恃无恐、嚣张放肆、信口开河、为所欲为。

(2) 忌随意表达

社交软件上可借以表达个人特定想法的符号、图片、术语多多。但是,大学生在对其进行运用时,务必要兼顾如下两点:一是要准确地理解其含义。二是要确保它的使用不被特定的交往对象所误解。无论如何,都不要在社交软件上随意使用繁体字,古体字、异体字或错别字,不要随意使用术语、方言、外语,不要随意自造符号、缩写、术语、简化字,尤其是切忌对其滥用。

(3) 忌失敬于人

文明地使用社交软件,具体方法之一,就是与人交流时礼貌用语不可或缺。使用社交软件时缺少必要的尊称、问候与礼貌用语,一开始就直接查问交往对象"在吗";回复对方时代之以千篇一律的"哦""呵呵";与对方称兄道弟,或自称"哥""姐""小爷""女汉子""干饭人""考研狗";张口则呼"亲"闭口则道"偶",逢人便称之为"家人""集美""大神""怪咖""奶宝""帅锅""靓女""社畜""小镇做题家""中年油腻男",既有讨好或蔑视他人之嫌,也往往会失之于自尊自爱。

(4) 忌有碍他人

使用社交软件上的语音电话、视频电话,或其他音频、视频信息前,务请斟酌再三:交往对象届时是否方便;此举是否影响对方。

显而易见,上述方式限制多、耗时多、并非人人宜用、时时可用,否则便会直接、间接地妨碍他人。

2. 理性使用

所谓理性,一般指的是理智、冷静、客观地面对现状。利用社交软件参与各种交际,特别是与他人直接交流、互动时,大学生务必要控制自身情绪,保持必要的理性。

不论发言、发帖、转发、评论、点赞,还是链接网址、推荐音乐、推出视频、发表网文,大学生在其使用社交软件时都要反复推敲、三思而行,并且最好循序通过下述四个具体步骤:

其一,"是否非要这样做";

其二,"是否能不这样做";

其三,"这样做了大致上会有何种效果";

其四,"此种所作所为是否符合有关的规定与自身的身份"。

经过对这四个具体步骤的一一推敲、斟酌,再去社交软件上进行操作,必将有百益而无一害。大学生如能这样做,绝对不属于胆怯,而是可以称之为理性。

具体而言,大学生要做到社交软件的使用合乎理性,对以下各点必须加以重视。

(1) 知法守法

《中华人民共和国民法典》《中华人民共和国网络安全法》《中华人民共和国个人信息保护法》《信息技术产品国家通用语言文字使用管理规定》等法律法规对大学生使用社交软件的权利与义务,均有详尽而明确的规定,对此必须一清二楚。在任何时候、任何情况下,都绝对不得违法违规使用社交软件,不得使自己在社交软件上的任何言行直接或间接地危害祖国统一、民族团结、社会稳定、国家安全。

(2) 规范行为

不论使用真名实姓,还是以虚拟的身份抛头露面,大学生在其使用社交软件时均应规范自身的行为。

一是莫涉网络暴力。网络暴力,简称网暴,此处指利用社交软件以文字、言论、图片、视频,对他人造谣、诽谤、污蔑、辱骂、围攻,从而给对方的名誉、权益、身心健康造成严重的伤害。大学生对此绝对不得涉及。

二是莫涉黄、赌、毒。使用社交软件时,对裸聊、裸贷、招嫖、贩黄,传播色情信息,聚众进行赌博、赌球,买卖或吸食毒品等行为,大学生切勿参与。

三是莫传邪、恐、暴。使用社交软件时,任何传播邪教、宣传恐怖行径、煽动暴力活动的言论或行为,都属于违法犯罪。

四是莫当网络黑客。黑客,亦称骇客、黑帽子。在此指的是专门入侵他人网络系统,窃取其内部信息,甚至对其进行干扰、破坏的计算机高手。或出于某种利害关系、或为了争强好胜而充当黑客,往往都破坏了正常的网络秩序乃至网络安全。

五是莫非议英烈先贤。在社交软件上讥讽、嘲笑、戏说甚至公然辱骂先贤、先烈、英雄、模范,亦属违法违规。

(3) 控制情绪

人有喜、怒、哀、乐,亦有悲、欢、离、合,本属于正常状态。适当地宣泄个人情绪,亦有其必要。但若将社交软件视为可以毫无限制地放纵个人情绪的所在,便大错而特错了。

需要明确的是:使用社交软件,重在"见贤思齐焉,见不贤而内自省也"[①];重在多交朋友、广结善缘。因此,以下三种不理性的行为,大学生理当予以杜绝。

一是四处"撕人"。正所谓"尺有所短,寸有所长。"在社交软件上一味地挑剔他人、到处揭别人的"老底",并不能够取得自身的长进。

二是到处"喷人"。在社交软件上进行交际时,到处"喷人"、到处"拍砖",不仅难有任何收获,而且难以真正地广结善缘。

三是随意"怼人"。利用社交软件与人交流时,时刻对交往对象吹毛求疵,以"杠头""杠精"自居,随意"怼人"而不让交往对象畅所欲言,则难免会令网络交际丧失其"求同存异"的本义。

3. 适度使用

社交软件的使用,讲究的是过犹不及。所谓适度地使用社交软件,在此是指:大学生不能将自己的学习、工作与生活,在时间上、空间上与社交软件的使用完全地画上等号。

大学生必须谨记:在时间上,自己不能无时无刻不挂在"线上";在空间上,自己则不可放弃"线下"的真实人生。

欲令社交软件的使用适度,大学生理应重视如下四点:

(1) 勿"活在线上"

个别人一味地沉溺于网络,时时刻刻都将自己挂在"线上",这是绝

---

① 朱熹.四书章句集注[M].北京:中华书局,2011:72.

对不应该的。大学生必须充分地认识到：在任何时候，社交软件的使用都只是人们的交际方式之一，而且它只能被视之为"线下"常态交际的一个配角，或曰一种补充。任其喧宾夺主，则有悖常理。倘若无限度地"活在线上"，不仅可能有碍学习，而且也可能有损健康。

（2）勿内外不分

使用个人专用的社交软件时，一定要做到谨言慎行、内外有别。

在社交软件上，切勿将本学校、本学院、本专业、本班级、本宿舍或自己家庭、邻里之间的内部矛盾、分歧，大张旗鼓地广而告之。为此求围观、求支持、求转发、求评论，或者在社交媒体上非议老师、同学、其他宿舍、其他班级、其他专业、其他学院、其他学校，以及自己的家人、邻居，则可能极大地有损于自己的私德。

（3）勿滥发资讯

在自己的社交软件上晒美图靓照、晒本人网文、晒打卡美食、晒旅途见闻、晒个人恩爱或者晒日常消费，通常仅仅适合于知彼知己的小众"朋友圈"。以此无限度地对泛泛之交狂轰滥炸，便可谓之滥发资讯、自我陶醉。

（4）勿纠缠于人

在社交软件上动不动就对他人求关注、求点赞、求转发、求投票、求赞助、求代购、求代售或者直接将商品广告链接给对方，不仅会辜负对方对自己的信任，而且也是对对方蛮不讲"礼"的纠缠。

至于动辄对他人进行"人肉搜索"，既属于对对方的一种无理纠缠，也是对对方个人隐私权的侵犯。

四、电子邮件

在当代大学生所使用的各种通讯手段里，电子邮件绝对不可或缺。目前，电子邮件的使用早已成为大学生常规的对外交往与联络方式。

电子邮件，简称电邮，又叫作电子信函或者电子函件。它是利用电子计算机所组成的互联网络，向交往对象所发出的一种无纸化电子信件。使用电子邮件同外界进行联络，不仅安全保密、节省时间、不易丢失、清晰度极高，不受篇幅限制，而且还可以使通讯费用相对而言大大地降低。

在使用电子邮件时，大学生所应当遵守的礼仪规范主要集中体现在以下三个方面。

1. 精心撰写

向他人发出的电子邮件，一定都要缜密构思、精心撰写，并且认真遵守"用笔沟通"的常规。千万不要认为此刻可以无所顾忌、随心所欲。要是在撰写电子邮件时自由放任、过于随便，是既不尊重收件人，也不尊重自己的。精心撰写电子邮件，理应注意以下三点。

（1）主题明确

每一封电子邮件，大都应当只有一个主题，并且往往需要由发件人在它的前面"主题"一栏上加以注明。发件人若是将其归纳得当，则收件人查阅时便可以一目了然了。

（2）语言流畅

电子邮件要做到便于阅读，就必须以语言流畅为要。撰写时，不要使用生僻字、异体字、古体字、繁体字、自造字或者收件人不懂的术语、方言和外语语种。如果需要引用数据、资料，则最好注明其具体出处，以供收件人在必要时进行核对。

（3）内容简短

网上的时间是极其宝贵的，因此发件人在撰写电子邮件时一定要言简意赅、删繁就简，并且要抓住要点，去掉一切无用之语。

2. 谨防滥用

在信息社会里，时间对于每一个人而言都无比珍贵。就大学生们而言，其时间也绝对不是可以虚掷的。正因为如此，才有人会说："在人际交往中要是真正懂得尊重一个人，首先就要懂得替对方节约时间。"有鉴于此，大学生平日是不宜以收发电子邮件为癖，任意向别人滥发电子邮件的。

没有特殊原因，不要动不动就以电子邮件联络别人。尤其是不要小题大作，在短短的时间里再三再四、接连不断地给同一个人发电子邮件。最好不要利用电子邮件来来往往地跟别人聊天，特别是不宜主动找上门去那么做。有时，只是为了验证一下自己的电子邮件是否已经成功地发出，便再发一封电子邮件进行验证，则更属多此一举。

不要随随便便地利用电子邮件在网上滥交网友。即使与值得信赖的同学、老师、亲友或者网友保持联络，也不一定非得使自己发给对方的电子邮件多多益善。

目前，有不少网民经常会因为自己的电子信箱内堆满了无数无聊的电子邮件，甚至是陌生人的电子邮件而烦恼不堪。经常性地对其进行处理,既浪费自己的时间和精力,还有可能会因此而耽搁自己的正事。

3. 循礼依规

在收发电子邮件的过程里,大学生始终都要讲究礼仪、运用礼仪、非礼勿行。下列四点尤须重视。

(1) 自尊自爱

发出电子信件时,轻易不要匿名。一般而言,在每一封电子邮件的末尾不仅应当署名,而且还应当署以真名实姓。在与他人进行电子邮件的往来时,不论双方是否相识,都不要口出轻狂、污秽、粗俗、放肆之言,不允许不尊重异性;尤其是不得冒用、盗用他人的邮箱账号,不得在使用电子邮件时随意伪装自己的身份。

(2) 严禁盗取

在任何情况下,都不允许大学生不讲究"网德",充当"黑客";切切不可随意侵入别人的网站,擅自盗取、偷窥、转发或公布别人的私人电子邮件。

(3) 及时回复

在日常生活中,大学生应当养成定期检查本人电子信箱的习惯。一经发现需要回复的电子邮件,通常均应尽快回复。万一无法立即回复的话,也要及时有所表示。例如,可告知对方,将在某个时间之前就此详细作答。

(4) 适时留言

假如外出实习、出差、出国,或者探亲、度假,以及遇到其他不方便及时回复的情况,事先可商请某位至交代替自己查收电子信件,并且代为回复。启动自动回答功能,或在电子信箱里留言告知电子邮件发出者亦可。

第三章
聚会礼仪

《礼记》有言："礼尚往来，往而不来，非礼也；来而不往，亦非礼也。"[1]

人生在世，不论自己愿不愿意，总有一些形形色色的交际应酬、来来往往，是非得参加，非得认真对待不可的。各种聚会，便是大学生必须认真面对的经常性的交际应酬。

所谓聚会，此处是指人与人平日的聚集、集会。它属于一种常态化的群体性交际。就一般状况而言，参加聚会，对普通人而言，至少具有以下三个方面不可低估的作用。

首先，扩大交际。聚会之要，在于一个"会"字，即借机与他人会面。通过聚会的参加，人们才有机会使个人的交际圈得以扩大。反之，就可能会使自己成为孤家寡人。

其次，获得信息。在参加聚会的具体过程中，人们往往会互通信息、交流情报。这样一来，便会为每一位活动的参加者提供可资利用的信息资源，并且开阔了其眼界。

最后，深化友谊。人与人之间，只有通过不断地往来，才有可能使彼此增进了解、加强信任，使双方的友谊得以深化。

作为一名成年人，大学生在日常生活里亦须面对种种聚会。正确的态度是：既要有选择地参加聚会，切勿贪多过滥、耽误学业、影响生活，又要掌握必要的聚会礼仪，使自己在参加聚会时举止有度。

---

[1] 礼记[M]. [元] 陈澔，注，金晓东，校点．上海：上海古籍出版社，2016：4-5.

聚会礼仪,通常指的是人们在进行聚会时必须遵守的个人行为准则。聚会礼仪的主旨,是要对社会上种种常见的聚会活动加以规范,并且使人们正常的聚会进行得有条不紊。对于大学生来说,学习并掌握基本的聚会礼仪,不仅是必要的,而且也是必须的。

第一节　宴会

在一个周末,大学生黄宁应亲戚之邀,前去参加一场较大规模的宴会。在宴会上,主人还没有来得及致祝酒辞,与黄宁同桌的一些客人便旁若无人地开始了大吃大喝,当时只有黄宁一个人一动不动。

接下来,侍者为每张餐桌各上了一瓶高档的红酒。见此情景,有个别客人便高声喊喝:"怎么不上雪碧,没有雪碧怎么喝红酒!"当他们把要来的雪碧掺入红酒之中兑着喝时,黄宁那张餐桌上只有他一个人婉言谢绝。

后来,注意到了这两件事情的那位邀请黄宁赴宴的亲戚十分高兴地夸奖他说:"真不愧是见多识广的一名大学生,你在宴会上的表现的确不俗。"原来,按照规范的宴会礼仪,当主人致祝酒辞时,宴会上的其他人是不能急于用餐的;而饮红酒时只可净饮,加入雪碧或其他任何东西,都属于大错特错。

所谓宴会,通常是指由机关、团体、社会组织或者企事业单位等出面组织的、具有一定目的的、以用餐为活动形式的正式聚会。有时,它亦可由个人或者以个人的名义举办。宴会的具体名目繁多。从规格方面进行区别,可将其分为国宴、正式宴会、便宴和家宴。从餐别方面进行区别,可将其分为中式宴会、日式宴会、韩式宴会、泰式宴会、俄式宴会、法式宴会、土耳其式宴会等。从时间方面进行区别,可分为早宴、午宴或者晚宴。从性质方面进行区别,则又可分为工作宴会、庆祝宴会、欢迎宴会、告别宴会等。

站在聚会礼仪的角度观察,宴会实际上是一种典型的社交活动。人们举办宴会、参加宴会的主要目的,往往并不是为了享受口腹之欲,而是希望以宴会友、以宴交友,通过宴会这种大受欢迎的交际形式巩固并拓展自己的人际关系。

子曰："夫礼之初，始诸饮食。"①在现实生活里，人们不仅重视宴会，而且对宴会的礼仪颇为讲究。赴宴，早已被公认为最高档次的社交活动之一。在求学期间，大学生接触正规宴会的机会未必很多。但为今后计，是不能不对基本的宴会礼仪有所了解的。

就总体而言，宴会礼仪主要涉及宴会的操办、用餐的规范与席间的举止等三个方面。

一、操办宴会

在筹办宴会时，东道主一方有许多具体工作要做。诸如宴会的目的、宴会的名义、宴会的范围、宴会的形式、宴会的时间、宴会的地点、宴会的服务、宴会的着装、宴会的音乐等，皆不可疏忽大意。

但是，在设宴时最重要的，当属菜肴的选定、就餐的方式、宴会的位次、用餐的环境等四大基本问题，它们都需要予以妥善处理。假使对于其中的某一个问题处理不当，往往便有可能从整体上有损于宴会的效果。

1. 菜肴的选定

设宴，固然少不了请客吃饭。请客吃饭，实际上通常都要由菜肴来唱主角。因此，在筹办宴会时，一定要对菜肴的选定倍加重视。在筹办宴会时，一般都要首先确定菜单。确定菜单，最重要的是要站在"主随客便"的角度上，对来宾特别是主宾爱吃什么和不吃什么心中有数。

（1）禁食的菜肴

宴请他人时，关键之点是：切切不可冒犯对方的饮食禁忌。虽说人与人各不相同，但常人基本的饮食禁忌却可以被归纳为以下四类，通常，它们都不得被列入宴会的菜单。

一是个人禁忌。不少人在饮食方面都有着独特的禁忌。例如，有人不吃鱼，有人不吃肉，有人不吃蛋，有人不吃葱蒜，有人不吃辣椒等。对于客人尤其是主宾的个人饮食禁忌，在排定菜单时务必要主动予以回避。

二是职业禁忌。设宴之时，理应对某些来宾的职业禁忌加以回避。例如，司机不允许饮酒等。

三是民族禁忌。世界上的许多民族都有自己特殊的饮食习惯。例如，

---

① 礼记［M］.［元］陈澔，注，金晓东，校点．上海：上海古籍出版社，2016：251.

满族人忌食狗肉;蒙古族人不吃鸡、鸭、鹅的内脏;俄罗斯族禁食海参、海蜇、墨鱼、木耳等。在任何情况下,掌握此类普遍性的饮食禁忌都是必要的。

四是宗教禁忌。在所有的饮食禁忌里,宗教方面的禁忌执行得最为严格,而且绝对不容违犯。在安排菜单时,对此必须高度重视。例如,伊斯兰教忌食猪肉、动物血液、自死之物、饮酒;佛教忌食葱、蒜、韭、薤、兴渠等"五荤";犹太教忌食自死的动物、动物的蹄筋、无鳞无鳍的鱼类;印度教则忌食牛肉等。

(2) 宜选的菜肴

怎样点菜

宴请他人之时,菜肴的选择亦称点菜。点菜时,下述五类菜肴大都可予以优先考虑。

一是各类本季节上市的蔬菜、瓜果、河鲜、海鲜。子曰:"不时,不食。"① 凡时令蔬菜、瓜果、河鲜、海鲜,无疑更加美味可口,故应优先选择。

二是具有民族特色的菜肴。各个民族的饮食,都有其独特的风味。以之招待客人,通常都是大受欢迎的。例如,在宴请外国友人时,春卷、元宵、龙须面、蛋炒饭、酸辣汤、咕咾肉、麻婆豆腐、炒土豆丝、鱼香肉丝、宫保鸡丁、糖醋鱼块等具有中华民族特色的菜肴,都会大受赞赏。

三是具有本地风味的菜肴。我国地大物博,在饮食方面各地都拥有不少自家的"名牌"。北京的"全聚德烤鸭",上海的"油面筋塞肉",西安的"老孙家泡馍",成都的"龙抄手""赖汤圆",杭州的"东坡肉""炸响铃",福州的"荔枝肉""南煎肝",湖南湘潭的"剁椒鱼头",广东潮汕的"豆酱焗鸡",云南蒙自的"过桥米线"等,在国内都极负盛名,往往令人意欲一尝。

四是宾客自己喜食的菜肴。有道是"众口难调",宴请客人时亦须注意此点。在力所能及的条件下,安排菜肴时要主动照顾一下来宾尤其是主宾本人的口味,可以酌情上一些对方最为爱吃的菜肴。

五是设宴之处厨师本人最拿手的菜肴。外出设宴时,一定要对该餐馆主厨的"看家菜""拿手菜"有所了解,并酌情予以安排。它们不但名声在外,而且还通常代表着这家餐馆的最高水平。来而不试,显然是交待不过去的。

2. 就餐的方式

筹备宴会时,自然会涉及就餐的方式。所谓就餐的方式,指的是采用

---

① 朱熹.四书章句集注[M].北京:中华书局,2011:114.

哪一种具体方法用餐。当前,世界上的就餐方式主要存在三种,即一是用筷子用餐;二是用刀叉用餐;三是直接用右手用餐。在选择就餐方式时,一般都讲究"入乡随俗"与"客随主便"。作为中国人,宴会上的就餐方式通常都是以筷子用餐。与此同时,也要兼顾客人尤其是外宾的生活习惯。

具体而言,以筷子用餐时,又可以进而细分为以下四种具体的形式。它们各自的特点不同,其要求自然也大相径庭。

(1) 混餐式

混餐式,又称合餐式。它指的是用餐时,每人各用自己的餐具,在同一份菜肴中自由地进行取用。它的优点,是易于产生和睦、温馨的气氛。其缺点,则主要是不卫生。一般认为,它仅适合于家人、友人在一起聚餐,而不适合在宴会上采用。

(2) 分餐式

分餐式的就餐方式,在国内又叫作"中餐西吃"。它的做法是:用餐时,各类菜肴一律每人每样一份,而由就餐者使用本人专用的餐具对其加以独享。它的长处,是既卫生、公平,又可以提升档次。举行小型的正式宴会时,它通常是一种最好的选择。

(3) 自助式

自助式就餐,是把所有供应的菜肴,都分门别类地统一摆放在一起,而由用餐者依照本人的食量、口味,自行选用。节省开支、节约人力、不排座次、不拘礼仪,都是它的明显优点。在举行大规模的便宴时,此种方式可予以优先考虑。

(4) 公筷式

所谓公筷式,实际上是混餐式的一个变种。它的主要做法是:用餐时众人仍取用同一份菜肴,但此刻所使用的必须是公用的餐具,例如公筷、公匙等。取过菜肴之后,尚须改换自己私用的餐具,方可将其入口。由于此种方式既文明,又具有中国家庭亲密无间的特点,故宜在安排家宴时选用。

3. 宴会的位次

越是正式的宴会,往往就越是离不开宾主的座次安排问题。对于筹办者来讲,它实际上又具体分为三个问题。

(1) 桌次的安排

安排宴会的位次,其实涉及桌次与席次两个不同的侧面。宴会所用的餐桌只要不止一桌,桌次的排列问题就不可不予考虑。在正规的宴会厅内安排桌次时,主要应遵守以下四项规则。

一是居中为上。当多张餐桌摆放在一起时,通常应以居于正中央者为主桌。

二是以右为上。数张餐桌如果横列,应以面对宴会厅正门为准,视右侧的餐桌桌位次上高于左侧的餐桌。

三是以远为上。各桌纵向进行排列时,应以距离宴会厅正门的远近为准。距其愈远,餐桌在位次上便愈高。

四是临台为上。在宴会厅内,若设有专用的讲台时,一般应以背靠它的那张餐桌为主桌。若未设讲台,有时亦可以背临主要画幅或背景墙的餐桌为主桌。

(2) 席次的安排

在每张餐桌上,亦有具体的席次应予安排。从总体上讲,有两项基本要求:一方面,席次的安排讲究"成双成对",即一般应为双数;另一方面,席次的安排还讲究"各桌同向",即每张餐桌的具体席位均应面朝同一方向。

具体而言,在安排每张餐桌上的具体席次时,有下列三项规则必须遵守。

一是面门为主。它的含义是:在一张餐桌上,应以面对宴会厅正门的那个座位为主位,请主人或者主人的代表就座于此。

二是由近而远。除去主位之外,一张餐桌的其他席次,通常应当根据距离主位的远近而定。一般的看法是:距离主位越近,席次便越高;距离主位越远,席次便越低。

三是右高左低。在一张餐桌上,若以面对宴会厅正门而论,左右两侧的座位距离主位相等时,则应当以右侧的座位较左侧的座位为高。

(3) 位次的通知

排好宴会的正式位次之后,应尽早地将其通报给全体赴宴者,以防止对方届时出现差错。一般而言,向来宾通报位次的排列,主要有下述四种方法。有时,可将其交叉使用。

一是在发至每一位赴宴者的正式请柬上注明其所在的具体桌次。

二是在宴会厅正门入口处附近悬挂特意绘制的大幅宴会桌次示意图。

三是在宴会现场安排专门的引位员,负责为来宾,尤其是贵宾引导其桌次与席次。

四是在每张餐桌上放置桌次牌与每一位到场者的姓名卡。前者应使用阿拉伯数字,后者则需要在双面书写。若有外宾在场,则姓名卡的两面应分别采用中文与外文两种文字。姓名卡标准的书写方式是:面向中方人员的一面,应当是中文。面向外方人员的一面,则应当是外文。如果需要,则在双方人员各自姓名卡的下方,还应标明其具体职务。

4. 用餐的环境

大凡宴会,不可以不重视吃,但又并不仅仅只是为了吃。从根本上来讲,在宴会上最重要的,是要创造出一种有利于宾主双方进行深入交流的良好气氛。要做好这一点,就有必要对宴请现场的环境给予高度的重视。所以有人曾说:"宴会上真正为人们所看重的,并不是吃的东西,而是吃的环境。"

筹办正式宴会时,负责者一定要充分认识到:在宴会上,特别是在重要的宴会上,就餐环境不但是一道"菜",而且往往还是最关键的一道"菜"。倘若就餐环境不佳,难免就会直接降低宴会的档次,败坏来宾的食欲,影响大家的心情,有碍宾主之间的交流,甚至还会使整个宴会都被无可挽回地蒙上阴影。

在考虑正式宴会的就餐环境时,通常有以下四个方面的基本要求。

(1) 环境幽静

挑选宴会的举办地点时,要尽量避开车水马龙、人声鼎沸之处。要确保宾主在用餐时周围安安静静,不受外界噪声的打扰。

(2) 环境雅致

在具体布置宴会现场时,既要努力使之别具特色,又要使之高雅脱俗、赏心悦目,具有一定的文化氛围。《诗经》云:"我有嘉宾,鼓瑟吹笙。""我有嘉宾,鼓瑟鼓琴。"[1] 由此可见,倘若力所能及,在现场安排音乐演奏,往往可为宴会平添优雅的气氛。

(3) 环境整洁

凡是宴会上来宾有可能接触到的地方,包括宴会厅、休息室、卫生间以及门口、走廊、停车场等处,都应专门打扫得干干净净,布置得整整齐齐。

(4) 环境卫生

卫生是宴会环境的第一要旨,同时也是全体用餐者所关注的一大焦点。对于菜肴卫生、餐具卫生、餐桌卫生、餐厅卫生、地面卫生、厨房卫生、周边卫生乃至侍者卫生等,均应从严要求,认真把关,毫不马虎。

---

① 诗经[M].[宋]朱熹,集传.上海:上海古籍出版社,2013:195.

二、用餐规范

参加宴会时,不论主人还是客人,都必须自觉地遵守用餐的规范。所谓用餐规范,在此主要是指就餐的标准的做法和具体的要求。在宴会上遵守约定俗成的用餐规范,不仅可以使自己不慌不忙、吃饱吃好,而且往往还会使自己因此而赢得他人的好感与尊重。

用餐的规范,主要适用于正式的宴会。具体而言,不同形式、不同餐别的宴会,又有着不同的用餐规范。以下,主要介绍大学生平时接触最多的中餐与自助餐的用餐规范。

1. 中餐的用餐规范

中餐的用餐规范,主要适用于中式宴会。在日常生活里,它是大学生涉及最多的一种用餐规范。具体而论,中餐的用餐规范主要包括下列三个基本方面。

(1) 中餐的上菜顺序

在正规的中餐宴会上,上菜的具体顺序是万万不可本末倒置的。中餐上菜的正确顺序是:先上冷盘,接下来上热菜,最后再上甜食与水果。在我国北方,汤通常被安排在热菜之后,在我国南方的一些省份则通常把汤安排在热菜之前。即便宴会上的桌数再多,通常也讲究各桌照此顺序同时上菜。

根据常规,中餐宴会上菜的具体方法一共分为三种:一是使用小碟盛放,每人一样一份;二是使用大盘盛放,直接上桌,然后听凭各人自己取用;三是使用大盘统一盛放各式菜肴,上菜时由侍者依次为每个人进行适量的分让。

赴宴时,切勿在其他桌或者同桌其他人的菜肴尚未上毕时,便迫不及待地动手取菜。

由侍者负责上菜时,在具体顺序上往往讲究先客人,后主人;先主角,后配角;或是沿着顺时针的方向,自主宾开始依次地逐人进行。此时,宜静候其便,万勿"越位"争抢。

(2) 中餐的餐具使用

享用菜肴时,对绝大多数人而言,都有必要讲究餐具的使用。品尝中餐时,当然不可对中餐的餐具一无所知。

在正规的中餐宴会上,人们所接触到的餐具主要有筷子、汤匙、食盘、饭碗、水盂、牙签、湿毛巾以及餐巾等。它们既各有各的具体用途,又各有各的正确使用方法。在宴会上若不注意餐具的使用,不论有意还是无意,都是一种失礼的行为。

一是筷子。吃中餐时,筷子是最主要的餐具。中国人使用筷子,讲究的是成双成对,不得单用其一。在一般情况下,取用菜肴时应以筷子夹取为主,并辅之以汤匙,直接下手去取的做法是非常错误的。

在宴会上使用筷子,主要有下列五项禁忌。第一,忌舔筷子。不论取菜之前还是取菜之后,都不宜对筷子又舔又嘬。第二,忌插筷子。取菜时,不得以筷子插而取之。暂时不用筷子,亦不得将其插在饭菜之上。第三,忌舞筷子。使用筷子,切不可将它挥来舞去,尤其是不可以之直接指向别人。第四,忌敲筷子。用筷子互相敲击,或者以之击打碗、盘、杯、碟、桌面,都是不允许的。第五,忌扔筷子。用餐期间,不许可乱扔、乱放筷子。把它们完全放在桌面上,或者搭在杯上、碗上,也是不合适的。

二是汤匙。在中餐的餐具之中,汤匙主要是用以饮汤的。在取用菜肴时,以汤匙对筷子加以辅助是允许的,但尽量不要直接用汤匙去舀取菜肴。

使用汤匙时,具体有下列五点特殊的讲究:第一,用汤匙舀取汤汁而饮时,不得将其全部含入口内、对其反复吸吮。第二,一次舀取的汤汁可分作数口饮用,但不可将尚未饮毕的汤汁再倒回去。第三,汤汁假定过于烫口,可稍后再饮,不要使用汤匙对其折来折去,尤其是不宜咧开大嘴向汤匙内的汤汁猛吹。第四,除饮汤之外,汤匙不宜再作他用。即便以之取用主食,亦为不当。第五,汤匙在不用之时,应被平放于食盘之上,不可将直接放在餐桌上、搭在汤碗上,更不可令其在杯、碗之中"立正"。

三是食盘。在正式宴会上所使用的各色餐具之中,食盘通常都必不可少。它有时亦称食碟。其主要作用,是用来暂时搁放从公用的菜盘之内取用的菜肴,此外还可用以存放进餐时的废弃之物。

使用食盘时,最重要的有四点注意事项:第一,每一次取来暂放的菜肴数量上不宜过多,否则既于己不便,又有可能惹来非议。第二,每次取来暂放的菜肴应当只是一种,如果一下子取过来多种菜肴堆积在一起,它们彼此之间便很可能会"窜味"。第三,进餐时难以下咽的废弃之物,可被置于食盘之上距离自己较远的一端,不要将其直接吐在尚未品尝的菜肴上,更不能将其吐得满桌、满地,搞得杯盘狼藉。第四,食盘存放的废弃之物较多而不便放置菜肴时,可请侍者替自己调换一只干净的食盘。

四是饭碗。在所有的中餐餐具里,饭碗的用途最为明确。在用餐时,只宜用其盛饭而食。在正规的中餐宴会上使用饭碗时,务必要认真地符合其基本要求。

从总体上讲,使用饭碗的基本要求有五点:第一,不得端起饭碗。取用碗内的食物时,不允许直接将其捧端起来。第二,不得抿舔饭碗。取食饭碗之内存放的食物,通常只宜借助于筷子,直接用嘴对其又抿又舔是不合适的;抿舔饭碗则更为不妥。第三,不得盛放他物。除盛放主食外,饭碗内只可放入少许马上要吃的菜肴,此外不得再去盛放汤汁与其他废弃之物。第四,不得将其倒扣。在用餐期间,客人绝对不得倒扣饭碗,不然就是对主人的大不敬。第五,不得将其叠放。在用餐时,每个人的饭碗大都不必更换。将两只或多只饭碗叠放在一起,则是不许可的。

五是水盅。中餐餐具之中的水盅,主要是供用餐者在有必要直接下手取用食物时,洗涤各自的手指之用的。因此,它有时又被叫作洗手盅。一般来讲,它应当盛放适量的清水。必要之时,可对其进行更换。有时,为了增加其美感,往往还可在清水之上撒上一些鲜花的花瓣。

使用水盅时,必须重点注意两个问题:第一,切勿误饮。要是将水盅内的清水当作高汤饮用,可就闹出笑话来了;第二,切勿大洗。水盅不同于脸盆或水池,在其中只可轻轻地涮洗手指,而切切不可在此处大洗特洗,甚至乱甩乱抖。

六是牙签。牙签是供用餐者剔牙之用的。在宴会上,只有万不得已时,才可以使用牙签。有必要以牙签剔牙的话,宜有意回避别人的注意。届时可采用以手掌或餐巾掩口遮挡的方式侧身悄然进行,以防他人旁观自己的"血盆大口"。当然,最好还是别在餐桌上剔牙,尤其是不要直接下手去抠,甚至还将抠出之物"观赏"一番。

使用牙签时,有三点应予注意:一是一支牙签只宜使用一次,切勿将其反复使用;二是牙签不宜挪作他用,以之扎取食物或者剔指甲缝都是不许可的;三是不宜长时间地将牙签叼在口里,餐后尤其不允许那样做。

七是湿毛巾。为用餐者上湿毛巾,是中餐宴会所独具的一个特点。根据惯例,当中餐宴会开始时,侍者会为每一位用餐者各上一块湿毛巾,它通常都是热的。应当注意的是,它只可用以擦净手部,却万万不宜用来擦脸或者擦嘴。

当中餐宴会即将结束时,侍者通常会再次送上一条较前者稍小一些的湿毛巾。它才是专供擦嘴之用的,但却不能用来揩脸或者抹汗。

八是餐巾。目前,许多正规的中餐宴会都会为用餐者每人提供一块大小不等的餐巾。它通常又称口布,由白色棉布制成。其基本作用,是替用餐者保证服装的整洁,所以必须将它平铺在并拢之后的大腿上,而不允许把它围在脖子上,或是掖在衣领上、腰带上。它的标准铺法,是应以其折缝向内,或者以大三角的顶端朝外。在用餐期间,可以餐巾的不同部位擦嘴或者擦手,但是不得以之擦脸、擦汗或者擦餐具。有时,铺放餐巾会由侍者代劳,此时恭敬不如从命,不过不要忘记道谢。

在有的宴会上,会向每一位就餐者提供一些餐巾纸。它通常是专供擦嘴或者擦手的。因此,不要以之去擦脸或者身体的其他部位。餐巾纸一般都是一次性用品。当其供不应求时,可向侍者索要,只是不要代之以其他纸张,尤其是不可以卫生纸取而代之。

(3) 中餐的特殊讲究

在正规的中餐宴会上,用餐者还须掌握下述几个方面的特殊讲究。

一是开始用餐有待主人的示意。凡是宴会上的用餐,都要求统一行动。通常只有当主人举手示意"请用餐"或者带头举筷夹菜时,其他人方可动手取食。

二是对宾主的致辞要洗耳恭听。有的宴会在正式用餐前,往往会安排宾主先后致辞。当宾主致辞时,只能够专心听讲,而切切不可埋头于大吃大喝。

三是取用菜肴应当讲先来后到。在取用菜肴时,切勿与其他人同时行动或是争先恐后。此刻,大学生既要遵守先来后到的规矩,又要懂得礼让别人。

四是可向他人让菜但不得布菜。用餐时,主人可以劝他人多用一些,或者主动向客人们介绍某些桌上菜肴的典故、特色,然而为别人布菜则是不允许的。即不得替别人夹菜,特别是不得将本人吃剩的饭菜拨让给别人。

五是取用菜肴时不得挑三拣四。从公用的菜盘里取菜时,必须看准之后再夹,夹住即应取走,不要翻来覆去地挑肥拣瘦,或者盯着菜盘举棋不定。已经夹住的菜肴,一般不宜再被放回去。

六是饮酒讲究自愿不得酗酒灌酒。为了祝酒或者活跃气氛,宴会上通常都会提供一些酒水,供用餐者自愿选用。但是,最好不上烈性酒,并且禁止酗酒、划拳。在宴会上饮酒,理应适量,并且不应向他人灌酒。

集体起哄,猛灌某一个人令其"一醉方休"的做法,绝对是不文明的。

2. 自助餐的用餐规范

自助餐,又被叫作冷餐会。它是近年来广为流行的一种简化了的便宴新形式,在大型社交聚会中多被采用。自助餐上所供应的各式菜肴,基本上都是冷食。它们被盛放在公用的大盘内,并被集中置放于长条桌之上,而由用餐者根据个人的喜好进行一定范围之内的选择。要想在参加自助餐时吃得既惬意又文明,就必须遵守下述八个方面的用餐规范。

（1）循序取菜

在自助餐上选取菜肴时,一定要遵守合理的取菜顺序。吃自助餐时,基本的讲究是循序渐进,吃完一样方可再吃另外一样。一般而言,参加自助餐时取菜的标准顺序,先后依次应为:冷菜、汤、热菜、点心、甜品、水果。若不熟悉这一顺序,而在取菜时完全自行其是、乱装乱吃一通,难免会主次颠倒、咸甜相克,使自己吃得既不爽快,又不舒服。

（2）排队取菜

享用自助餐时,尽管需要就餐者自己照顾自己,但这并不意味着用餐者因此而可以不择手段。在选取菜肴时,由于用餐者往往成群结队而来,因而每一个人都要讲究先来后到,自觉地排队。在取菜前,先要备好一只大型托盘待用。排队轮到自己取菜时,应以公用的餐具将自己中意的食物装入托盘之内,随后尽快离开。不要面对丰盛的菜肴犹豫不决,或者从中再三再四地挑挑拣拣,从而让身后之人久久地等候。

（3）量力而行

用自助餐时,遇上本人爱吃的东西,只要撑不坏自己,自可放开肚量尽管去吃。实际上,不限食量、保证供应,正是使自助餐的大受欢迎之处。但大学生务必应当牢记,在按照本人的口味选取菜肴时必须量力而行。切勿只顾狂取一通,结果却"眼高手低",从而造成不必要的浪费。严格地说,享用自助餐时多吃可以,但浪费则是不允许的。这一要求,被世人称为自助餐取菜的"少取规则"。

（4）多次取菜

在遵守"少取规则"的同时,还有必要遵守"多次规则"。它的基本含义是:就餐者在自助餐上选取某一种类的菜肴时,允许对其一而再、再而三地反复取用。但是,用餐者每一次应当只取用一小点,待品尝完毕,觉得还想再吃,便可以再次去取,直至不想再吃为止。它实际上是在说,在自

助餐中选取某种菜肴时,去取多少次都无所谓,一添再添也是合理的,只是不宜取用过量,不可一次装得太多。用自助餐时,"少取规则"与"多次规则"其实属于同一个取食问题的两个不同侧面。因此,二者往往合称为"多次少取规则"。

（5）避免外带

所有的自助餐都有一项不成文的规定,即自助餐只许可其就餐者在用餐现场任意地享用,但绝对不许可用餐者在用餐结束之后"满载而归"。千万不要将自助餐混同于"外卖"。在自助餐上大吃特吃不算是过错,可要打算从中选择一些自己的"心爱之物"偷偷地带回家去,便属于大错特错了。至于公开要求主人或侍者替自己"打包",则绝对不允许。

（6）送回餐具

用自助餐时,既然强调用餐者实行个人自助,那么就必须自觉地做到善始善终,不仅在取用菜肴时应当自助,而且在用餐结束后亦应由自己将餐具送回指定之处。一般来讲,享用自助餐之后,每个人都应把自己所使用过的全部餐具,包括碗、盘、杯、匙、筷以及空饮料瓶等送回指定的位置。在庭院、花园内用自助餐时,尤其应当这么做,切勿随手乱扔餐具。在营业性的餐厅内,餐毕离去前,可把餐具放在餐桌或指定的桌子之上,并且对其稍加整理,不允许将其乱扔、乱放。

（7）照顾他人

参加自助餐时一项重要的要求,是要与他人和睦相处,并且对自己的同伴重点加以照顾。若是对方对自助餐不熟悉,不妨扼要向其略加介绍。要是对方不介意的话,还可以具体向其提出一些取用菜肴的建议。身边的其他不相识者有此要求时,亦可照此办理。不过,一般来说,除家人之外,在自助餐上不宜直接动手代替别人选取菜肴,特别是不许可把自己吃不习惯或者吃不完的东西"中途转让"给其他人。

（8）积极交际

参加某些社交型的自助餐时,每一个人都应当明确:吃东西通常只是一件次要之事,而借机与别人适当地进行交际,才是自己最重要的任务。所以,不应该以自己不善交际为由,在参加自助餐时来了就吃、吃了就走。得体的做法,是要在用餐期间及其前后主动寻找机会,积极开展交际活动:首先,必须与主人攀谈一番。其次,应当找故旧叙上一叙。再次,还要争取多结识几位新的朋友。在自助餐上,主要的交际形式是几个人聚在一起边吃边谈。为了扩大交际面,在此期间不妨多转换上几个交际圈。

三、席间举止

出席正式宴会时,每一名大学生都有必要认真地约束本人的举止行为。其中最重要之处,是要认真了解涉及赴宴者举止行为方面的特殊规定,并且努力克服自己在席间有可能出现的、有关举止行为方面的一切不良习惯。只有如此,才有可能使自己的良好教养得到别人的认同。

结合中餐宴会的基本特点,具体而论,赴宴者需要在席间重点注意以下两大方面的问题。

1. 举止自律

参加中餐宴会时,每一个人均应对本人的举止加以自律,令其既符合规范,又无碍于人。

（1）减少走动

除自助餐、酒会等允许赴宴者自由行动之外,绝大多数宴会,特别是正式的高档次的宴会,都是不准赴宴者随意四处走动的。在属于自己的座席上一旦落座,赴宴者往往就必须坚持到宴会宣告结束。想要同熟人打上一个招呼,可以等待祝酒之际,或者散宴以后。即使想去"方便"一下,也要快去快回。在出席宴会时,中途不告而辞绝对是失礼的。用餐期间独自窜来窜去,甚至高声喧哗,也非常不合适。

（2）管束手足

在餐桌旁正式就座后,用餐者应将自己的手足置于适当之处。一般而言,双手应当放在餐桌上,或者是在相握之后放在自己腹前。不要把手插入口袋,或者在桌上桌下摸来摸去。把双手端在胸前或抱在脑后,也不允许。双脚最好尽量地收拢,放在自己的座椅之下。不要四处乱伸、随意乱晃、双腿大叉;尤其是不要架起"二郎腿"乱抖乱摇,或者是把腿脚蹬放在自己、别人的座椅上面。

（3）限制打扮

在宴会举行期间,一般不宜在餐桌上进行个人的打扮。通常,可在步入宴会厅之前,利用衣帽间、休息厅等处收拾、打扮一下自己。然而一旦在餐桌旁坐定后,就不宜再去拾掇自己了。例如,在用餐期间,不准宽衣解带,不准松领带、挽袖口、卷裤角、脱鞋子、脱袜子。在餐桌上当众梳理自己的头发,或者是描眉、画眼、涂口红、照镜子,亦应被禁止。

（4）适度交谈

举行宴会的一大初衷，就是要使赴宴者有条件得以扩大本人的交际面。因此，每一位赴宴者都要充分利用参加宴会的机会，多与其他人士进行接触。有可能的话，要寻找各种时机，与旧友新朋进行适度的交谈。至少，在宴会开始前、结束后，要前去向主人夫妇打上一个招呼。在餐桌旁与休息厅内，不妨主动与身边之人交谈上两句。碰到老朋友，不要忘记找对方聊一会儿天。当别人主动找自己交谈时，则一定要予以回应。届时，不要坚持"食不语"。在餐桌上始终只吃不说，则会给人以"为吃而来"的印象。

（5）广泛交际

参加宴会期间，有经验的人一定会千方百计地扩大自己交际的范围。既要不忘记老朋友，又要力争多交一些新朋友，喜新而不厌旧。在宴会前后及其举行期间与他人进行交际时，不要仅仅局限于某一个人或者某一个小圈子。若有可能，不妨主动转换几个阵地，多去接触一下其他人或者其他交际圈。不要眼里只有名人、明星、熟人、异性、外宾或者地位显赫之人，而不肯去接触其他自己无求于对方的人士。

2. 用餐文明

参加宴会时，赴宴者用餐过程中的具体行为最引人注目。从总体上来讲，必须使之文明有度。具体上讲，则应重点关注下述九点应注意的事项。

（1）安安静静

在进餐时，每一位赴宴者都要努力做到安安静静，尽可能地不使自己发出任何声响。要达到上述要求，最重要的就是要使自己进餐的具体动作不慌不忙，吃喝之时细嚼慢咽，不要忘乎所以，不宜动作过猛、狼吞虎咽。在品尝某些易于发出声响的食物或者饮料时，更是要有意识地加以自我克制，尽量不使自己的吃喝之声、餐具的使用之声以及身体内部所发出来的声响被别人听到。进餐时不得制造任何声响，是一项普遍适用的宴会礼仪。

（2）保持卫生

在宴会上与他人同桌用餐时，一定要充分地考虑对方的内心感受，自觉地做到用餐卫生。一般而言，不应当在餐桌上直接下手取菜，不允许吸吮自己的手指，不可以捡拾桌上、地上的食物再次入口。还必须注意，不要在用餐时猛然咳嗽、打喷嚏、擤鼻涕、清嗓子，尤其是不要随地吐痰。万一有此必要时，应立即离开餐桌，赶往无人之处进行处理。实在来不及的话，则应先以纸巾或者手帕掩住口鼻，或者扭过身去以一只手臂的臂弯掩住口鼻,并且在事后要向自己的周围之人道歉。

(3) 取菜文雅

在餐桌上当众取用菜肴时,一定要使自己的具体动作表现得文雅、大方。一定要注意,每一次所取用的食物不宜过多,免得其东流西掉、撒得到处都是。取用汁水较多的菜肴时,一定要以汤匙在其下方接一下。在取菜时,动作宜轻、宜慢,不要贸然下手、东碰西撞。衣袖、丝巾、领带、发梢等处,无论如何都不可触及菜肴。如果够不到较远之处的菜肴,可请侍者或附近之人帮忙,但万万不要起身去够或者走过去一端了之。他人帮忙递过来的菜肴,可在拨上一些之后,将其归于原处,并应向对方致谢。

(4) 入口适量

赴宴者在宴会上用餐时,不论是吃是喝,都要有意识地做到在总体上和具体上入口适量。所谓在总体上入口适量,就是要求进餐者限制自己的食量,不要欲壑难填、暴饮暴食、超水平发挥,好像多日未曾吃喝的"饿死鬼"。所谓在具体上入口适量,则是要求进餐者有必要控制自己每一次入口之物的大小与分量,不要一时使自己难以下咽,或是因而令本人吃相不雅。总之,每一回入口的东西,都要个小、量少。这样操作,既方便于自己细嚼慢咽,又会使自己的吃相温文尔雅。

(5) 只进不出

用餐的时候,所有的入口之物原则上都应该只进不出。除菜梗、骨渣、鱼刺、蛋壳、毛发之外,当着别人的面把已经入口的东西再次吐出口外,是一种失礼的表现。因为食物一旦入口之后,往往会被嚼成面目全非的一团。将其"拖泥带水"地再吐出来,实在令人作呕。所以,在进食前,应认真地对菜肴进行必要的剔除清理。还有一点应当明确:若他人口内明显地含有食物,或是正在进行咀嚼之时,切勿主动找其攀谈。否则对方既一时难以下咽,又不宜把"半成品"吐出口外,实在是进退两难。

(6) 干净利索

要想在餐桌上保持好自己的风度,就一定要在用餐的具体过程中做到吃得干净、喝得利索,不留任何痕迹。具体而言,每当自己吃完一道菜、喝完一杯饮料之后,或是预备与人交谈时,均应先用餐巾或餐巾纸擦净嘴角、手指,以防止自己的脸上、手上甚至身上五颜六色、色彩斑斓。发觉自己汗流浃背,或者是吃得满脸油汗时,亦应采取一定的措施,对其及时进行处理,以防自己的尊容受损。

（7）禁止指点

与在其他公共场合进行活动时的要求一样，在宴会上用餐时，同样也是禁止以任何方式对别人指指点点的。赴宴者必须牢记，万万不可因为自己吃得开心、谈得高兴，而在餐桌上当众手舞足蹈、指手画脚，尤其是不要将本人的手臂挥来挥去。在宴会上还应当注意，不论介绍菜肴还是向别人让菜，都千万不要使用自己的食指、筷子、汤匙或是餐刀、餐叉之类的东西以及手持的食物、杯瓶去直接指向别人。这种做法，是非常失敬于人的。

（8）禁烟少酒

在一般情况下，宴会举行期间都是禁止吸烟的，吸电子烟亦不允许。这样规定的目的，是要维护环境，并且保护赴宴者的健康。在赴宴时，切切不可破戒，不可一边吃饭，一边吸烟。即便无此规定，也要自觉禁烟，坚决不在用餐期间吞云吐雾。与此同时，还应有意识地抵制美酒的诱惑，自觉地限制自己饮酒时的酒量。孔子认为：在外人面前即便是饮酒，也应以"不及乱"[①]为其限度。因此，绝不要在宴会上酗酒、醉酒，从而让自己酒后失态。通常提倡大学生在赴宴时滴酒不沾。即使饮酒，也应将酒量限制在本人平时酒量的 1/3 以下。

（9）勿作非议

作为客人赴宴时，不论他人要求自己发表高见，还是本人顺便提及，在具体涉及上桌的各式菜肴及其味道时，都不应当大张旗鼓地进行非议。就算是宴会上的菜肴的确存在某些明显的不足之处，也不宜当众对其说长道短，更不能够拿这家餐馆的厨师手艺去与其他餐馆的厨师手艺进行比较。不可大声大气地对自己正在享用的菜肴进行批评，或者谴责厨师的手艺欠佳。不要忘记，非议宴会上的菜肴，往往会被人们视为对主人不满的一种间接的表示。

第二节　晚会

直到大学毕业，一向热衷于参加晚会的应学礼也从未对别人提起过

---

① 朱熹. 四书章句集注［M］. 北京：中华书局，2011：114.

自己当初的一次走麦城的经历。

那是发生在刚进入大学校门不久的事情。有一天,心高气盛的他作为新生代表,和其他同学前往市里参加一场规模很大的联欢晚会。晚会举行期间,由专业乐团演奏了著名的贝多芬的《英雄交响曲》。一方面是因为应学礼当时的心情甚佳,另一方面则是因为乐团的演奏水平的确高超,于是被美妙而高尚的音乐所陶醉的应学礼在该交响曲的演奏期间频频鼓掌叫好。然而每一次都是应学礼自己一个人孤掌而鸣,无人响应,而且其周围还不时有人对他瞠目而视。

晚会结束后,应学礼赶紧就此向行家讨教。这时他才"学而后知不足"。原来在交响乐的正式演奏期间,是绝对禁止听众鼓掌的。听众的鼓掌欢呼,只宜在一首乐曲全部演奏完毕之后方可进行。不然的话,乐队的演奏就会因为平添"不和谐之音"而大受干扰。

晚会,一般是人们对文艺晚会的简称。通常,它是指以演出文艺节目为基本内容的群体性聚会。因其多在晚间举行,故名晚会。长期以来,晚会都是一种大受欢迎的群众性文娱活动的主要形式。同时,它也是人们进行交际、联谊的主要活动之一。

站在聚会礼仪的角度上来看,晚会的筹备与参加都应当完全符合必要的规范。因此,时常接触晚会的大学生非常有必要掌握这两个方面的基本礼仪规范。

一、筹备晚会

要使一场晚会像预想的那样大获成功,对组织者而言,就必须认真做好准备工作,力求将晚会的各个具体环节安排得完美无缺,并为此积极采取各种必要的措施,争取有备无患,严防各类意外事件的发生。

从总体上来看,筹备一场较为正式的晚会时,组织者所须从事的主要工作共有下列五项。

1. 确定主旨

举办一场晚会,自然主要意在用优美的表演娱乐人、用高尚的情操陶冶人、用时代的精神鼓舞人,同时向广大观众输送正能量与好心情。换而言之,就是要努力地、巧妙地寓教于乐。要既娱乐人,又教育人。这便是举办每一场晚会时所必须恪守的主旨,是任何类型的晚会都不能够与其相背离的。

在筹备晚会时,一定要认真贯彻落实以上主旨,切勿为了省却麻烦而大走极端,因而在具体内容的安排上只求"教人",却不讲究"娱人"。当然,要是一心一意地只顾"娱人",无所不用其极,而将"教人"完全置诸脑后,也绝不合适。若想避免在以上两个方面走极端,最好的办法,就是要在确定一场晚会的具体内容与形式时,既讲究"娱人",又注意"教人",真正地把二者兼顾起来。

(1) 健康向上

一场高质量的晚会,首先要求其安排的节目不论从总体上还是从个体上来看,都要具有明确的主题和健康的内容。它们不但应当合法、合规、遵守公序良俗,与社会公德毫无抵触,而且还应当体现出文明、高雅、积极、向上、振奋人心的时代精神,能够恰到好处地传达正能量,并且可以令人心情舒畅,从中真正有所获益。这就是所谓"教人"。在这一方面,重要的是要"随风潜入夜,润物细无声",而非强迫、施压,或者内容陈旧、形式生硬。

(2) 引人入胜

一场晚会要有良好口碑,就必须拥有好的节目。在安排晚会的具体节目尤其是重点节目时,一定要重视其能否"娱人"。也就是说它们能否引人入胜。具体而言,节目的内容应当生动有趣,令人久久难以忘怀。节目的形式则应当生动活泼、轻松欢快,既有新奇、独特之处,又为广大观众所喜闻乐道。若是节目的内容生硬呆板、老生常谈、陈词滥调;节目的形式千篇一律、平淡无奇、毫无新意,则很难保证晚会的成功。

2. 斟酌类型

要办好一场晚会,有必要精心选择与其主题相互适宜的具体类型。选择晚会的具体类型时,一方面需要注意它与主题是否彼此协调,另一方面则必须兼顾组织者自身的实际能力。

在一般情况下,晚会的具体类型可以按照不同的划分标准来加以确定。它的常见的标准有两项。在实践中,两者可以互相进行交叉。

(1) 以目的作为划分标准

因为晚会的举办通常都具有一定的目的性,所以可以把举办晚会的具体目的作为其分类的一项基本标准。根据此项标准,晚会一般又可以分为以下两类。

一是专题性晚会。所谓专题性晚会,是指主要反映某一主题,并以此为中心而举办的专门性晚会。例如,在"五四"举办的青年节纪念晚会,在"十一"举办的国庆节庆祝晚会,在元旦举办的新年晚会,以及在每学年开学初、放假前所举办的迎新晚会、毕业晚会等,都是典型的专题性晚会。专题性晚会上所演出的节目,均应事先排定,并且一般不宜临场进行较大的变动。

二是娱乐性晚会。所谓娱乐性晚会,通常指的是并无专门确定的正式主题,而是主要为了调剂生活、寻求放松、找寻乐趣所特意举办的纯娱乐性质的晚会。一般而言,娱乐性晚会上所演出的节目,可以由组织者事先进行安排,但也允许观众现场,进行即兴的表演。

(2) 以节目作为划分标准

在任何晚会上,节目的安排与表演都是举足轻重的。以节目作为晚会的具体分类标准,亦可将晚会分为两类。

一是综合性晚会。所谓综合性晚会,亦称综艺晚会,一般是指由组织者按照一定的艺术构思,把各种各样不同形式的文艺节目综合起来,将其井然有序地安排在一起进行演出的晚会。综合性晚会因其节目各异,犹如文艺的百花园与万花筒一般,可以令观众观其所好、借以放松、各得其乐,从而满足不同层次观众的多种欣赏需求。

二是专场性晚会。所谓专场性晚会,则是指以专门集中演出某一具体形式的文艺节目为主的文艺晚会。例如,诗歌朗诵晚会、名著诵读晚会、交响音乐晚会、民族歌舞晚会、艺术歌曲晚会、通俗歌曲晚会、小品晚会、相声晚会、曲艺晚会、戏剧晚会、舞蹈晚会等。专场性晚会因其内容系统、专一,适合于层次、品位、爱好相近的观众观赏。

3. 精选节目

确定晚会的主题与具体类型之后,组织者尚须对晚会的具体节目进行认真的安排、准备。具体而言,以下三项重点工作必须做好。

(1) 节目的安排

筹备每一场晚会,都必须对它所演出的具体文艺节目进行周密的安排。安排晚会的文艺节目时,一般需要关注下列两点。

一是确定晚会的长度。举办晚会之前,均须提前确定好它将要耗费的时间,并据此排定文艺节目数量的多少。在一般情况下,举行一场晚会,时间上应当以 1~2 小时为宜。为此,所安排的每一个具体节目所用的时间不应当过长,大体上以 5~10 分钟演出 1 个节目,1 小时之内演出 5~10 个左右的节目为好。还须注意,在演出的各个节目之间,应当留出必要的间隔时间。

二是重视节目的交叉。具体安排每一场晚会的节目时,一定要有意识地将不同风格、不同主题、不同形式、不同内容的节目进行交叉安排,以便使观众觉得有所变化、有所不同。与此同时,还应当慎选作为"开场白"与"压轴戏"的节目,要使其既不同凡响,又令人回味。真正做好了这一点,就能够从根本上抓住观众,并给其留下深刻的印象。

(2) 节目的准备

确定晚会上上演的文艺节目后,务必要将其具体落实到专人。不仅要有专人负责排练、演出,而且还要有专人负责督促、检查。

在具体准备节目时,既可以由上而下,由组织者进行布置;也可以自下而上,由单位或者个人自行报名,而由组织者最后定夺。但是,必须采取一切必要的、合理的措施,以确保节目的质量。

对于具体落实到单位或者个人的节目,组织者千万不可对其放任自流。通常,应对其进行至少一次的彩排与审查,使之符合要求,并且有所提高。

举办晚会时,准备节目的基本原则是:宁缺毋滥;宁少勿多。宁肯下决心让不符合要求、准备不够充分的节目下马,也绝对不要任其滥竽充数。

(3) 节目的说明

举办大型、正式的文艺晚会,通常有必要对上演的节目略做说明,以便使观众先入为主,对其产生一定的印象。具体来讲,节目的说明方式有下列两种,两者可以互相交叉使用。

一是口头说明。晚会节目的口头说明,通常是由晚会的主持人在晚会正式举行之前进行。它要求:言简意赅,有主有次。

二是书面说明。它是指专门印制而成的晚会说明书。晚会的节目说明书,又称节目单。它通常列有将在晚会上正式演出的每一个节目的具体名称、形式以及演职员的姓名。有时,它还会对节目的内容梗概和演员情况有所介绍。凡是有外宾参加的正式晚会,其所提供的节目单一般应当使用中文与外文两种文字进行印制。此外,晚会的书面说明亦可提前在网上发布,或者使用多媒体在现场进行展示。

4. 确定场地

举行晚会时所使用的场地,是其组织者必须审慎加以选择的。就其宏观而论,晚会所选择的场地既要大小适中、交通便利,符合地方政府尤其是公安、消防部门的相关规定,又要避免有碍交通或噪声扰民。倘若以校内的广场、教室、礼堂作为晚会的举办场地,则既要提前向有关方面申请或报备,又要避免其有碍于正常的教学秩序。就其具体而论,文艺晚会的场地大体上又是由演出场地与观众场地等两个部位所构成的。二者的具体要求,往往会各有不同。

(1) 演出场地

文艺晚会的演出场地,又称舞台。它不但是文艺节目表演者在晚会上所专门使用的"英雄用武之地",而且也是广大观众的万众瞩目之处。因此,在力所能及的条件下,要尽量使之既方便于表演,又方便于观看。具体而言,晚会的演出场地又可以具体分为下述两种。

一是剧场舞台。它所指的是位于专业剧场之内的演出场地。通常,它的传声、灯光效果较好,并且容易提升晚会的档次、控制晚会的规模。

二是露天舞台。它大都是指临时在室外搭建的演出场地。与剧场舞台相比,露天舞台自然所受限制较少,但是演出的具体效果多多少少会受到一些影响。

大学生所举办的小规模晚会,例如院系、年级、班级的晚会,通常不必专门搭设舞台,其场地大小适宜即可。

(2) 观众场地

文艺晚会上的观众场地,即专供观众观赏文艺节目的演出之处,它通常又叫作观众席。组织者在选择观众场地时,既要使之服从于演出场地的选择,又要特别认真地对待其安全程度与总体容量等两大重要问题。

在有条件的情况下,要努力保证观众一人一座。具体的措施是:在参加晚会时,所有的入场者均须持票入场,对号就座。在下发入场券时,应当在座次上对来宾尤其是贵宾有所照顾。一般应将适宜观赏演出的最佳座席留给嘉宾。

如果需要观众自带座椅,则最好是要求其按照院系、年级或班级分别列队入场,并且一定要提前为其划分好具体的区域,令其入场后即可在指定之处就座。

当场地条件欠佳,难以为观众提供必要的座椅时,也要采取一定的措施为观众创造条件。不论观众站立观看或者观看节目时席地而坐,均应尽量方便其观看演出。

5. 安排人员

在筹备晚会期间,组织者务必要对到场的工作人员认真考虑。一般的晚会,到场的工作人员往往由演职员与组织、服务人员两部分组成。二者的具体身份可以兼具,但却缺一不可。

对于组织者而言,晚会的工作人员问题,重点就是演职员的挑选与后勤保障人员的安排。倘若组织者"目中无人"或者用人不当,都难以确保晚会的顺利进行。在挑选、安排相关人员时,对于演员、报幕员、拉幕员以及舞台监督等人员的挑选与安排尤其应当予以重视。

(1) 演员的选择

选择演员不仅要考虑其演技、人缘与知名度,而且也要同时兼顾其艺德、台风、责任心,以及年级、专业与身体状况。必要时,应安排一支"机动队",以便在个别演员缺场时替补救场。

(2) 报幕员的选择

晚会上的报幕员,也就是晚会的现场主持人,或称司仪。报幕员的临场表现如何,往往会对观众的情绪变化产生很大的影响。通常,报幕员可以由两人同时担任,也可以由一人专任。其基本条件是:形象出众,口碑上佳,口齿清晰,音色悦耳,气质高雅,富有激情,长于表演,善于应变,经验丰富。报幕员可以外请名人,也可以在本单位自选。由两人同时出任报幕员,最好是一男一女,并且令二者在年龄上稍有落差。

(3) 拉幕员的选择

在非常正式晚会上,通常都要在舞台上设置幕布。拉幕员的主要职责,就是根据演出的具体要求,适时地拉启或者落下幕布。由此可知,拉幕员虽为一名置身幕后的无名英雄,但却责任重大。选择拉幕员的基本条件有二:一是要有高度的责任心;二是要有一定的气力。二者缺一不可。

(4) 舞台监督人员的选择

在晚会上,舞台监督实际上是一名总指挥与总调度。只有依仗他的指挥、调度、监察与督促,一场晚会才有可能取得成功。一般而言,担任舞台监督的人,需要头脑冷静,处事果断,观察入微,为人公道,具有威信,知识渊博,经验丰富,善于协调,并且具有较强的组织才干。如果舞台监督在晚会上表现失常或者失职,往往就会使晚会显得群龙无首,一片混乱。在组织晚会时,必须尽力防止发生这种情况。

二、参与晚会

一般来说,参与晚会的人员既多且杂。他们的临场表现,或多或少地都会对晚会产生某种不同程度的影响。

参与晚会时,大学生往往既有机会充当演员,又有可能充当观众。不论充当演员还是充当观众,大学生都必须自觉地遵守相关的礼仪规范。

1. 演员的礼规

演员,在晚会上通常都是万众倾心注目的明星。不论专业演员还是群众演员,不论节目里的主角还是配角,一旦登台献艺,就要处处自尊自爱,不负演员的光荣称号与广大观众的殷切期望。在晚会上,每一位演员要做到合乎礼仪、不辱斯文,最关键的是要做好下列三点。

(1) 尽心表演

能否在晚会上尽心尽力地为观众进行表演,往往与演员的演艺水平关系不大,而主要取决于其道德水准。因此可以说,一位演员尤其是专业演员,在晚会上能否尽心尽力地进行表演,实际上直接体现着其道德水准的高低。真正的优秀演员,必须做到德艺双馨。具体而言,尽心表演节目有赖于下述三个方面。

一是恪尽职守。无论发生了任何变故,演员都不可以临阵脱逃、中途变卦、拒不到场,或者拒绝登台。若是临场以苛刻的条件要挟晚会的组织者,或者以种种借口对其进行刁难,则更是演员之大忌。

二是正常发挥。演员在进行演出时,无论现场的具体条件如何,观众的表现怎样,都要一如既往地把自己的节目表演好。要力争发挥本人的最佳水准,至少也要做到正常发挥。不要在表演节目时自作聪明、偷工减料,或是敷衍观众、丢三落四、大失水准。

三是格调高雅。晚会表演的格调问题,其实具体体现着每一位演员的精神风貌。单就形式与风格而言,演员在进行表演时,是提倡"百花齐放,推陈出新",勇于探索的。但是,这并不意味着演员在演出时可以自轻自贱,可以肆无忌惮地哗众取宠、一味媚俗,甚至诲淫诲盗。

(2) 尊重观众

对于演员来讲,观众不但是自己服务的对象,而且也是自己的上帝。每一位演员的表演水平如何,终究要由观众对其进行最后的评判。而对于观众来说,演员在台上台下能否尊重观众,往往要比其演技的高低更为重要。因为它既是一个态度问题,也是其个人人品的客观体现。

在晚会上,演员对观众的尊重,不只要靠口号,更要看其实际行动。

具体来说,在登台或下场时,要认真向观众欠身施礼。有可能的话,在演出开始前,还要主动向全场观众热情问好。

演员演出完毕,若有观众要求加演,应再次登台向其施礼道谢,或是努力满足其请求。若有观众献花,应当不卑不亢,落落大方地欣然接受,并且与献花之人握手,同时口头致谢。

当晚会的全部节目演完之后,全体演员按照惯例应当登台列队谢幕。届时,应当热情洋溢地面向观众微笑鼓掌,或者向对方挥手致意,并欢送观众退场。

演出前后,演员若遇上观众要求签名或者合影留念时,通常不应当加以拒绝。碰到观众认出自己,或是呼喊自己的姓名时,演员一定要保持风度。正确的做法是:面含微笑,向对方点头或挥手致意。切勿对对方不予理睬,或者落荒而逃。

演出期间,若有个别观众起哄闹事,千万不要与之针锋相对。在此情况下,不论中止表演下场,还是直接与起哄闹事者互撕,都是失常的表现。

(3) 善待同行

在进行文艺节目的表演时,妥善处理自己与其他演员之间的相互关系,是每一名演员在晚会上均须重视的一大问题。演员在处理自己与其他演员的相互关系时,要相互支持、积极合作,并且以大家齐心协力把晚会办好为首要目的。

对于晚会节目的具体安排,每一位演员都要认真服从,认真遵守。不要为了争抢最佳的出场顺序、争抢节目表演中的 C 位,或者计较自己表演时间的长短,而与其他演员互不相让。

在晚会上,需要自己配合其他演员的演出,或者为其提供方便时,一定要尽力而为、不讲任何条件。不要时时"我"字当头,不要只想在演出中充当"红花",而不愿意去做必不可少的"绿叶"。

倘若晚会要对所有的演出节目进行评比奖励,一定要心平气和,尊重公论。既不要搞小动作、百般诋毁竞争对手,也不要把评比结果看得过重,从而忘记演员进行表演的目的在于愉己悦人。

2. 观众的礼规

观赏晚会的节目演出时,每一名大学生不仅享有尽情欣赏表演的权利,而且也同时拥有严守礼仪规范的义务。参与晚会时,观众所应遵守的礼仪规范,主要涉及提前入场、对号就座、专心观看、懂得欣赏、鼓励演员、照顾同伴、依次退场七个具体方面。

（1）提前入场

提前进入观众场地，是每一名大学生在参与晚会时必须自觉遵守的最基本的礼仪规范之一。

在一般情况下，晚会演出正式开场之前的 10 分钟左右，观众即应抵达观众场地。之所以要求观众在参与晚会时提前进场，主要是基于以下两个方面的考虑：一方面，是为观众自身着想；另一方面，则是为了维护晚会的现场秩序。

提前入场是为观众自身着想，是因为这样一来，观众便有较为充裕的时间去会合亲朋好友，领取节目单，存放衣帽，找寻座位，熟悉环境，而不至于错过晚会的正式开场。

提前入场是为了维护晚会的现场秩序，则是因为假如无此要求，在演出正式开始之后，仍有迟到的观众络绎不绝地入场，既会影响其他观众观看演出，也是对广大演员的不尊重。事实上，大凡正规的晚会，在其开演的铃声响过之后，便不再准许迟到的观众入场。只有在晚会进行中场休息时，他们才会获准进场。

（2）对号就座

凡是参加要求凭票入场、对号就座的晚会时，观众均应自觉予以合作，持票排队入场，并且凭票按号入座。

通常，每一位观众不仅需要提前入场，而且还应当提前在属于自己的座席上各就各位。如果在时间上较为宽松一些的话，则至少应当提前 5 分钟在自己的座位上就座。

寻找自己的座位时，如若有领位员在场，最好请其带路或者予以指点。若是非得自助不可，则最好从左侧的通道向前行进，逐排进行寻找。千万不要漫无边际地东闯西逛，更不要为了找出一条"捷径"，而对座椅进行"跨栏"，甚至践踏。

走向自己的座位时，如果需要从其他早已落座的人士面前通过，切勿一声不吭地横冲直撞。正确的做法，是应当先向对方说上一声"劳驾""借光"或者"对不起"，然后面向对方侧身通过。此时，尽量不要碰到对方的身体或背对对方。万一发生了此种情形，则应当立即向对方致歉。

当本人的座位上已有人在座，应当先向对方出示自己的入场券，说明该座位应归自己，并且客客气气地请求对方让座。必要之时，可请求晚会的工作人员处理此事。不论对方届时表现如何，自己都没有必要与其争吵或为此大动干戈。

在属于自己的座位上就座时,应当做到姿势优雅、悄无声息。切勿在就座或者离席时把座椅弄响,并且坐得东倒西歪、前仰后合。坐下之后把腿脚乱伸、乱蹬、乱翘、乱踏、乱放,也不成体统。

　　从原则上讲,座位即为观众的"岗位"。观众一旦在自己的座位上就座,就不宜再去进进出出,不应乱调、乱占其他空位,更不允许擅自在通道上、舞台边上或者乐池之内就座。有特殊原因需要与其他人调换座位的话,千万不要强人所难,而是应当讲究两相情愿。

　　若晚会不要求对号就座,或者根本没有任何座椅可坐的话,观众则需要注意:自己观看演出的具体位置一经确定,就应当不再改变。

　　(3) 专心观看

　　观看节目的演出,是所有观众出席晚会的根本目的之所在。在观看演出时,观众的最佳表现是:专心致志,全神贯注。既要不妨碍演员的表演,又要不影响其他观众的观看。要符合上述要求,尤其需要观众具体关注下述六点。

　　一是不要交头接耳。观看晚会的节目演出时,与周围的同伴窃窃私语,或是对正在表演的节目大声进行评论,是观众最不自觉的表现。

　　二是不要使用手机。一旦进入晚会的现场以后,观众即应自觉地令本人所携带的手机处于"静音"的状态。不要任其喧嚣不止,更不要在演出进行期间大打特打手机。在演出期间若不断地收发或查阅微信、微博,也会因其发声、发光而骚扰周围的观众,甚至会影响到演员的表演。

　　三是不要大吃大喝。观看演出时,最好不要吃吃喝喝,特别是不要去吃带壳的食物,或者去喝易拉罐饮料,因为它们都有可能成为恼人的噪声之源。在晚会上吸烟,也是被禁止的。

　　四是不要随便走动。当演出开始后,观众如果进进出出、乱走乱动、坐立不安,都是非常惹人反感的。

　　五是不要骚扰他人。观众在观看节目时,通常不宜头戴帽子,或者坐得过高。不要在一个座位上挤坐两个人,或者直接挤占其他观众的座位。不要在场内随便拍照、摄像,或乱用闪光灯、荧光棒、拍手器、小喇叭、口哨、标语。

　　六是不要心不在焉。在演出期间,观众不宜打瞌睡或者闭目养神。看书、看报、听音乐,四处张望、反复查阅社交软件,都不甚合适。

　　(4) 懂得欣赏

　　在晚会上观看演出,是一种高品位的审美活动。要想真正地因此而有所长进,就应当懂得如何欣赏节目,争取"内行看门道"。仅仅图一个"外行看热闹",是没有多大的意思的。

欣赏文艺演出,是一种有目的的活动,同时也需要一定的准备。欣赏不同形式的演出,通常又各有其不同的侧重。对观众而言,要想在这一方面初步入门,一般应当注意下列三点。

一是掌握基础知识。欣赏演出,自然先要对演出有所了解,为此就需要掌握与其相关的文艺基础知识。应当较为全面地了解各个文艺门类的渊源、流派、代表作、著名表演艺术家及其艺术特色,如此方可鉴古知今。具体到某个特色的文艺节目,亦须了解其创作人员、历史背景、独特之处、舆论评价以及演员的个人水平。这样一来,自己在观看其演出时,就会有重点、有选择、有比较、有收获。

二是选准欣赏角度。不同的艺术门类、不同的节目内容、不同的演员表演,自然会具有不同的风格与特色。要想学会欣赏演出,就要采取适当的方法,选好适当的角度。例如,在观赏戏剧时,可供选择的欣赏角度就有:是欣赏剧情,还是欣赏演技;是欣赏综合表演,还是欣赏某个方面的表演……如果贪图面面俱到,往往就难以有深入的观察与独到的见解。

三是培养文艺素养。观看文艺演出,如果只满足于感官刺激是不足取的。只有培养起自己的文艺素养,方可使自己通过演出的观看真正地从中获得美感与享受。尽管文艺素养对于观众观看演出十分重要,但对其却不宜过于张扬,尤其是不宜在观看演出期间高谈阔论,甚至对所有的演员与节目都无一例外地挑剔或指责。

(5) 鼓励演员

观看演出期间,观众对于演员特别是业余演员表示尊重与友好的最好方式,就是要以自己的实际行动去鼓励对方、支持对方。

当演员登台表演或者演完节目退场时,观众应当热情而友善地给予演员热烈的掌声,以示对对方的欢迎,或是对对方表示感谢。

当演员所进行的表演异彩纷呈,或者是演员完成了某种高难的演出动作,观众可在适当之时为之热烈欢呼,并以鼓掌表示祝贺。但是,以上做法应以不妨碍或者不打断演员的正常表演为宜。

当观众碰到了本人喜爱或熟悉的演员时,可以在其表演完毕之后,以经久不息的掌声恳请其加演一些节目。但是,此举应当适可而止,切勿因此而打乱演出,或者累垮演员。

当演出完全结束,演员集体登台列队谢幕时,全体观众应当一致起立鼓掌,再次对演员的高超表演与辛勤劳动表示感谢。切勿对于演员的谢幕熟视无睹,对其毫无任何反应地扬长而去。

由于水平各异、发挥不同等方面的原因,在晚会上,有的演员可能表演欠佳,还有个别演员甚至会在演出之中出现较为严重的失误。观众对此应当予以谅解,不要动不动便对自己不喜欢的演员或者不喜欢的节目鼓倒掌、吹口哨,也不要去扔东西、乱骂人、哄赶人。其实,当演员偶尔出现闪失时,观众若能对其视若不见,或是对对方其后的表演一如既往地认真观赏,才是对演员最好的鼓励、最大的支持。

倘若自己是某位演员的忠实“粉丝”,那么在其演出期间对对方的最好支持就是别影响对方,别在晚会前后与举行期间由于本人的过激行为有碍于晚会的正常进行。

(6) 照顾同伴

在观看演出的整个过程中,每一位观众都要对自己的同伴,尤其是老师、长辈、女性或者客人,主动地予以关照。

入场时,最好与自己的同伴一起进行行动。必要的话,可前去迎接对方,或者与对方约定会合之处,并且提前到达,以恭候对方。如果需要的话,还应当在演出结束之后为同伴安排交通工具,或者亲自护送对方返回其居所。

倘若受人邀请,与其一道出席晚会,则一定要按照双方预约的时间准点到达会合之处。这种做法,是对对方的邀请表示重视的重要表现。切勿姗姗来迟,甚至根本不到场,令对方望眼欲穿。

参加晚会的观众在进场后,若是需要存放衣帽、领取或者购买节目单时,应当主动为同伴代劳。

入场后寻找座位时,若无领位员相助,通常应主动行走在前,为同伴带路,并请同伴在较好的位置,例如前排、中间的座位上就座。诸如后排、靠边或靠着通道等欠佳的位置,则须留给自己。座位不够坐时,则应自动请同伴优先就座。

(7) 依次退场

按照常规,在文艺节目的演出期间,晚会的观众一般不宜提前退场,不然就会被视为对演出反感、厌恶至极。只有在全部节目演出完毕之后,才允许观众依次退场。

观众在演出结束之后退场时,必须井然有序,依次而行。既不要在演出未了之时匆匆而去,干扰演出的进行,使自己"晚节不保",也不要在散场时"只争朝夕",勇往直前、无所顾忌地与其他观众争抢道路,甚至挤撞、践踏对方,或是造成现场的一片混乱。

除上述七项观众礼规外,有些晚会,特别是涉外晚会,还会对观众的着装有所限制。一般而言,它通常都不允许观众的着装过于自由、散漫、随意,而是要求其庄重、大方、时尚。有时,这类晚会甚至还会对观众衣着的具体款式做出明确的规定。

第三节　集会

曹姝有一回与几位同学一起前去参加市里召开的"五四"青年节座谈会。他们事先曾经听说将有一位德高望重的老前辈出席这次会议,到了现场一看,果不其然主席台上端坐着好几位长者。究竟其中哪一位才是大家所景仰的那位老前辈呢?此时大家对此莫衷一是,各有各的说法。

就在这种情况下,曹姝却非常肯定地悄悄告诉同学们:前排中央居左的那位长者,必定就是大家所景仰的老前辈。在被人问及其具体的依据时,曹姝不无得意地说:"这其实是一个礼仪上的座次问题。你们看,前排一共坐了八个人,老前辈的地位是在场者无人可以比的,因此他肯定会在上座就座,而国人排列主席台的具体位次时,则是讲究左高右低的。所以,老前辈肯定会在前排中央居左的位置,也就是所谓的首要位置上就座。"后来,当会议的主持人介绍到场的各位嘉宾时,大家发现事实的确如此。

在各种形式的聚会中,集会是最为正规的一种,而且也是人们平时接触最多的一种。所谓集会,通常是指人们集合在一起,有议题、有步骤、有组织、有领导地研究、讨论、商议有关的问题。平时,集会亦称会议。出席集会,则称之为开会或开大会。

在现代社会里,集会实际上是人们参与社会活动的主要方式之一。尽管人们在日常生活里有机会出席各式各样的会议。例如,报告会、研讨会、办公会、务虚会、代表会、洽谈会、座谈会、发布会、庆祝会、纪念会、展览会等,但是它们都不外乎具有以下四个方面的共同性特征。

首先,集会是有议题的。会议的议题,即为其主题。开会的目的,就是要围绕议题去各抒己见、集思广益,以求统一思想、解决难题。因此,会议是不能没有主题的。

其次,集会是有步骤的。会议的步骤,指的是它的内容与程序的具体安排。它既有约定俗成之规可循,又需要有一定的区别。要取得一次会议的成功,就必须安排好其具体的步骤,使之在召开时进行得井然有序。

再次,集会是有组织的。一人独处与两人交谈,难称其为集会。多人相聚并有主题地议事,才能算是开会。要妥善地使多人在一起集会,就必须有组织地进行安排、协调,并且为会议的召集与进行处理好必要的日常性、事务性问题。

最后,集会是有领导的。但凡正式的会议,皆须由专人负责、专人主持。即使会议的一般性组织、准备工作,如果没有专人负责具体操作,往往也是做不好的。

就礼仪规范而言,集会礼仪的内容包罗万象,对会议的方方面面均有涉及。以下将分别介绍集会的核心人物——主持者、发言者、聆听者,所须严格恪守的各项集会中的个人行为规范。

一、主持会议

一般而言,凡属较为正式的集会,均应指定专人负责主持。主持者是集会的现场"总指挥"。在集会上,主持者主要有落实议程、控制时间、掌握会场等三项基本工作。处理这三项基本工作是否得力,通常是检验主持者是否称职的最佳标尺。

1. 落实议程

议程,一般是对集会具体程序的简称。它所指的是,一次集会在具体进行时的各项基本内容及其所须遵循的、既定的先后顺序。凡是比较正规的集会,其议程大都在事先进行过认真的讨论与拟定。

作为集会的现场总指挥和会场的掌握者,主持者有必要尽心尽力地使集会的各项议程得以认真落实。要做到这一点,主持者有必要以高度的责任心具体做好下面两件事情。

(1) 熟悉议程

如欲使一次集会的全部议程得以落实,首先就要求主持者必须真正地熟悉议程。俗语说"熟能生巧",只有熟悉了集会的各项议程,主持者才有可能在集会进行时熟练地驾驭集会,并且沉着老练地妥善应付一切难以设想的突发性情况。

一般而论,大凡一次比较正式的大型集会,其议程大都约定俗成,只不过不同类型的各种集会之间小有一些差别而已。通常来讲,一次正式集会的主要议程,大体上包括下述五项。

一是由主持者宣布正式开会。届时,与会者必须全体起立,奏唱国歌。随后,亦可演奏或演唱校歌、厂歌、会歌等。在此之后,主持者应请与会者就座,并相机将就座于主席台上的要人依次介绍给大家。

二是由专人作主旨报告。其主要内容,与集会的议题直接相关。此项内容,往往是集会之核心点。

三是由全体与会者讨论主旨报告。讨论的具体方式,既可以是分组进行讨论,也可以是进行大会发言讨论。二者亦可综合运用。

四是全体与会者达成共识。对于全体与会者在讨论主旨报告之后所达成的共识以及所提出的问题,可由专人在会上进行总结性发言,亦可就此通过相应的会议决议。

五是由主持者宣布集会结束。

在集会上具体落实议程时,其基本框架通常不容变动。但在具体的环节问题上,则允许随机进行调整。能否做好这一点,具体就要看主持者的个人经验与应变能力如何了。

(2) 执行议程

如上所言,集会的主持者作为一名具体的工作人员,往往无权变更集会的正式议程,尤其是无权变更其主要议程。无论遇上了什么特殊的情况,主持者在主持会议时都要想方设法地履行本人的职责,以确保集会按照既定的方针进行,努力兑现其各项议程,以完成预期的任务。需要强调的是,执行集会的既定议程,乃是主持者不可推卸的主要职责。

在集会上,未经主席团或者其召集、组织者授权,主持者无权对会议的议程进行全面的调整,或者擅自对其进行增减。倘若在集会的进行之中遇到了一些特殊的情况,例如,发言人缺席,发言时间不够,有人临时要求发言,个别发言人的发言背离了既定的议题,听众对某位人士的发言意见较大等,而主持者本人又认为确有必要对议程做出临时的调整时,最好首先征求一下主席团或者其他有关方面负责人的意见。不到万不得已，不要对此自作主张地"先斩后奏"。

2. 控制时间

在现实生活里，一次集会的成功与否，往往同它何时召开、举行多久关系甚大。这些关键的问题，主要应当由集会的主席团或者其召集、组织者进行考虑。对于主持者而言，在集会的时间方面所要从事的基本工作，就是要对已做规定的集会时间具体加以控制。

主持者对集会时间的控制，具体应当在以下三个不同的方面得以体现。

(1) 严守起止时间

任何一次正式集会，都有其公开宣布的起止时间。在集会的相关时间方面，起止时间是最为重要的一项。不注意这一问题，就会使集会无始无终，至少也会令其难以善始善终。

集会的起止时间不但要事先予以确定，而且它一经确定后，便应当得到全体有关人员，尤其是现场工作人员的自觉遵守。任何人，不论他的身份如何，倘若对集会的起止时间不予重视，那就只会表明他既不重视此次会议，也不尊重其他与会者。

在集会进行期间严守其规定的起止时间，是主持者必须高度重视的一桩"例行公事"。主持者必须明确：应当在什么时间宣布开会，应当在什么时间宣布散会。在具体的时间上，最好把握得完全正点、分秒不差。此种做法，将有助于提高集会的正规性和严肃性。没有非常重要的特殊情况，主持者万万不宜随便改动或拖延开会与散会的时间。

(2) 限制发言时长

在正规的集会上，不仅规定的起止时间必须认真遵守，而且对于现场发言的具体时长也有必要加以明确的限制。从一定的意义上来讲，限制发言时长是阻止集会任意拖延时间的一剂良方。

在一般情况下，有关方面在具体拟定集会的议程时，即应对每一位已经确定的发言者的发言时长做出明确的规定，并且一律提前通知其本人。主持者在主持集会期间，需要做好两件事情：一是在发言者发言之前最好再次关照一下对方已被限定的时间长度；二是可以运用某些必要的技术性手段，例如悬挂计时器或者启用铃响提示等，在现场对发言者做出暗示。

需要指出的是，主持者在集会上对发言者的发言时长做出必要的限制时，切不可态度恶劣、手法粗暴。尽量不要当场打断别人的发言、强迫对方收场，更不要为此而大喊大叫，搞得与会者人尽皆知。

（3）留有休息时间

倘若集会打算举行较长的时间,通常应当由主持者负责在其中途安排出一定长度的休息时间,以供与会者活动筋骨,处理私事,稍事休息,或是进行"方便"。

从原则上讲,集会贵短。因此,一次集会的时间最好控制在 3 小时以内,并且以 2 小时左右为佳。凡集会的连续时间长于 1.5 小时,通常均应在其间安排一次长约 15 分钟左右的休息。如果集会原未确定总体上的时间长度,而其举行时间已经超过了 1 小时,并且尚未告终,则主持者亦应建议进行一次必要的会间休息。宣布会间休息前,主持者应向全体与会者明确其具体长度,以确保大家在休息之后准时返回会场。

若集会打算进行一整天,或者连续多日举行,则除了规定必要的会间休息时间之外,往往还需要在其中途安排专门的午间休息与休会日。

3. 掌握会场

集会在其举行期间,主持者掌握会场的能力与水平,往往直接事关整个集会的成败。一般而言,主持者在掌握会场方面,主要有以下两个问题应当予以高度的重视。

（1）少讲多看

在集会上,主持者的中心任务是主持会议,而不是充当主要的报告人或者发言人。正因为如此,主持者必须恪守自己的本分,在会上少讲多看。

一是要少讲。在主持集会时,主持者所要做的主要工作,就是"照本宣科",使既定的会议议程得以贯彻。由此可见,主持者在会上并没有多少话好讲,也是不该多讲话的。在主持会议的具体过程中,主持者切勿随意作秀、大抢风头、信口开河、喧宾夺主。

二是要多看。在集会上,主持者最应当做的事情,就是要多看。所谓多看,是要求主持者认真观察会议的具体进行情况,耐心倾听与会者的现场反映,深入了解整个会议气氛的变化,以便防微杜渐,尽量使集会不出问题,或者少出问题。进而言之,还应当及时地发现问题、解决问题,努力使集会得以顺利进行。

（2）调节气氛

要掌握好会场,除了少讲多听之外,还要求主持者在集会上变被动为主动,积极采取必要的措施,以调节现场的气氛,令集会自始至终保持较为轻松、和谐、顺畅的良好状态。

当贵宾出席集会时,主持者可在宣布开会之前或者对方发言之前,对其进行适当的介绍。

在发言者发言之前和发言结束之时,主持者应当带头为其鼓掌,以带动全场听众予以热烈响应。

若集会在进行期间出现曲折或者其他未曾预料到的场面时,主持者切勿听之任之、无所作为,而是应当力挽狂澜,努力扭转局面。

万一会场上出现了局部的混乱或者骚动时,主持者则应当立即以适当的方式对其加以制止,并防止其扩大化。不论站在哪一个角度上来讲,若是集会上所出现的混乱、骚动一再升级,甚至干扰了集会的进行,都应被视为主持者的一种严重失职。

二、会间发言

在各种集会上,正式上台报告、演讲、发言、讲话的人,可以被统称为发言者。在任何情况下,发言者无疑都是集会的主角和中心人物。在集会上,要想成为一名称职的、为人尊敬的、受到欢迎的发言者,就必须在仪表整洁、态度谦恭、内容周全几个方面好好地加以注意。

1. 仪表整洁

在发言者出场发言之前,其个人仪表整洁与否,往往会给现场的广大听众留下十分深刻的印象,甚至会直接关系到发言者是否会受到欢迎。因此,在出席集会之前,发言者一定要抽出必要的时间,对本人的仪表进行一些重点的修饰。

(1) 整理仪容

在修饰仪表时,发言者务必要整理一下自己的仪容。其着重之点,一般应为发型与面部。总而言之,发言者的发型应当端庄、大方,面部则要干净、整洁。通常,男士应当剃去胡须,女士则应当尽量不染彩色头发。不论男女,都应当把自己的头发梳理整齐。无论如何,发言者在集会上亮相时如果蓬头垢面、邋邋遢遢,都极不明智。

(2) 讲究着装

如果打算在集会上进行发言,尤其是已被安排将进行重点发言,就要在衣着上做到"有备而来"。具体而言,在着装方面有两点要求发言者特别予以注意:

一是发言者的着装应当风格庄重。绝对不允许在着装方面随心所欲,尤其是不允许发言者身着散漫、随意、不洁、怪异、另类、火爆甚至异常性感的服装登台发言。

二是发言者的着装应当规范严整。对于能穿什么、不能穿什么,发言者不仅不能够忽略,而且还必须懂得应该怎么穿、不应该怎么穿。例如,发言者在发言时不允许穿着风衣、披着外衣、解开衣扣、挽起袖口、卷起裤角、"袒露胸怀",不应该戴着帽子、墨镜、美瞳、手套。

(3) 检点妆饰

对于发言者而言,适当地进行妆饰是必要的,但是仍须以传统、保守为度。对于这一要求,女性发言者尤其要加以牢记。与参加宴会、晚会等纯交际性活动有所不同,发言者在集会上发言犹如从事日常性工作。因此不允许其妆饰过于抢眼、招摇、出位。否则,发言者的发言就有可能异化为"表演"。具体来讲,发言者在进行化妆时,应当淡雅而清新,切忌给人以浮华或轻佻之感。如果打算佩戴首饰,既要令其与本人的实际身份相符合,又要使之少而精。

2. 态度谦恭

调查证明,对于普通听众而言,发言者发言时的现场态度,往往比其发言的具体内容更受重视。有鉴于此,发言者无论在任何情况下,都要对自己发言时的态度妥善地进行调整。从总体上讲,发言者的态度应当自谦而敬人。具体而言,则应当重点注意以下四个方面的问题。

(1) 自谦自重

见多识广的发言者一定明白,自己在发言时所提出的见解能否为听众所接受,自己能不能在集会上受到听众应有的尊重,关键在于自己临场发挥的水平,而不在于自吹自擂。谈到发言者的临场发挥,一个重要的不变之点,就是要求发言者自谦自重。在发言时,一定要少用"我"字,别提"本人",尤其是要力戒自我推销、自我宣传和过分的自我肯定。若把发言的重点放在其他具体的问题上,通常要比"我"字当头好得多。与此同时,还要收敛自己的态度,切勿嚣张狂妄、得意忘形。

(2) 敬重听众

在整个发言的具体过程里,发言者都不可失敬于自己的听众,而是自始至终都要对对方敬重有加。上台发言之初,发言者循例要向主持者以及全场听众欠身致意,并且进行问候。在发言之中涉及听众时,要采用尊称与敬语,不允许使用任何不尊重听众的语言、动作与表情。当发言结束时,一定要先道一声"谢谢大家",在毕恭毕敬地面向听众欠身施礼之后,才可以退场。上述种种对听众表示敬重的礼规,通常都必不可少。

（3）宽待对手

有时,在同一次集会上的众多发言者之间,难免会见解各异,甚至会相去甚远。极个别的时候,还有可能出现发言者各执一词、针锋相对的状况。当他人在集会上的发言与本人发言的观点相左时,一方面要善于求同存异、以理服人;另一方面则坚持就事论事、对事而不对人。要在进行必要的争论时宽待对手,发言时要将人与事相分开。切勿为了捍卫个人的某些无关紧要的观点而对其他持异议者毫不相让,不要在言词上咄咄逼人、大肆争吵,不要打断对方的发言,或者对其直接进行人身攻击。

（4）适可而止

在发言时,发言者必须谨记"要言不烦"的规则,具有明确的时间观念,宁短勿长,绝不拖延自己的发言时间。在准备发言时,即应具有这一意识。倘若集会规定限时发言,则一定要自觉地加以遵守,没有任何理由可以让自己的发言延长哪怕是几分钟。倘若集会未对发言时间做出具体的限制,则发言时亦须长话短说,切勿令本人的陈词滥调、烦言絮语招人厌烦。在一般的情况下,正式发言的时间不宜长于 1 刻钟,即席发言在时间上则应以 5 分钟为限,发言者一定要对此心中有数。

3. 内容周全

在集会上,发言者的发言并非文艺表演,而是重在系统地阐述个人对于有关问题的具体见解。因此,发言的具体内容才是听众所关注的重点。发言者的个人临场风度不论有多么好,如果其发言的具体内容言之无物,照样会给人以华而不实之感,并且不为听众所接受。在准备发言时,发言者有必要具体做好下述七点,以力保本人的发言内容周全、令人欢迎。

（1）对象有别

在准备发言的内容时,首先要对自己的听众有所了解。具体而言,至少要对其文化程度、思想状况、职业特点、心理需求、现场情绪、受教育程度以及平均年龄等有一定程度的认识,然后才可以使自己的发言因势利导、中矢中的。否则,就很有可能使自己的发言闭门造车、无的放矢,从而因信息不对称使自己失去听众的理解与支持。

（2）观点鲜明

在集会上,每一位发言者在发言时,都既要坚持己见,又要防止人云亦云。最重要的,要做到自己的发言观点鲜明、中心突出、态度明确、主张合理。做到了这一点,就一定能够使自己的发言真正地抓住听众,并给对方以深刻的印象。应予明确的是：发言时所提出的鲜明观点应当合情合理、言之有据，切勿为了一鸣惊人而故作惊人之语。

（3）材料翔实

在一定程度上掌握了发言技巧的人都清楚，在集会上所进行的正式发言，不但需要以理服人，而且还需要以例服人。所谓以例服人，是指在发言时要善于枚举、言之有物，以充分的具体事例去证明自己观点的正确，并且使听众心悦诚服。实践证明，发言时倘若举例适时而合理，往往会使本人发言的说服力倍增。然而必须注意，选择用于发言的各种实例，既要少而精、具有一定的时效性，更要真实无误。若是发言时的举例出自生编滥造或早已事过境迁，则既害人、又害己。

（4）语言生动

任何人在集会上所进行的发言，都以语言枯燥晦涩为最大的忌讳。发言时语言枯燥，通常会令人感到索然寡味、不厌其烦。而发言时语言晦涩，则又令人感到莫名其妙、故弄玄虚。在任何情况下，简单明了、通俗易懂、生动形象、妙趣横生、言之有物、言之有理、言之有序的语言都最受欢迎。因此，在集会上进行正式发言时，每一位发言者都应当使自己的语言既朴素、平实，又幽默、生动，同时还不失其哲理。

（5）感情真实

应当承认，在集会上进行发言时，发言者固然要努力争取以自己的真情实感去感染听众、争取听众、打动听众，但切勿为了达到这一效果而一味片面地进行煽情，不要低估听众的见识与智商。实际上，在发言时滥用感情、矫揉造作、逢场作戏、无病呻吟、小题大作、卖弄夸张或者编演苦情戏，根本不会为听众所接受。所以，发言者在发言时的感情抒发必须真实而自然，既要出自内心、发自肺腑，又要有所控制、适可而止。

（6）结构合理

在集会上，一次成功的发言理当层次清晰、逻辑缜密，更重要的是，它还应当在能够充分表达个人见解的同时，充分地吸引住听众的注意力，使其自觉自愿地洗耳恭听、聚精会神，甚至百听不厌。要做好这一点，通常要求发言者在发言的整体结构方面必须进行适当的、合理的安排。一般而言，在发言的具体结构上，应当做到疏密有致、有张有弛，既要抓好发言的开端，令其开门见山；又要抓好发言的收尾，令其首尾呼应。

（7）预演在前

大凡在正式集会所预定进行的发言，均应事先进行一定的准备。先期预演,是发言者准备发言时必不可少的一个重要步骤。它在此是指:如果有时间的话,在发言稿或者发言提纲草拟完毕之后,最好将其通读几遍,并且进行一两次发言预演,以便使自己对其胸有成竹。在进行发言预演时,若有条件,可请他人在场聆听,以便事后听取其意见或者建议,使发言有所提高。但是,一般的发言都没有必要事先对其进行背诵,否则往往会令人对其产生反感。

三、聆听讲话

集会上的聆听者,即所谓听众。就角色分工而言,听众在一般情况下并非集会的主角。但是,如果离开了听众的自觉配合,集会便往往难于取得成功。

在一些情况下,集会的参与者通常身兼数职:既是主持者、发言者,又是聆听者。当主持者、发言者需要聆听他人的发言时,都必须力争做一名合格的聆听者。

在集会上,聆听者的最佳表现,一是要遵守会议纪律;二是要认真倾听发言。对其中任何一方面缺乏重视,都是不应该的。

1. 遵守纪律

某些正式的集会,通常都会在会前宣布有关的会议纪律,并促请全体与会者自觉地对其加以遵守。即使有的会议对会议纪律没有明确的规定,事实上它在人们的意识里也是普遍存在的。

具体而言,会议纪律一般是指为确保集会的顺利进行而专门制定,并要求全体与会者自觉执行、遵守的有关规则、要求或者条文。不同具体类型集会的会议纪律往往会小有差别,但从总体上看,大都具有以下三个方面的共同之处。

(1) 准时到会

严格地遵守规定的集会时间,是保证集会顺利进行的基本条件之一。要确保这一点得以贯彻落实,不但要依靠集会主持者以及其他组织者的努力,而且也要依靠其他与会人员包括听众的认真与自觉。

接到集会通知后,若准备出席,则应当依照通知所规定的具体时间,准时抵达会场。出席在本地所举行的集会,一般应当提前至少10分钟进入会场,以便拥有充裕的时间,进行必要的个人会前准备。例如,签名报到,会合他人,领取材料,寻找座位等。参加在外地所举行的集会,则通常应当提前一天抵达当地报到,以便事先熟悉情况,并且做好一切必要的准备。

自己一旦答应参加某一次集会,就不应当无故迟到或者缺席不到。即使本人位高权重,也绝对不宜如此。万一自己有特殊原因不能出席原定将要出席的集会,则一定要尽早请假为宜。

(2) 保持肃静

在集会正式进行期间,每一位听众都有义务自觉地保持肃静,以维持会场的秩序,不至于影响发言者的发言和其他听众的倾听。

当主持者或者发言者在集会上讲话时,不允许任何听众有意起哄,或者制造对此有碍的噪声。例如,听众在集会进行期间,不应当使用手机对外进行联络,不应当摆弄电子游戏机,不应当大吃大喝等。

当听众与主持者、发言者或者集会的组织者意见相左时,可通过适当的渠道进行合理的表达。但是,不应该在对方讲话时予以中途打断,不应该对其大声加以斥责、非议,更不应当拍打桌椅、拍手跺脚、狂吹口哨等。

在集会中进行鼓掌,主要是听众对发言者表示欢迎与支持。因此,听众不可对鼓掌反其道而行之。不可动辄对发言者大"鼓倒掌",令其难以下台。

在整个开会的过程里,包括听众在内的任何人都不应当随意进行走动,或者是主动寻找周围之人交头接耳。在一般情况下,携带不谙世事的儿童前去参加集会,是绝对不被许可的。

(3) 不得逃会

一旦参加了集会,就要自觉地坚持自始至终,而不宜巧借任何借口在集会举行期间半路脱逃。否则,既说明自己对集会或者集会的组织者心怀不满,又说明自己缺乏做人的基本涵养。

万一有个别听众在集会举行途中确有特殊原因需要提前告退,或暂时离开会场一段时间,一定要在离开之前向有关方面的负责人正式请假。必要之时,还须亲自向集会的主持者说明原因,求得其谅解,并略致歉意。无论如何,都不应当不告而辞。

即便他人的发言不甚悦耳,或者对自己抱有明显的敌意,也不妨冷静对待、愿闻其详。与拍案而起、挺身而斗或者拂袖而去的种种过激做法相比,它们之间在策略与风度上孰优孰劣自不待言。

2. 认真倾听

对于集会上的任何一名听众而言,在集会具体进行的整个过程中认真倾听每一位发言者的发言,都是对集会、集会的组织者与发言者所表现出来的应有的尊重,同时也是自己掌握会议精神的主要途径和自身教养的真实写照。一般而论,要想在集会上当好一名认真倾听的称职听众,需要具体注意以下三点。

(1) 有备而来

在参加较为正式的集会之前,每一位以听众为主要身份的与会者都应当进行必要的准备。下列四项具体的准备工作,通常都必须认真地着手进行:一是要进行充分的休息。这样做,主要是为了养精蓄锐。否则在开会时困倦疲乏、大打瞌睡,肯定会影响自己听讲。二是要处理好其他工作。免得自己在会场上神不守舍、三心二意、用心不专。三是要预备好必要的辅助工具。诸如纸、笔、录音机、平板电脑、笔记本电脑等,皆可有助于自己。四是详细阅读会议下发的材料。这种做法,也是掌握会议主旨、全面了解会议情况的必要步骤。

(2) 聚精会神

在集会正式进行期间,每一名听众都应当聚精会神地聆听他人的发言、讲话,并且始终如一。在参加集会时,唯有聚精会神、全神贯注,方能汲取别人发言的精华,抓住其要点。正因为如此,任何有心的听众在聆听他人的发言、讲话时,都不应该在主观上放任自己,不可使自己心神不定、一心二用,不可"身在曹营心在汉"。倘若聆听者兼具发言者的身份,则在本人发言之后转而充当听众时,更要专心致志地倾听其他人的发言,而切切不可在这方面"宽于律己,严以待人"。

(3) 进行记录

我国民间有一句家喻户晓的俗语,叫作"好记性不如烂笔头"。它所强调的,其实就是遇事做好笔记的重要性。每一名大学生在参加集会时,如果被允许的话,都要尽可能地对其他人的发言、讲话择其要点进行记录。它对于今后深入体会和准确传达、贯彻、执行会议的精神,都将帮助极大。在会上进行记录,可根据本人的条件与会议的规定,酌情采用笔记或者录音的方式。假定二者并用,也未尝不可。利用平板电脑或者笔记本电脑进行会议记录,亦为常用之法。如果会议不允许记录,则一定要遵守此项规定。参加一些重要会议时,要是打算录音,最好事先征得集会组织者的同意。在集会上,通常不允许擅自拍照、录像。会上所进行的记录,尤其是重要集会的记录,切勿自行广为扩散或者公开进行发表。

第四节　拜会

上大三的时候,国际贸易专业的张腾突然迷上了日语。在他的再三请求之下,其父为他介绍了一位在中国工作的日本职员担任他的日语学习指导。

张腾头一回与日本老师的见面,是在对方的寓所进行的。为了给日本老师留下一个美好的印象,张腾在出发之前,着实对自己全身上下认认真真地打扮了一通。然而终究因为缺乏经验,结果还是百密一疏,在日本老师的家里,张腾居然出了一个不大不小的洋相。

当日本老师打开屋门,邀请张腾进门再叙时,他这才发现,对方的家里满铺着"榻榻米",因而做客之人是必须首先脱去鞋子,方可进入居室的。可是,事前张腾虽然对自己衣着进行了仔细的打点,但却怎么也不曾料到需要在对方家里脱下鞋子。在对方的再三邀请下,张腾虽说勉勉强强地在脱去鞋子走进了房内,可当他坐在对方面前时,实在是无地自容。这倒不是因为他的袜子臭不可闻,而是因为他脚上所穿的两只袜子各有一个破洞:一只破洞在前的袜子使他的脚趾暴露在外,另一只破洞在后的袜子则使他的脚跟若隐若现。当时,进退两难的张腾在内心之中暗暗抱怨自己:"早知今日,何必当初!"其实,张腾若对拜会礼仪有所了解,就根本不会使自己在登门拜访他人时如此难堪。

拜会,又称拜访或者拜见。在一般情况下,拜会是指前往他人的工作地点、私人居所或者其他商定的地点,探望、会晤对方,或是与对方进行其他方面的接触。不论在因公交往还是在因私交往中,拜会都是人们习以为常的一种交往方式。

作为交往方式之一,拜会实际上是一种典型的双向聚会。在拜会中,访问、做客的一方为客,称作来宾;做东、待客的一方为主,则称作主人。所谓拜会,其实就是主人与来宾所进行的一种聚会活动。任何一次正式拜会的顺利和成功,都难以离开宾主双方的密切配合与共同努力。对宾主双方而言,在拜会的整个进程中都必须恪守本分、善待对方,依照相应的礼仪规范认真行事。从总体上讲，充当客人拜访他人时，一定要讲究客随主便；充当主人款待他人时，则一定要讲究主随客便。

一、做客之规

做客，是拜会的基本组成部分。它虽然是正常人际交往之中所难以缺少的应酬，但若不谙做客之道，则难免会使拜会不能尽如人意。

所谓做客，通常是指上门拜会他人。在拜会中，做客的一方一般属于主动的一方。就做客礼仪而言，其核心之点在于客随主便，尊敬主人。具体而言，此项总体要求又应当在下列三个主要方面得以体现。

1. 提前预约

在所有的做客礼仪之中，有约在先是最为基本、最为重要的一项。有约在先的主要含义是：拜访他人，尤其是进行正式拜访或者初次拜访，一般均应提前与拜访对象有所约定。换而言之，拜访应当以两相情愿、双方方便为基本前提。不宜随随便便地、不邀而至地对别人进行一厢情愿的顺访，特别是不应当充当不自觉地打乱他人正常安排的不速之客。

从某种意义上来讲，做客时的有约在先，既体现着拜访者的个人教养，更体现着对拜访对象的尊重。因此，在进行拜访尤其是进行正式拜访或者初次拜访时，有约在先绝对不容被忽略。

对大学生来说，在拜会时做好有约在先，主要应当对以下三个具体问题加以关注。

（1）约定时间

预约拜会的时间，至少应当提前三天；若有可能，则提前一周以上更好。拜访者在为自己预约拜会时，一定要在两相情愿的前提之下，与拜访对象认真协商并明确议定本人到访的具体时间以及将要停留的时间长度。对主人所提出的具体时间限制，客人应当认真予以优先考虑。由客人自己向主人提出建议时，则最好是向对方多提供几种可供选择的具体方案。

在一般情况下，凡是主人认为不方便的时间，例如，工作较为繁忙的时间，难得一遇的节假日，常人用于进行个人休息的凌晨、子夜或者午间，以及平常的用餐时间等，都不宜被客人选定为用以进行正式拜会的时间。

（2）预约人数

在约定拜会时，客主双方均应事先向对方通报己方届时将要到场的具体人员、人数及其各自的身份，并征得对方的首肯。在正式拜访里，做到这一点至关重要。在拜会中，宾主双方都要竭力避免使自己一方里出现对方不欢迎，甚至极其反感的人物。

通常，宾主双方参加拜会的人员一经商定，便不宜再去进行任何变动。做客的一方特别应当注意，不要临时任意变更、拼凑或者扩大己方的队伍，尤其是不要临时捎带上一些毫不相干的人物前去赴约。在任何时候，来宾的队伍若突然变得过于庞大，都会令主人手忙脚乱、应接不暇，干扰其事先所做的安排与计划。

（3）如约而至

拜访者一旦与拜访对象正式约定拜访时间之后，必须认真对其加以遵守，而不要轻易对其自行更改。万一拜访者确有特殊原因，需要临时推迟或者取消拜访时，应当尽早以适当的方式通知拜访对象。切勿若无其事地不做通报，而让对方久候不至、空等一番。除此之外，当拜访者下次与拜访对象见面时，还有必要再次向对方表示歉意，并详细解释一下自己上次爽约的具体原因。

拜访者在按照宾主双方的正式约定进行登门拜访时，应准时抵达现场。既不要迟到许久，令对方望眼欲穿；也不要早到许久，让对方措手不及。总之，按照约定准时登门，才是拜访者最得体的做法。

2. 登门有礼

正式登门拜访他人时，每一位拜访者都必须时时处处以有关的礼仪规范进行自我约束。不论宾主双方的私人关系如何，不论自己所进行的是因公拜会还是因私拜会，拜访者都必须认真注意如下五点。

（1）轻装上阵

上门做客之前，拜访者一定要对本人的着装进行精心的选择。越是正式的拜会，对此就越是要加以注意。在正常情况下，拜访者的着装应当以干净、整洁、高雅、时尚为原则。应当注意的是，过于暴露、短小、轻佻、随便的服装，是不宜在拜访他人时穿着的。

对于衣着的某些重要细节，拜访者一定要提前检查再三，并且认真加以注意。举例而言，衣服上的纽扣、拉锁一定要牢靠，鞋子的带子切勿发生"中断"，脚上所穿的袜子一定要无洞、无味、无异色等。对此如果失察，在拜访之中就有可能发生"重大事故"，甚至使拜访者当众献丑。

(2) 先行通报

进行拜访之前,往往需要先向拜访对象进行必要的通报。较为重要的正式拜访,在其前一天,或者当天出发之前,拜访者应当与拜访对象再次进行联络,以便与对方再次进行确认。这一做法,同时还暗含提醒拜访对象之意。

拜访者在到达拜访对象的办公地点或者私人居所门外之后,倘若对方无人迎候,则还须采取适当的方式,向对方通报自己的到来。通常,拜访者可请拜访对象的秘书、助理或者家人代为转告,也可以自己去摁门铃或者敲门。

拜访者在敲门时,以自己的食指轻叩两三下即可。如果需要摁门铃的话,也只可让门铃响上两三声。倘若室内没有任何反应,可在一两分钟以后同样再做一次。不过千万不要用拳头反复擂门,用脚再三踢门,把门铃反反复复摁个不停,或者是在门外大呼小叫,从而骚扰四邻。需要使用门外所设的对讲设备时,应依据相关提示操作,切勿大喊大叫。

即使与拜访对象的私人关系再好,也不允许拜访者在到达之后不打任何招呼便推门而入。否则,既有可能显得自己少调失教,又有可能遭遇某些尴尬场面,令自己进退两难。

(3) 问候施礼

登门拜访时,拜访者与拜访对象见面之初,前者即应主动向对方进行问候,并且与对方握手为礼。一般来说,宾主双方在见面之初握手时,应由主人首先伸出手去,而由客人对其予以回应。

倘若宾主双方初次谋面,拜访者还须在双方见面之初对自己略做自我介绍。若拜访者的同行人员之中有与主人不相识者,则拜访者还有义务替双方进行相互介绍。在拜访中,如果巧遇拜访对象的邻里、室友、同学、同事、家人,不论此前是否认识对方,均应主动向对方打招呼、问好,而不应该旁若无人,不可对对方不搭不理。

前往亲朋好友的私人居所做客时,如有必要,可为对方预备一些适当的小礼品,诸如鲜花、水果、书籍、画册或音乐唱片等。在进门之初,通常即应向主人奉上自己所准备的礼物,并且对其辅以适当的说明,不要等到告辞之时才拿出礼物。

(4) 有除有放

进入他人室内做客时,按照礼仪规范,拜访者应将身上的一些物品或者随身携带的一些物品加以去除、放下。这种做法,被视为向主人致敬的方式之一。登门做客时,需要除去或者放下的物品通常有下列几种。

一是帽子。俗话讲:"脱帽为礼。"在上门拜访时,客人必须自觉地这么做。唯有女士、头上患有疮疾或秃顶者,方可有所例外。

二是手套。除女士所戴的用以装饰的薄纱手套之外,其他人所戴的一切种类的手套,均应在进门后摘下,以方便于宾主双方之间进行握手。

三是墨镜。俗称"墨镜"的太阳镜,主要适用于室外佩戴,以供保护眼睛之用。进门之后如果佩戴如故,既有拒绝交流之嫌,又显得煞有介事。

四是外套。大衣、风衣、棉衣、防寒服之类的外套,多用于遮风、挡尘或御寒。在室内如继续穿着,不但毫无必要,而且还会弄脏座椅。

五是手袋。当自己就座后,手袋应被置于右手下方的地板上,切勿将其放到桌、椅、床、柜或窗台之上去。

上述这一规范,通常称之为"入室之后的四除一放"。它理当为拜访者所恪守。

(5) 应邀就座

被主人邀请进入其室内时,拜访者应主动在对方身后随行,而切勿抢先一步地贸然充当"开路先锋"。某些时候,若主人开门之后并未主动邀请拜访者进入其室内,通常表明拜访者的到来不合时宜。此时此刻,知难而退才是拜访者的最佳选择。遇到此种情况时,拜访者切勿不长眼色、不邀而入,或者向主人的室内进行窥视。

按照常规,拜访者在进入室内之后,即应在主人的指定之处就座。当主人邀请自己就座时,拜访者恭敬不如从命。与此同时,拜访者还有三点需要注意的事项:一是不可自行寻找或者挑选座位;二是应与其他人士在就座时相互谦让;三是最好与其他人士尤其是主人、主宾一同落座。有时落座于其后亦可,但不宜抢先就座。

3. 为客有方

在他人的办公室或者私人居所做客期间,拜访者对于自己的所作所为应当加以认真的注意。从总的方面来讲,拜访者要自觉地要求自己、约束自己。具体而论,则要做好围绕主题、限定范围、适时告退等三件要事。在下述方面如果出现闪失,则会使自己的整个拜访行为大受影响。

(1) 围绕主题

任何一次登门拜访,对拜访者而言,都必然有其一定的目的性。既然如此,那么拜访者在上门做客之时,就应该使自己的一切言谈话语、举止行为紧密围绕自己的既定主题进行,而不应当随意使自己的拜访"跑题"。

在一般情况下,宾主双方尤其是拜访者一方在拜会开始后,均应尽快地直奔主题,尽早地接触实质性的问题,并且力争达成共识,令双方彼此之间均有所获。不要在拜访时临阵怯场,言不及义;或者任意变更主题,令双方一时无所适从,从而令拜访变得徒劳无益。

对于正式拜访所事先议定的主题,拜访者更是要恪守不怠。否则,就会引起拜访对象的不满,并打乱双方原定的计划。

(2) 限定范围

要使拜会紧密围绕原定的主题进行,一项得力而有效的措施是,拜访者应当自觉地限定本人在上门拜访之时的交际范围与活动范围。从某种程度上来说,在拜访时限定范围,也是拜访者自身所应具备的基本教养。

一是限定拜访时的交际范围。上门做客时,拜访者对拜访对象的家人、亲属以及其他一切有可能巧遇的人士固然不宜视若不见、不予搭理,但是也不应该本末倒置、见异思迁,对对方表现出过于浓厚的兴趣。例如,打探对方与主人之间的私人关系,显然未必合适。

二是限定拜访时的活动范围。在拜访他人时,一定要自觉地尊重主人的个人隐私,限制自己在拜访之时的具体活动范围。未经主人允许或者邀请,拜访者通常不宜在主人的办公室或者私人居所之内到处乱走、乱看。一般而言,主人办公室的里间以及其他关闭房门的房间;主人家里的卧室、书房、贮藏室等处;均属外人的"禁地"。在拜访之时,随手乱拿、乱动、乱翻主人的个人物品,也绝对不允许。

(3) 适时告退

拜会他人之时,拜访者一定要适时地告退。假定宾主双方对于拜会的具体时间长度早已有约在先,拜访者则一定要谨记不忘,并认真遵守。如果宾主双方事先未曾约定拜会的具体时间长度,通常每一次普通性的拜会应当以 1 小时为限。初次进行的拜访,则一般不宜长于半小时。

若非事出有因,或者宾主双方的关系异常密切,拜访者一般不宜在主人家里留宿,尤其是不宜临时或者主动地表达此意。大学生所应当切记的是:外出拜访时,万万不可随随便便地在外人家里留宿。

在拜会进行之中遇有其他人士来访,拜访者一般应当适当地缩减自己的停留时间,不一定非要按预定计划去办,更不要反客为主,非要去找其他来访者长时间地进行攀谈。

拜访者一旦提出告辞,便要"言必信,行必果"。任凭主人百般挽留,也要坚辞而去。需要明确的是:主人的挽留有时是出自诚意,有时则可能出于礼貌的"例行公事"。无论如何,都不要一再拖延时间,不要赖着不走。

出门之后,拜访者应当机立断地同拜访对象道别。作别之时,一般应由拜访者首先伸出手去与拜访对象相握,以示请对方就此留步,并同时对对方给予自己的款待表示感谢。不要听任拜访对象一送再送,或者长时间地站在门外与对方恋恋不舍、大说特说毫无任何意义的烦言絮语。

二、待客之道

在拜会期间,待客是一个重要的组成部分。如果离开了拜访对象对拜访者的接待,拜会就会变得既不完整,也难以成立。

所谓待客,一般指的是拜访对象对登门拜访者所进行的接待。在拜会中,待客的一方通常属于被动的一方。《周礼》要求:"礼待宾客"[1]。待客之时,拜访对象有必要遵守常规的待客之道。待客之道的核心要求是:主随客便,以礼待客。其操作要点则是:"洒扫、应对、进退"[2]。具体来说,这一待客的指导思想主要应当在以下三个方面得以体现。

1. 细心安排

与客人商定对方的来访之后,主人即应事先着手进行必要的准备工作,以便确保客人在来访之时受到周到的款待,并且令其进而产生宾至如归之感。一般而言,在待客时,主人需要提前进行的准备工作共有以下四项。

(1) 搞好环境卫生

在客人到来以前,主人一方有必要在会客地点进行一次专门的清洁

---

① 周礼注疏:上册[M].[汉]郑玄,注.[唐]贾公彦,疏.彭林,整理.上海:上海古籍出版社,2010:61.

② 朱熹.四书章句集注[M].北京:中华书局,2011:177.

卫生工作,以便营造出良好的待客环境,完善自身的整体形象,同时直接体现出对来宾的高度重视。

待客时开展清洁卫生工作的重点,主要应当是客厅、门厅、餐厅、阳台、卫生间等来宾必经之处。此外,对于门外、走廊、楼梯、电梯间、楼下正门内的大厅等公众共享空间的卫生,亦应加以注意,不要只顾"各人自扫门前雪"。

进行清洁卫生的基本要求是:空气清新,地面爽洁,墙壁无尘,窗明几净,用具干净,摆设整齐。

进而言之,还须对会客地点的室内及其周边环境加以适当的布置。进行环境布置的总体要求是:以简为佳,整洁为上,适度装饰,务求实用。

(2) 备好待客之物

通常,主人在有客拜访之前,都需要提前准备好一些必要的待客用品,以供届时款待宾客之用。在正常情况下,主人所应当准备的待客之物主要有下述三类。

一是饮料、小吃和干鲜果品。它们被戏称为中国人用以款待来宾的"三大名旦",在待客时一般都应当做到有备无患。

二是报刊、图书、画册、音乐唱片。它们既可供客人消闲之用,又可由宾主一道进行欣赏、讨论。

三是娱乐用品。有时间、有条件的话,可准备一些娱乐用品。它可供宾主娱乐之用,亦可用以打发客人带来的孩子。下棋、K 歌、打手游、看网剧等,都是不错的选项。

(3) 安排膳食住宿

在待客时,是否需要由主人安排客人的膳食住宿,往往应分别而论。一般的规则是,在商定正式的拜会时,宾主双方即应同时议定是否应当由主方安排来宾的膳食住宿。而在商定一般性的拜访时,则无此议题。对主人一方而言,在正常情况下,待客时是讲究所谓"备膳而不留宿"的。

具体来说,在接待来宾时,主人一方通常均应为对方提前准备好膳食,并且还要在拜会之初郑重其事地向来宾表明留饭之意。万万不可忽略此事,特别是不要在用餐时间到来时只顾自己就餐,而令来宾空腹而归,或者外出自谋饭食。

一般而言,主人一方是不必为来宾尤其本地的来宾安排住宿之处的。但若是"有朋自远方来",则该当别论。万一自己家里或者本单位不具备留宿客人的条件,不必勉为其难,但却一定要事先向客人说明。在必要时,还可代为对方外出联络住宿之处。

(4) 准备交通工具

接待来宾,特别是接待众多的来宾或者重要的来宾时,主方还须对来宾所使用的交通工具予以考虑。

接待本地客人时,若对方往返时乘坐自己的交通工具,应事先告之其正确的交通线路,并为其交通工具安排存放地点;若对方往返时乘坐公共交通工具或者步行,亦须提前详细地告知对方正确的交通路线。在必要时,主方还需要为来宾安排自己的私家车或联络网约车等交通工具。

接待远道而来的客人时,一般应由主方主动协助对方解决交通问题。除了要为对方在本地期间的交通提供方便之外,主方通常还有义务为对方安排、联络其返程的交通工具。

2. 礼让迎送

在拜会中,客人对于自己抵达之时主人是否对其表示欢迎与以礼相待,是非常敏感的。因此,在迎接来宾时,主人所要认真处理的头等大事,就是热烈地欢迎对方,并且待之以礼。

为来宾送行时,主人亦须表现出应有的热情与礼貌。唯有如此,才可以使自己对来宾的友好之意贯穿于拜会的始终。

具体来讲,礼让迎送来宾,主要要求主人在以下五个方面表现得当。

(1) 迎候

迎候,亦称迎宾、迎接。对于重要的客人或者初次来访的客人,主人在有必要时应当亲自出面或者委托专人前往迎接,以示对对方的重视或者照顾有加。

迎候来宾的具体地点颇有讲究。一般而言,迎接远道来访的客人,可在其抵达本地的"第一站",即本地的机场、港口、车站恭候,也可在其预定的下榻之处迎接。迎候本地来访的客人,通常宜等候于拜会所在地的楼下、大院门口、办公室或者私人居所的门外,以及双方事先的约定之处。迎候来宾的具体地点,一般应由主人事先通报给来宾。为了防止自己晚到一步,令宾主双方失之交臂,主人或者其代表应在来宾预定抵达时间之前 1 刻钟左右先行到达迎宾的既定位置。

对常来常往的客人,虽然不必事先恭候于室外,但一旦获悉对方抵达,即应立刻起身,相迎于室外。不要在客人到来之时我行我素、"岿然不动",也尽量不要让别人尤其是儿童代替自己迎接客人。

（2）致意

主人在与来宾相见之初，不论彼此之间熟悉与否，均应面含微笑，主动与对方热情握手。此刻，由来宾率先伸出手来与主人相握，实际上并不合适，因为主人率先伸手与来宾相握，是对来宾热烈欢迎的一种具体表示。在宾主双方握手时，主人应当在口头上对对方真诚地表示："欢迎，欢迎！"与此同时，还应向对方致以亲切而友好的问候。

在正常情况下，握手、问候和表示欢迎是待客之初必不可缺的"迎宾三部曲"。主人若是随便对其予以删减，即为失礼。

来宾抵达时，假定自己这里尚有家人、亲属、老师、同学、室友、同事或者其他客人在场，主人有义务为其相互进行介绍。如果任其彼此互不理睬、各说各话，或者自行接触，只能说明主人考虑不周，因而会怠慢客人。

（3）让座

如约而至的客人抵达之后，主人应当立即将其让入室内，并马上安排其就座。若把客人拦在门外寒暄不止，通常等于主人是在向来宾暗示对方来得不是时候，或者根本不受欢迎。

在接待来宾时，我国民间存在着一项古老的规矩，叫作"坐，请坐，请上座"，由此可见在待客之际让座问题的重要程度。在具体处理主人为客人让座的问题时，主要有两个方面应当注意。

一是主人一定要将"上座"主动让给来宾就座。所谓"上座"，在待客之时具体所指通常有六类。

待客时上座
的确定

第一，"面门为上"。即宾主相对而坐时，面向房门者为"上座"，背对房门者为"下座"。

第二，"以右为上"。即宾主双方面对房门并排就座时，右侧的位置在座次上高于左侧的位置。

第三，"以远为上"。即宾主双方并排在室内的一侧就座时，以距房门远者为"上座"，以距房门近者为"下座"。

第四，"居中为上"。即座椅可分中央、两侧时，应以位于中央的位置为"上座"，以位于两侧的位置为"下座"。

第五，"高座为上"。即座椅有高有矮时，应以高者为"上座"，以低者为"下座"。

第六，"舒适为上"。即较为舒适的座椅应当被视为待客时的"上座"，以不甚舒适的座椅为"下座"。

二是应当依礼让座于人。在就座之时，为了表示对客人尤其是主宾

的敬意,主人通常应当邀请对方首先就座,或者是与对方"平起平坐",即宾主双方一同落座。千万不要抢在来宾之前入座,更不可以不向对方让座,或是给对方让错了座位。

(4) 均等

所谓均等,在此是指,当主人在同一时间、同一地点接待来自不同单位、不同身份的来访者时,应当对于各方来访者在礼遇上给予合乎情理的平等待遇。简而言之,就是在接待多方来访者时应当平等相待。具体而言,在下述两个方面,尤须主人在接待多方来访者时高度重视。

一是一视同仁。一视同仁,在这里的主要含义是:主人在同一时间、同一地点接待来自不同地方的多方来访者时,应当有意识地在态度上与行动上对其一律平等相待。在这方面分亲疏、论贵贱,或者厚此而薄彼,都是绝对不允许的。

二是待客有序。待客有序,通常是指在接待来宾的具体过程里,例如握手、问候、让座、献茶之际,主人则应注意按照约定俗成的方法,由尊而卑地依次而行。在正常情况下,待客的具体次序有下列六种讲究:第一,女士先于男士;第二,长辈先于晚辈;第三,老师先于学生;第四,已婚者先于未婚者;第五,职位高者先于职位低者;第六,先来者先于后到者。越是正规的待客,就越要关注待客有序的问题。

待客有序与一视同仁是均等的两个不同的具体侧面,二者相辅相成,并无矛盾。

(5) 送别

送别,亦称送行、送客。作为待客的尾声,送行必须为主人高度重视。常言道:"迎来送往",可见在待客时不能有迎而无送。否则,主人在迎宾时所付出的种种努力便会付之东流。

一般而言,告辞的要求应由客人首先提出。届时,主人应当真心实意地对对方加以挽留。唯有客人执意要走时,主人方可起身相送。不到万不得已,不允许主人以自己的语言、表情、动作暗示"送客"之意。当客人辞行时,亦不允许坐而不起,有意不为对方送行。

送行的具体地点,可以有所不同。对远道而来者,它可以是机场、港口、车站或者来宾的下榻之处。对本地的客人,它则通常应为拜会地点的大院门口、楼下,或是其所乘车辆的离去之处。至少,主人也要主动把客人送至室外、楼梯口或者电梯间门口,不然就是对客人的严重失礼。

与客人告别时,主人应与对方握手,并道以"再见"。只是双方在握手时,最好先由客人伸出手来。要是主人在此情况下首先伸手与客人相握,则带有极不耐烦的"逐客"之意。与平时难以经常见面的客人道别时,还应语重心长地请其"多多保重",并代为问候其家人或者同事。

根据常规,当客人正式离去时,主人应当主动向其挥手致意。只有对方离开以后,主人方可转身离去。应当特别强调的是,前往机场、港口、车站为客人送行时,若对方所乘坐的交通工具未曾正式开动,主人不应该急于抢先离去。

3. 热情相待

主人在接待客人时,一定要表现出自己对待对方的热情、友好与真诚之意。认真做到了这一点,才会使来宾更为深刻、更为真切地感受到主人的友善相待完全出自真心实意,而不仅仅只是依规循例而行。

热情待客,一向是拜会进行之中对于主人一方的基本要求之一。要真正地做到热情待客,既要求主人感情热烈,对客人关怀、照顾得无微不至,又要求主人的所作所为合乎礼仪、讲究方式,力求形式与内容相统一。在下述三个具体方面,尤其需要主人有所表现。

(1) 一心一意

在拜会进行期间,主人对待客人必须自始至终、始终如一地表现得一心一意。对主人而言,客人来访之后,客人就是主人的"上帝",待客就是主人绝对不容动摇的"工作重心"。总而言之,在接待客人时,主人一定要真正做到时时、处处、事事以客人为中心,并尽心尽力地对其关照有加。切切不可在接待过程中有意无意地显得三心二意、用心不专。那样一来,必然会顾此失彼、因小失大、冷落客人,甚至令对方产生不满。

主人在面对客人时,如果爱答不理、闭目养神,大打哈欠、看书看报、收听广播、观看电视、下棋玩牌、处理家务、把玩社交媒体、接打座机或手机,以及与其他在场者大聊其天,甚至抛下客人扬长而去,只能说明自己轻视或者根本就不欢迎对方,而且在待客礼仪方面也表现得非常不合格。

(2) 兴趣盎然

子曰:"有朋自远方来,不亦乐乎?"① 因其如此,在待客之际,主人有必要热情饱满,并且对宾主双方的所言所行表现出极大的兴趣。

交谈,不仅是宾主相见之际的基本交际方式,而且也是主人借以展现自己对来宾的谈吐、见识、为人处世充满兴致与敬佩的主要途径。在

①　朱熹.四书章句集注[M].北京:中华书局,2011:49.

宾主进行交谈时,主人既要准确无误地表达、接受信息,又要有意识地扮演一名称职的"会谈主持人"和最佳听众。无论如何,主人都不应当使宾主双方的交谈出现冷场,或者对来宾的谈吐明显地表现得毫无兴致。

作为"主持人",主人有义务为宾主双方的交谈积极地寻找话题,而不致使双方相对无语、长时间地静坐。万一宾主双方或者客人之间的交谈不甚融洽,还应由主人主动出面,来及时地转移话题。

作为听众,主人则需要在客人谈话时洗耳恭听,以示自己对此抱有浓厚的兴趣。有时,还可主动向客人讨教,以便进一步地引发对方的话题。这些做法,均可令客人谈兴骤增。

(3) 主次分明

主次分明,是主人待客不可忽略的重要注意事项之一。具体而言,其要求有两点。

一是主人的私人事务应当从属于来宾的接待这项中心任务。在任何情况下,都不允许主人将私人事务的处理凌驾于来宾的接待之上,尤其是不允许当着来宾的面堂而皇之地那么做。

二是主人在待客之时应当将此时此刻正在接待的客人视为自己最重要的客人。它的主要含义是:主人既要接待后到的客人,又不能"喜新厌旧",转而冷落甚至抛弃目前正在接待的客人。万一主人在待客时客人有先来后到之分,则最好是将其合并起来一起进行接待,或者先委托别人代替自己接待一下后到的客人。自己在向后到的客人打过招呼之后,即应回过头去继续接待先来的客人。即便先来与后到的客人在身份、地位上有所差别,待客时主人所必须讲究的"先来后到"也不容改变。当然,有可能的话,主人最好还是不要安排多批客人同时到场为妙。

附 西餐

早已是大四学生的柳运之,在他父亲的眼里依旧是一个不谙世事的孩子。可是,有一天他却在关键时刻帮了父亲一把。

事情是这样的：柳运之的父亲是一位小有成就的民营企业家。一天，有意与之进行合作的一名外商邀请柳父共进西餐晚宴。但是，柳父却对于西餐一窍不通。那天碰巧柳运之在家，在他再三请求下，父亲便带上他一同赴宴，充当自己的"业余指导"。刚刚开始进餐不久，为了要回答外商提出来的一个问题，柳父顺手就把根本用得不习惯的餐刀、餐叉并拢在一起，然后置于盛放着菜肴的盘子上。正当外商愕然之际，坐在一旁的柳运之赶紧替父亲把那副刀叉重新摆放成刀右、叉左的"八"字形。

后来，柳运之告诉大惑不解的父亲：吃西餐时，如把刀叉并排放在菜盘上，就是表示不想再吃这道菜了，即含有请求侍者将其撤下桌去之意。要是打算暂停一下，过一会再继续进餐，则要把刀叉在菜盘上摆放成刀右、叉左的"八"字形。当时，要不是柳运之反应得快，他父亲所享用的那道菜非得被端走不可。那样一来，不仅他父亲吃不成这道菜了，而且还有可能让请客的外商误解为那道菜"不受欢迎"。

西餐，是对西式饭菜的一种约定俗成的称呼。客观地说，这其实是一个十分笼统的概念，因为不论从形式上还是从内容上看，西方各国的饭菜都存在着很大的差异，难以一概而论。然而在中国人眼里，除了与中餐在口味上相去甚远之外，西餐仍然具有两个基本的共性：一方面，它们都源自西方国家；另一方面，它们都必须使用刀、叉取食。因此，凡具有这两点者，在国内皆可以西餐相称。

随着中西文化交流的深入开展，西餐目前已经逐渐介入了中国人的日常生活，并且受到了一些人的欢迎。现在，不论你本人究竟爱不爱吃西餐，不论你走到了哪里，都有可能与之相逢。所以，大学生学习、掌握一些有关西餐的基本礼仪规范是很有必要的。

具体而言，西餐的菜序、西餐的位次、西餐的餐具、西餐的品尝、西餐的要求等五个方面的礼仪问题，是享用西餐时应当人人知晓的。

一、西餐的菜序

品尝西餐，少不了需要清楚它的菜序问题。所谓西餐的菜序，在此是指西餐用餐时正规的上菜顺序。与中餐相比，西餐的菜序具有明显的不同。例如，在中餐里，汤往往是用餐的标准"结束曲"；而在吃西餐时，汤则往往是被用来"打头阵"的。

对中国人而言,了解西餐的菜序至少有两大好处:第一,在自己点菜时,可以加以比照,进行适当的、合理的组合与搭配;第二,在自己用餐之时,可以成竹在胸、依次品尝、量力而行,而不至于顾此失彼。

应当说明的是,西餐亦有正餐与便餐之别。在菜序方面,二者是存在很大差异的。

1. 正餐的菜序

西餐的正餐,特别是较为正规的正餐,其菜序不仅复杂多样,而且具体讲究甚多。在大多数情况下,西餐正餐的菜序往往会由七八道菜肴所构成。一顿内容完整的正餐,一般需要用餐者吃上一两个小时。

(1) 开胃菜

所谓开胃菜,即用来为进餐者打开胃口的菜肴。因为在西餐里它首先上桌,所以亦称为头盘。在西餐的正餐里,有时它并不列入正式的菜序,而仅仅用来充当"前奏曲"。在绝大多数情况下,开胃菜都是由蔬菜、水果、肉食、海鲜所组成的拼盘。它大多以各种调味汁凉拌而成,不但色泽悦目,而且口味宜人。

(2) 面包

西餐正餐里供进餐者所食用的面包,通常都是现成的切片面包,或是需要由其当场从整个大面包上切片而食。有时,亦会供应现烤的小面包。吃面包时,一般可根据进餐者的本人偏好,涂上各种果酱、蜂蜜、黄油或者奶酪。

(3) 汤

西餐中的汤大都必不可缺。它的口感芬芳浓郁,具有极好的开胃作用。依据传统的讲法,汤才是西餐之中的"开始曲"。只有开始喝汤时,才可以算是正式开始吃西餐了。在西餐里,常用的汤类有白汤、红汤、清汤等。享用西餐时,按规矩汤仅仅可上一种。

(4) 主菜

主菜是西餐的核心内容。西餐里的主菜通常有冷有热,但大都应当以热菜作为其主角。在比较正规的西餐上,一般都要上一份冷盘和两份热菜。在上桌的两份热菜之中,往往还讲究一份是鱼菜,另一份则是肉菜。有时,还会添加上一份海味菜。在西餐的主菜里,肉菜不仅必不可少,而且往往还被用以代表本次用餐的档次、水平。相对而言,冷盘则算是主菜之中的配角。它一般多为各类泥子、冻子。

（5）点心

吃过西餐的主菜后，一般会马上上一些诸如饼干、馅饼、三明治、通心粉、土豆片、烤土豆之类的小点心，使那些还没有吃饱的人借以填满自己的肚子。要是已经吃饱了的话，也可以不再吃任何点心。

（6）甜品

甜品，通常会紧接着点心上桌。最为常见的甜品，有布丁、蛋糕、冰激凌等。在西餐正餐上，它们被视为一道例菜。因此，就餐者应当尽可能地加以品尝。

（7）果品

在西餐正餐里，各种干、鲜果品是一定要上桌待客的。上桌的干果，主要为核桃、榛子、杏仁、腰果、开心果等。草莓、菠萝、苹果、香蕉、橙子、葡萄等，则是主要在西餐上所供应的鲜果。

（8）热饮

西餐用餐结束之前，应为就餐者供应热饮，以此作为其"压轴戏"。最正规的热饮，是红茶或者不加任何东西的黑咖啡。但是，二者只可选择其一，而不宜同时享用。它们的主要作用，都是要帮助就餐者的消化。西餐的热饮，循例可在餐桌上饮用；也可以换上一个地方，转到休息厅或者客厅之内饮用。

2. 便餐的菜序

西餐的正餐，多见于宴会或者其他重要的节假日。它虽然较为隆重，但往往所耗不菲。在一般情况之下，出于节约金钱与时间等方面的考虑，人们并不总是天天、顿顿都要去吃全套的西餐正餐。假如不是为了尝鲜或者犒劳自己，而只是打算填饱肚子，那么在吃西餐时合理地点上几道有特色、有代表性的菜肴，也就足够了。这种享用西餐的方式，称为西餐便餐。它是相对于西餐正餐而言的。实际上，西餐便餐是西餐正餐的简化。

通常来说，西餐便餐在内容上大都少而精，并且在形式上尽量从简。它主要由以下几道菜肴所构成：开胃菜、汤、主菜（只供应一份）、甜品、热饮。

二、西餐的位次

人们在享用西餐时，对于位次的安排都普遍地加以关注。越是正式的场合,西餐的位次问题就越显得重要。与中餐相比,西餐的位次安排既有不少相同之处,也存在许多的不同之点。

1. 排列规则

在绝大多数情况下,西餐的位次问题更多地表现为席次的具体安排。除非规模隆重的盛宴,桌次的具体安排则往往涉及较少。因此,以下所讨论的主要是西餐就餐者的席次排列。

排列就餐者的具体席次,在西餐上是有一些人所共知、理当恪守的常规的。了解了下述基本规则,便可以轻而易举地处理好席次的排列问题。

(1) 女士优先

在西餐礼仪里,女士时时、处处备受尊重和照顾。在排列西餐就餐者的具体席次时,通常应当给予女士一定的关照,请其在座位较佳之处就座。必要时,男士还应协助女士就座。

(2) 恭敬主宾

以西餐待客时,主宾通常极受尊重。即使在其他来宾之中有人在地位、身份、年龄等方面高于主宾,但主宾仍旧是主人安排席次时所照顾的重中之重。在具体安排席次时,通常都会请男、女主宾分别紧靠着女主人、男主人就座,以便后者对前者进一步有所照顾。

(3) 以右为尊

在安排位次时,以右为尊是一项国际惯例。因此,在具体安排西餐就餐者的席次时也必须比照执行,认定右高于左。也就是说,就某一特定的位置而言,其右侧之位显然在席次上较其左侧之位为高。例如,一般均应安排女主宾坐在男主人右侧,而请男主宾坐在女主人的右侧。

(4) 交叉排列

享用中餐时,就餐者经常有可能被安排与熟人,尤其是与其配偶、恋人一起就座。然而在西餐的席次排列中,此番情景便不复存在。正式一些的西餐宴会,向来被视为社交场合,就餐者不能不与身边就座之人略做交谈。所以,西餐的排位讲究交叉。具体而言,一是男女应当交叉;二是生人与熟人也应当交叉。这样一来,每一位就餐者坐定之后,其对面与两侧往往都是异性,而且还很可能与其素不相识。此种安排的最大好处,据说是可以促使就餐者广交朋友。不过,它要求就餐者在总量上应为双数,并且以男女人数各半为其前提条件。

(5) 距离定位

一般来讲,西餐餐桌上每一个座位席次的具体尊卑,往往同它距离主位即主人之位的远近密切相关。在正常的情况下,通常认为:距离主位较近的座位,在其具体的席次上要高于距离主位较远的座位。这一规则,就是所谓距离定位。

(6) 迎门为上

西餐排位时所说的迎门为上,实际上就是中餐宴会排位时所讲究的"面门为上"。它的具体含义是:在一张西餐的餐桌上,正好面对餐厅正门的座位,往往可被视为该桌的主位。至少,它在席次上也要较背对餐厅正门的座位为高。

2. 排列方式

享用西餐时,人们所使用的餐桌既有长桌,又有圆桌、方桌,有时还会以之拼成其他各种规则的图案。但是,最常用、最正规的西餐餐桌,还要算是长桌。

在具体安排西餐就餐者的席次时,不但要熟知并且遵守基本的排列规则,而且还要在具体操作中根据不同类型的餐桌,采取不同的具体方式。

(1) 长桌

业已指出,在西餐餐桌的具体席次排列之中,当属长桌的席次排列最为多见。以长桌进行席次排列,主要有下列两种方式。

一是男女主人在长桌中央的两侧对面而坐。这样的话,就会形成一个统一的谈话中心。在餐桌的两端,可以坐人,也可以不予安排。假如进行安排,那里便当属末座。

二是男女主人在长桌的两端面对面地就座。进行此种排列,易于形成两个谈话中心。当餐桌上的客人较多时,此种排列可不至于使有人遭到冷落。照此方式排位时,餐桌中央的座位算是下座。

某些时候,例如当就餐者人数较多时,还可以采用或参照上述方式,把多张长桌拼在一起,使之首尾相接,形成其他各种图案。令就餐者聚在一块儿用餐。

(2) 圆桌

在正式的西餐宴会上,采用圆桌作为餐桌的情况并不多见。在大型、隆重的西餐宴会上,使用圆桌的情况则更为罕见。

实际上,使用圆桌作为餐桌,多见于非正式的聚餐活动。具体安排圆桌上位次的尊卑高低时,基本上只要将各项席次排列的规则综合运用则可。

（3）方桌

有些时候，享用西餐不得不借助方形的餐桌。为方桌具体进行席次排列时，前述的基本规则同样有效。

具体来讲，方桌的席次排列通常要求就座于餐桌四周的人数必须完全相等。在正常情况下，一张方桌上安排八人，令其每一边各坐两人，是最为省事的办法。在进行具体排列时，一般应当安排男、女主人与男、女主宾对面而坐，桌上所有人均各自与自己的配偶或者恋人坐成斜对角。

三、西餐的餐具

学习西餐礼仪时，掌握西餐餐具正确的使用方法，是其重点内容之一。在所有的西餐餐具之中，餐刀、餐叉、餐匙以及餐巾是其代表者。以下分别对其加以介绍。

1. 刀叉

刀叉，是人们对于餐刀、餐叉这两种餐具所采用的统称。二者既可以配合使用，也可以单独使用。不过在更多的情况下，刀叉都是如影随形地共同使用的。因此，人们在提及西餐的餐具时，大都喜欢将二者相提并论。

学习刀叉的使用，主要需要具体明确刀叉的类别、刀叉的用法、刀叉的暗示等三个方面的问题。

（1）刀叉的类别

在正规的西餐宴会上，通常讲究菜肴要一道一道地分别上桌；而每吃一道菜肴时，都要换一副刀叉。也就是说，吃每一道菜肴时，都要使用其各自所专用的、不同类别的刀叉。既不可以从头至尾只使用一副刀叉，也不可以不加区分地胡拿乱用刀叉。

享用西餐正餐时，在每一位就餐者面前的餐桌上，都会摆放上专门供其个人使用的吃黄油所用的餐刀、吃鱼所用的刀叉、吃肉所用的刀叉、吃甜品所用的刀叉等。这些刀叉除了形状各异之外，它们在桌面上所摆放的具体位置往往也大有不同。了解最后一点，对于正确地区分不同类别的刀叉尤为重要。

一是吃黄油所用的餐刀。需要说明的是，它是没有与之相匹配的餐叉的。它的正确位置，是横放在就餐者左手的正前方。

二是吃鱼所用的刀叉与吃肉所用的刀叉。它们通常应当被刀右、叉左地分别纵向摆放在就餐者面前的餐盘两侧。有时,它们会达三副之多。对其加以区别,其实一点都不困难。关键是要牢记:应当依次分别从两边由外侧向内侧取用。

三是吃甜品所用的刀叉。这一副刀叉,一般应在最后使用。它们一般会被横向摆放在每人所用的餐盘的正前方。

(2) 刀叉的使用

大学生在使用刀叉时,主要有两个基本问题应予注意。

一是使用方式。具体使用刀叉时,目前主要有两种通行的基本方式。

方式之一,是英国式。它要求就餐者在使用刀叉时,始终右手持刀、左手持叉,一边进行切割,一边叉而食之;即切一块便吃一块。一般认为,此种刀叉的使用方式比较文雅。

方式之二,是美国式。它的具体做法是:先是右刀左叉,一鼓作气将要吃的食物全部切好,然后再把右手的餐刀斜放于餐盘上,将左手的餐叉换到右手,最后再右手执叉大吃一气。这种方式的好处,据说是较为省事。

二是使用要诀。使用刀叉就餐时,不论具体采用哪一种方式,都有下述六项使用要诀应被切记。

第一,切割食物时,不要搞得铿锵作响。

第二,切割食物时,应当从左侧开始,由左而右地逐步而行。

第三,切割食物时,应当双肘下沉,切勿左右开弓。否则既"吃相"不佳,又有碍于人,而且还有可能令正在被切割的东西"脱逃而去"。

第四,被切割好的每块食物,应当入口刚刚合适、不大不小。一般应当以餐叉铲而食之,不可以用刀扎着吃,也不可以用叉叉起之后一口一口地咬而食之。

第五,刀叉的朝向自有其一定的讲究。双手同时使用刀叉时,叉齿应当朝下。右手持叉进食时,则应使叉齿朝上。临时将餐刀放下时,切勿令刀刃向外。

第六,刀叉掉落地之后不应再继续使用,而应请求侍者另换一副。

(3) 刀叉的暗示

通过刀叉的不同放置形式,可以由就餐者向侍者暗示本人是否还想再继续吃某一道菜肴。其具体形式有以下两种。

一是暗示尚未吃完。在进餐期间,就餐者如果将刀右叉左,刀刃向内、叉齿向下,二者呈"八"字形状摆放在餐盘之上,就是在暗示侍者:此菜尚未用毕。但是,切勿把刀叉交叉摆放成"十"字形状,因为有的人认为:它是一种十分晦气的图案。

二是暗示可以收掉。就餐者如果吃完了某一道菜肴,或者因其不合口味而不想再吃,则可以刀右叉左,刀刃向内、叉齿向上并排纵放,或者是刀上叉下并排横放在餐盘上。这种做法是在暗示侍者:可以将刀叉连同餐盘一道撤下桌去。

2. 餐匙

餐匙,又叫作调羹、勺子。品尝西餐时,餐匙是一种不可或缺的主要餐具。学习餐匙的使用时,重点应当掌握其类别与用法。

(1) 餐匙的类别

在西餐的正餐里,一般至少会出现两把餐匙。它们形状不一,用途各异,摆放的具体位置也各不相同。

一是汤匙。汤匙形状较大。它通常被摆放在就餐者右侧餐刀的最外端,并且与其并列纵放。

二是甜品匙。在一般情况下,它被横向摆放在吃甜品所使用的刀叉的正前方,并且与之并列。假使用餐时不安排甜品,用不上甜品匙的话,它往往会被同样形状较小的茶匙所取代。

(2) 餐匙的用法

使用餐匙时,有下列五点技巧性的要求务必要予以遵守。

一是餐匙除可以饮汤、用甜品外,绝对不可以直接去舀取红茶、咖啡以及其他任何菜肴。

二是以餐匙取食时,务必不要过量。一旦以之入口,就要一次用完,不要把一匙的东西反复品尝多次。使用餐匙时,应当以其前端入口,而不可将其全部含入口中。

三是使用餐匙的动作应当干净利索,切勿以之在汤、甜品或者红茶、咖啡之中搅拌不已。以匙舀汤时,应自距己较近处向距己较远处舀起,而不是反其道而行之。

四是应当保持餐匙自身的整洁干净,不要将其周身上下搞得"披红戴绿""四处挂彩"。

五是已经使用的餐匙不可再次放回原处,也不可将其插入菜肴或是令其"立正"于汤盘、红茶杯、咖啡杯之中。正确的做法,是可以将其暂放于餐盘、红茶碟、咖啡杯之上。有时,以匙柄正对着就餐者,还可以暗示其用餐已经完毕。

3. 餐巾

其貌不扬的餐巾，在西餐里发挥着多重重要作用。它的铺放方法与禁忌，与中餐的讲究基本类似。以下，具体介绍餐巾在西餐正餐里所发挥的几种作用。

(1) 保洁服装

西餐的许多菜肴不但汁水丰富，而且万紫千红。把餐巾事先铺在就餐者的大腿上，就可以以之"迎接"用餐时溢出或者掉落的菜肴、汤汁，使之不至于弄脏自己的服装。

(2) 揩拭口部

女士在进餐前，可使用餐巾轻印一下本人的口部，以去掉唇膏。在用餐期间意欲找人交谈时，亦可先用餐巾揩一揩嘴，以防自己"满口生辉"。但是，不要使用餐巾乱擦、乱抹，尤其是不要以之擦脸、擦汗。特别是不要用它擦拭餐具，那样做等于是提醒主人餐具不洁，要求马上调换。

(3) 掩口遮羞

在西餐的进餐过程中，最好不要当众随口乱吐东西，也尽量不要剔牙。万不得已非做不可时，则应以左手拿起餐巾遮掩住本人的口部，以防自己当众"清污"的动作令人作呕。

(4) 进行暗示

在西餐里，餐巾的一大特殊作用，是可以用来传递某种众所周知的暗示。具体而言，其暗示通常有三种。

一是暗示用餐开始。享用西餐时，众人皆须向女主人自觉看齐，并且唯其马首是瞻。当女主人为自己铺上餐巾时，一般等于是在正式宣布用餐就此开始。

二是暗示暂时离开。用餐时若需要中途暂时告退，一会儿还会去而复返，往往不必大张旗鼓地向他人通报，而只要把本人的餐巾置于自己座椅的椅面之上则可。见此暗示，侍者便不会动手撤席，而会维持其现状不变。

三是暗示用餐结束。按惯例，当主人，尤其是女主人把自己的餐巾放在餐桌之上时，意在宣告此次用餐结束，请大家自觉地告退。其他用餐者吃饱之后，亦可采用此法示意。

四、西餐的品尝

西餐里的各道菜式,具体的品尝方法均有所不同。不掌握各种菜肴的具体品尝方法,显然是难以享用好西餐的。

1. 开胃菜

在一般情况下,西餐上的开胃菜多以色拉为主。有个别的时候,也会上一些海鲜。

（1）色拉

品尝色拉时,通常必须使用餐叉。这主要是因为色拉在上桌之前已被切割完毕,故而不再需要就餐者煞有介事地大动干戈,对其持刀大切特切了。

（2）海鲜

用作西餐开胃菜的海鲜,主要有鲜虾、生蚝和蜗牛。它们的品尝方法稍有不同。

一是鲜虾。鲜虾有大小之别。吃小虾时,可以用餐叉直接取食。吃大虾时,则应先用手剥壳,再送之入口。有时亦可以叉取用大虾,但不必对其进行切割。

二是生蚝。生蚝,亦名牡蛎、海蛎。吃生蚝时,通常必须使用专用的餐叉,一只一只地慢慢品尝。

三是蜗牛。蜗牛有带壳与去壳之分。吃带壳的蜗牛,可以专用的夹子将肉夹出食用,然后再吮吸一下壳内的汤汁。若上桌的蜗牛已被去壳,则可直接以叉取用。

2. 面包

西餐上所供应的面包,主要有鲜面包、烤面包两种。在吃法上,二者小有差别。

（1）鲜面包

吃未曾烤过的鲜面包,不能一次拿得过多。正确的吃法是:用左手取过大小适当、刚巧一次可以入口的一小块,涂上黄油、果酱或者蜂蜜后,再送入口中。不能像吃汉堡包那样双手捧着吃,或者取过一大块后一口接一口地咬着吃。吃未烤过的切片面包时,则允许一小块、一小块地撕着吃。

（2）烤面包

吃已烤过的面包，不可以撕食，否则将导致面包屑纷飞。慢慢地咬着它吃，则是许可的。吃烤面包时，可配以黄油、鱼子酱。再挤上一些柠檬汁，它的滋味会更佳。

不论吃哪一种面包，都不能以之沾汤或者擦盘子。

3. 汤

在西餐里，汤是一道名副其实的菜。因此，在饮汤时，必须熟悉自己应当如何"有所为"与"有所不为"。

（1）正确的方法

饮汤时，必须以右手执匙，由近而远，向外侧将汤舀起，然后将汤匙的一侧就嘴而饮。若汤盆之内的汤所剩无几时，可用左手由内侧托起汤盆，使其向外侧倾斜，然后再用右手执匙舀而饮之。

（2）主要的禁忌

在西餐上饮汤有三点禁忌：一是不能端起汤盆、汤盘饮汤；二是不能俯身趴到汤盆、汤盘上吸食；三是不能用口吹汤或者使用盆、盘、汤匙反复折汤，以为之降温。

4. 主菜

西餐的主菜花样甚多，其中以泥子、冻子、鱼、鸡、肉最是多见。分别对其加以品尝时，切勿出现差错。

（1）泥子

泥子，通常指的是以虾、蟹或者某些动物的肝为主料，配以鸡蛋、西芹，加上佐料，搅拌而成的一种需要冷吃的菜肴。品尝泥子时，主要应当使用餐叉。

（2）冻子

冻子，是西餐中使用煮熟的食物和汤汁冷却凝结而成的一种冷菜。常见的冻子，有肉冻、鱼冻和果冻。品尝冻子时，必须以刀切割之后，再用叉来取用。

（3）鱼

西餐上所供应的鱼，大都骨、刺较少。有时，它们会被提前剔除。在必要时，可先用餐刀将其切开，慢慢剥出骨、刺之后，再把它切成小块，以叉入口。对不想吃的鱼皮，亦可照此办理。要是鱼的腥味太重，吃前可挤上一些柠檬汁。

（4）鸡

品尝鸡肉的时候，一般不允许直接下手操练。应当首先设法去掉鸡骨之后，再用餐刀将其切成小块，随后分别叉而食之。

（5）肉

西餐里的肉菜，往往指的是以牛肉、羊肉、猪肉为主要内容的菜肴。严格地讲，西餐的主菜只能与肉菜画上等号。在所有肉菜里，牛排、羊排、猪排，尤其是牛排，属于"重中之重"的主角。吃肉菜时，必刀叉并用。

5. 点心

享用西餐时，多多少少总要品尝一些点心。吃点心时，亦须讲究吃相。

（1）饼干

吃饼干时，通常应当用右手单独拿起来吃。

（2）馅饼

在吃馅饼时，一般需要先用餐刀将其切大小适当的小块，然后再用右手托起来品尝。

（3）三明治

吃三明治时，往往可以用双手捧着它吃。若其并不太大，也可以只用右手捏着它来吃。

（4）通心粉

通心粉，又称意大利面条，简称意面。吃它时，不可以一根一根地挑着吃，也不可以用力吸食。标准的吃法是：右手持叉，在左手所拿的汤匙帮助下，将其缠绕到餐叉上，随后入口而食。

（5）土豆片

油炸土豆片，在西餐中多被当成点心。吃土豆片时，可以用手取食。但每次所拿的不要过量，也不要把它捏碎了再吃。

（6）烤土豆

烤土豆，大都连皮一起上桌。吃它的时候，应当用左手轻轻地将其按住，右手持刀先切上一个口子，令其散热。过上一会儿，再用餐叉从口子内取食。如果必要，还可先对其略做切割。吃的时候，还可以先浇上一些专用的肉汁。

6. 甜品

在西餐里，甜品也算是一道名正言顺的菜肴，故其品尝方式亦多有讲究。

（1）布丁

吃西餐时，上桌的布丁通常都是流质的，所以不宜直接下手取食，不宜利用刀叉助餐。正确的方法,是用专门的餐匙取而食之。

(2) 蛋糕

吃蛋糕时,一般均可用右手拿起它之后食之。

(3) 冰激凌

在西餐里,冰激凌一般都是正餐所必备的主要甜品,而非可有可无的一种冷饮。上桌时,它通常会被置于专用的高脚杯之内,需要借助于餐匙取用。

7. 果品

吃西餐所提供的果品,一般有干果与水果之分。不过,在西餐里以下述几种新鲜水果最为常见。

(1) 草莓

普通的草莓,均可直接用手取食。若是蘸上一些砂糖或者酸奶油,其味道或许更佳。吃带有调味汁的草莓,则必须使用餐匙。

(2) 菠萝

供西餐的就餐者品尝的菠萝,应当首先被分割为适当的小块儿,然后再用餐叉取食。它的外皮,上桌之前应被去掉。不可用手抓食菠萝,也不宜将其举而咬食。

(3) 苹果

苹果最为正规的吃法是:取过一只,先将其切成大小相仿的四块,然后逐块去皮,再用刀叉分而食之。不过,现在绝大多数人都已习惯于用手拿起去皮的小块苹果直接吃了。

(4) 香蕉

食用整只的香蕉,一般应当首先剥除它的外皮,再使用刀叉把它分成小段,以叉逐段取食。一边用手剥,一边用手拿着慢慢地咬着吃,则是不允许的。

(5) 橙子

吃橙子的常见方式有两种:一是正规的吃法。即先用餐刀去掉其外皮,再以刀叉剥离其内皮,最后以刀叉分瓣而食;二是大众的吃法。即用餐刀将其去皮后,首先切为小块,然后用手取用。

(6) 葡萄

葡萄在餐桌上也有两种不同的吃法:一是吃成串的葡萄,可取过一小串,一粒一粒用手揪下来吃。其皮、其核可先悄然吐入手中,然后再移至餐盘之内。二是吃单粒不成串的葡萄时,宜用餐叉相助取食。

五、西餐的要求

吃西餐时,特别是在参加正式的西餐宴会时,礼仪方面的具体要求既繁多,又严格。扼要地讲,任何人在品尝西餐时,都必须使自己的所作所为在下述三个方面完全合乎既有的要求。

1. 举止高雅

由于正统的西餐礼仪出自古代的欧洲宫廷,并且相沿以久,故此其程式化的规定极多。其中最重要者,是要求全体就餐者严格约束本人在餐桌上的举止,力求使之优雅脱俗。有人曾就此指出:"吃中餐,主要吃的是美味佳肴。吃西餐,则主要'吃'的是就餐者本人的举止风度。"对中国大学生而言,品尝西餐时在下述五个方面必须注意。

(1)进食无声

品尝西餐时,不论吃东西还是喝东西,绝对不要弄出响声来,尤其是不要搞得响声大作,并经久不息。依照西餐礼仪的说法,唯独缺乏教养者,才会在进食时出声作响。

(2)防止异响

除用餐外,每一位就餐者还须力戒本人体内所发出来的任何不雅之声。例如,排气、咳嗽、打喷嚏、清嗓子、擤鼻涕等。此外,在用餐和就座、离座时,也不要把餐具、座椅或者餐桌弄出怪异、刺耳之声来。

(3)慎用餐具

享用西餐,一定要首先学会正确地使用餐具。不仅要懂得餐具在什么时候该用、什么时候不该用,而且还要明了每一种餐具的具体使用方法。万一不会使用某一种餐具,切勿贸然行动、弄巧成拙。必要时,可在现场观摩其他人尤其是女主人的具体做法,然后悄然跟进。还应谨记:除有所规定外,切勿把餐具挪作他用。

(4)正襟危坐

在餐桌旁就座时,应使身体与餐桌之间保持两拳左右的距离。上身宜呈挺拔之态,而不可东倒西歪、或俯或仰。双手应扶住桌沿,既不要支在桌上,也不要藏于桌下。双腿切勿乱伸、乱踢、乱蹬。餐具万一跌落在地,也不要自己弯腰去捡拾;不要忘了自己的对面与两侧通常坐的皆为异性。

（5）吃相干净

就餐者在用餐时，不但需要维护环境卫生，而且也需要努力保持个人卫生。在用餐的具体过程里，动作一定要时刻小心细致，不要吃得"遍地开花"，脸上、手上、身上处处留痕；也不要只顾个人卫生，而把餐具、餐桌、地上以及四周搞得一塌糊涂。

2. 衣着考究

吃西餐时，不论外出赴宴还是前往西餐厅就餐，个人的衣着都应有所讲究。要是不明此理，或者明知故犯，都会招致批评。根据西餐的规模、档次不同，用餐时的衣着打扮有着不同的要求。大体上讲，赴宴者的衣着有礼服、正装与便装之分。

（1）礼服

在隆重的西餐宴会上，赴宴者往往被要求身着礼服。西式的礼服，通常男装为黑色燕尾服，并且戴衬衫袖扣、扎领结、系腰封；女装则为袒胸、露背、拖地长裙，并且配长筒薄纱手套。此外，本民族的盛装，例如我国的中山装、汉服、藏装、壮衣、蒙古袍等，也可替代西式礼服。

（2）正装

普通的西餐宴会，通常要求赴宴者身着正装。一般而言，此正装是指深色，特别是黑色、藏蓝色的西服套装、套裙。它的基本要求是：男装不可以色彩过淡、过艳；女装则切勿过短、过小。

（3）便装

在非正式的西餐聚餐上，赴宴者可以身着便装。所谓便装，在此是指男士穿浅色西装套装、单件西装上衣，或者长衫与长裤；女士则可以穿时装，或者以长西裤代替裙装。但是，切莫将此处的便装理解为随便着装，更不可随心所欲地乱穿一气。

3. 尊重妇女

如果说中餐礼仪讲究的是尊重长者，那么则完全可以说尊重妇女是西餐礼仪的一大特征。西餐礼仪里所讲究的尊重妇女，并非纸上谈兵，而是具体地融入了以下两个方面的可操作层次。

（1）礼待女主人

在较为正规的西式宴会上，女主人通常处于所谓"第一顺序"。其具体表现为：要由女主人在主位上就座，要由女主人"宣布"用餐的开始或者结束，所有来宾均须向女主人致敬等。在西餐宴会上，女主人忙里忙外、四处张罗，甚至无暇入席就餐的情景，是绝对难以见得到的。

（2）照顾女宾客

在吃西餐时，不论彼此相识与否，男士们都有义务自觉地充当殷勤备至的"护花使者"，对其周围的女士多加照顾。例如，在用餐之前，应当帮助女士存放外套，或是为其寻找座位、协助其就座。在用餐期间，则应当帮助女士取菜、拿调味品、陪其交谈，并为其化解"窘境"等。更重要的是，男士对自己周围女士的主动照顾应当不分生疏，一律平等对待。

第四章

因缘礼仪

《礼记》有言："亲亲尊尊长长。"[①]"毋不敬。"[②]

古希腊先哲亚里士多德在谈及人的基本特征时,曾经指出:人在社会生活里,是难以拒绝与其他人进行交往的。这句名言,其实阐述了一条真理:一个人在社会上如欲生存、发展,那么不论他是否愿意,都必须面对各种各样的人际关系,都必须以各种形式与其他人进行交往。因为没有人际交往,不善于处理人际关系,就难言人与人之间的合作。而没有人与人之间的合作,任何人都难以生存、发展、进步。

作为涉世不深者,大学生一方面乐于进行人际交往,另一方面则交往能力往往较差。有的大学生在面对人际交往时,要么腼腆,要么自卑,要么多疑,要么固执,要么自负,要么孤僻。还有极个别者属于"社恐",总是将正常的人际交往视为畏途,能躲开就躲开,躲不开就勉强应付,匆匆忙忙走过场,甚至直接加以拒绝。如此一来,不但难以建立良好的人际关系,而且就连普通的人际交往都难以取得进展。凡此种种,都要求大学生认真学习并遵守因缘礼仪。

人与人之间,往往有缘千里来相会。因缘,亦称缘分,通常指人与人之间因必然或偶然所形成的关系,其常见者有血缘、姻缘、学缘、友缘、业缘、地缘等。在现实生活里,交往是人类最基本的

---

① 礼记[M].[元]陈澔,注.金晓东,校点.上海:上海古籍出版社,2016:375.

② 同①,1.

社会活动,任何人际交往都有必要借助于一定的形式。然而各种具体的人际交往形式,或者人与人之间的因缘际会,都有其一定之规可循。在中国第一部字典《说文解字》里,作者许慎将"礼"解释为"履也"[①];给"仪"下的定义是"度"[②]。中国第一部词典《尔雅》对"履"的释义则是"履,礼也。"[③] 这就是说,礼仪即人际交往所应践行的规则、法度,它可以履行,属于人人该做的事情。就当代大学生来说,处理其家庭关系、学校关系、友邻关系、涉外关系的一定之规,指的就是因缘礼仪,即大学生处理其最基本的人际关系时所须恪守的行为规范。对基于此类关系所形成的各种人际交往,大学生的正确态度,一是要积极参加,并且及时地总结经验教训;二是要掌握基本的因缘礼仪,并且正确地加以运用。有了这两条,处理人际关系时大学生通常就可以举重若轻,应付自如。

一个人的人际关系,有的可以选择,有的则难以选择。重要的是,每一个人都必须重视人际关系、维护人际关系,并且改善人际关系。因缘礼仪的主旨是:提倡理性地面对人际关系,妥善地处理人际关系,通过人际关系的协调与改善,增进人与人之间的尊重、理解、信任与合作,为每一个人的生存与发展努力营造出良好的人际关系。

第一节　家庭

熟悉吴天心的同学和老师,都知道他是极其恋家的。上大学已经三年多了,可是每三天,他总要想方设法地跟远在千里之外的爸爸、妈妈通上一次电话。难得的是,吴天心的这种做法是"三年一贯制",雷打不动。

有人也许会说:"至于那样吗? 家里要是没有什么大事的话,一两个月往家里打上一次电话就行了。每两三天就要往家里打上一次电话,多麻烦啊! 他还没有'断奶'吗! "讲这种话的人,其实是不懂得吴天心的良苦用心的。

---

① 许慎. 说文解字[M].[宋]徐铉,等校. 上海:上海古籍出版社,2021:2.

② 同①,256.

③ 尔雅[M].[晋]郭璞,注. 王世伟,校点. 上海:上海古籍出版社,2015:34.

作为家里的独生子,吴天心非常体谅自己的父母亲。他知道,爸爸、妈妈因为他不在家里,平时感到十分寂寞,所以他才定期与父母亲通电话。虽说每次通话的时间极短,却足以使二老高兴许久了。吴天心的这一做法,实际上也是对父母另一种形式的孝敬。

人生在世,难以离得开家庭。所谓家庭,具体是指以婚姻、血统关系为基础的一个社会单位。通常,每一个家庭都由父母、子女以及其他共同生活的亲属所组成。家庭是社会的基本细胞,家庭关系是每一名大学生均须面对的最基本的人际关系。

在大学求学期间,大学生尽管未必与家人继续生活在一起,但是与家庭的联系却从来不曾间断过。个人与家庭以及其他家庭成员之间的关系,是大学生人际关系中较为特殊的一种。家人之间,不仅相依为命,而且亲近异常。被家庭这一天然纽带所联结的家庭成员之间,显然不可以不讲亲情,不顾家庭。否则不是行为失常,便是矫揉造作。

大学生在处理自己的家庭关系时,关键是要摆正本人在家庭之中的位置,恪守自己的本分。具体而言,则应当认认真真地在孝敬长辈、厚待同辈两个基本方面并重。

一、孝敬长辈

在所有的家庭关系里,长辈与晚辈之间的关系始终都是一种最基本的人际关系。就当今的一般家庭而言,父母与子女之间的关系又是最重要的长辈与晚辈之间的关系。

习近平同志曾经指出:"自古以来,中国人就提倡孝老爱亲。"[①] 作为一名晚辈,大学生如何处理自己与家庭成员之中的长辈尤其是父母之间的关系,对于每一个人来讲都是一种考验。常言道:"百善孝为先",任何一名有道德、有教养的、有良知的大学生,在处理自己与长辈尤其是父母之间的关系时,都必须将孝敬对方作为立身之本。

自古以来,"父慈子孝"就是中国家庭关系的理想模式。作为晚辈,大学生对于自家长辈的孝敬通常具有敬重长辈与孝顺长辈两个方面的

---

① 习近平谈治国理政:第三卷[M].北京:外文出版社,2020:344~345.

含义。从总的方面来讲，大学生对自家长辈的孝敬，并不应该仅仅见诸言辞，更重要的是要将其付诸行动。

1. 敬重长辈

在阐述孝的具体内容时，曾子曰："大孝尊亲，其次弗辱。"[①] 这表明：晚辈在处理自己与包括父母在内的其他一切家庭长辈之间的具体关系时，必须以尊敬为先。晚辈对于家庭中长辈的尊敬，必须做到言行一致，表里如一，一视同仁，一以贯之。

具体而言，晚辈对本家长辈的尊敬，主要应当在以下四个方面有所体现。

(1) 毕恭毕敬

子曰："今之孝者，是谓能养。至于犬马，皆能有养；不敬，何以别乎？"[②] 由此可知，敬为孝之大者。

对于自家的长辈尤其是父母，大学生必须以礼相待，遵守规矩，处处尊重有加。不论在任何情况下，都不允许自己的一言一行失敬于对方。

不要因为自己的身份有所变化，就变得忘乎所以，指望就此可以与长辈"平起平坐"，而不再顾忌彼此之间尊卑有别。有道是"儿不嫌母丑，子不厌家贫。"在恭敬长辈方面，晚辈永远都不可以忘本。

不允许没大没小，随意与长辈打打闹闹，甚至毫无边际地乱开玩笑。至于成心取笑长辈，有意令其难堪，则更不可取。

特别应当注意的是，不论是当面还是背后，在提及包括父母在内的自家长辈时，务必都要采用尊称。不论对方是否介意，都不可以直呼其名。任意使用诸如"老头儿""老太婆""皇阿玛""皇额娘""猪爸爸""猪妈妈""饲养员""提款机"之类的谑称去直呼自己的父母，则更有失庄重。

(2) 虚心学习

长辈是人类的智者。长辈所拥有的丰富的人生阅历，是一笔难以估价的宝贵财富。作为晚辈，大学生一定要善于利用一切机会，虚心向长辈讨教，以便开阔视野，增长才干。

碰上了难题，或者遇上了麻烦，勿忘"近水楼台先得月"，及时而主动地向自家长辈反映，并且耐心地向对方请求指教。长辈不但会乐此不

---

① 礼记[M].[元]陈澔，注.金晓东，校点.上海：上海古籍出版社，2016：543.
② 朱熹.四书章句集注[M].北京：中华书局，2011：57.

疲,而且的确在许多"大政方针"上富有远见卓识、高人一筹。"家有老,是个宝。"不懂得向长辈虚心学习,实乃一大损失。

长辈对自家晚辈的最大希望,是愿其早日成才。晚辈向长辈求教,自然也是为了实现这一目标。作为晚辈,一定要珍惜机会、学而不厌、孜孜不倦,努力学有所成,以不辜负长辈的厚望。

(3) 听从管教

管教自家晚辈,对长辈而言,既是一项天职,又是一种关爱。对于自家长辈的批评与指点,晚辈必须洗耳恭听,来者不拒,并且认真接受。不论从哪一个方面来看,长辈对自家晚辈的管教,都出自善意和真心的爱护。因此,即便长辈的管教稍有偏差,也不允许对其全盘予以否定。

当自家长辈尤其是父母管教自己时,一定要牢记以下三点:一是要虚心服从;二是要表示感激;三是要知错即改。绝对不允许当场顶撞长辈、无理狡辩、阳奉阴违,或是置之不理。哪怕表面上表现出不耐烦,亦是失敬于长辈的。

不要过分地夸大长辈与晚辈之间的所谓"代沟",更不要片面地认定长辈无一例外地"守旧""落伍""狭隘""胆小""庸俗""糊涂"。不知道从自家长辈的管教中取长补短,可谓愚蠢之至。

(4) 不分彼此

子曰:"立敬自长始。"① 对于自家的所有长辈,大学生都要给予应有的尊敬,而不允许厚此薄彼。因为作为晚辈,必须对长辈恭恭敬敬。

尊敬自家的长辈,首先应当尊敬自己的父母。对于父母不仅不可以疾言厉色,而且必须尊重有加。

尊敬自家的长辈,其次应当尊敬自己的祖父母和外祖父母。当祖父母或者外祖父母与自己的家庭生活在一起时,绝不应当嫌弃他们,而是应当主动接近他们,并且像对待自己的父母一样对待他们。

尊敬长辈,再次应当尊敬自家其他的一切长辈。不论对方与自己的具体关系如何,只要对方是一位长辈,自己就必须执晚辈之礼,对对方处处不失恭敬。

2. 孝顺长辈

孝顺长辈,是中华民族为世人称道已久的一种传统美德。作为华夏

---

① 礼记[M]. [元]陈澔,注. 金晓东,校点. 上海:上海古籍出版社,2016:537.

儿女,当代大学生理当将这种美德继承下来,并且发扬光大。

晚辈对于自家长辈的孝顺,既是一种义务,也是一种情感。它不但要体现在晚辈对长辈的物质照顾上,而且在精神上对长辈的体贴宜应与之并重。"谁言寸草心,报得三春晖。"无论从哪一方面来说,晚辈对长辈的孝顺都是完全必要,完全应该的。

(1) 奉养长辈

对于自家长辈的"滴水之恩",尤其是父母的"生身之恩",晚辈自当以"涌泉相报"。因此,奉养长辈尤其是奉养自己的父母,是对晚辈的基本要求,也是其义不容辞的天职。倘若忤逆不孝、遗弃长辈,或者当其需要帮助时对其不理不睬,是天理所不容的。

作为大学生,在奉养自家的长辈方面,主要应当做好下述三点。

一是帮助长辈。作为晚辈,一定要在必要时主动帮助自家的长辈,使其丰衣足食,在物质生活上没有后顾之忧。帮助长辈,应该是有钱的出钱,有力的出力。对于无依无靠的长辈,尤其是自己的生身父母,一定要自觉地担负起赡养对方的职责。

二是照料长辈。对于自家的长辈,特别是那些上了年纪的长辈、体弱多病的长辈、孤身一人的长辈,在日常生活的方方面面要尽力加以照料,并且多加关心爱护。在这一方面,每一位晚辈都应当表现得不遗余力。

三是自立自强。长大成人之后,大学生要尽快地学会自力更生。在今后走上社会时,还要坚持自食其力,不要一味地宅家、啃老、当寄生虫。要主动减轻长辈尤其是父母的负担,不要事事让长辈操心,处处让长辈出力。无限度地寄身于长辈的操劳之下,难免会使自己永远"发育不良"。

(2) 体贴长辈

长辈之人,尤其是年事已高的长辈,随着其年龄的不断增长,体力与脑力难免都会有不同程度的衰退。其中的某些人还会因此而百病缠身,或者行动困难。对于出现上述状况的长辈,身为晚辈的大学生一定要更多地从精神方面对其加以体贴。

具体而言,对于自家长辈的体贴,主要应当从以下三个方面入手。

一是加强联系。人到老年,最害怕的就是孤独寂寞、离群索居。如果有条件的话,晚辈应当争取与自家长辈在一起居住。即使没有条件,也要与之保持密切的联系。要经常抽出一些时间去探望长辈尤其是父母。不方便的话,也要多跟他们通电话,多给他们写信,多给他们发电子邮件,多利用社交软件与他们保持经常性的联系。

二是汇报思想。在长辈的眼里,自家的晚辈不论年纪多大,永远都是孩子,都需要自己为之操心。有可能的话,晚辈不仅要"常回家看看",而且还要多跟长辈谈谈。向长辈汇报一下自己的成绩,与长辈交流一下思想,甚至主动找长辈聊上一会儿天,往往都会令长辈喜笑颜开,因为这对长辈而言无异于一次丰盛的"精神会餐",而且还会使长辈感到自己"老有所为"。

三是为国争光。从更加广泛的意义上来讲,报效祖国,为国争光,同样也是晚辈对长辈的一种孝顺,而且往往被视为一种最重要的孝顺。按照中国人的传统看法,"孝,始于事亲";"终于立身"。[①] 当晚辈为社会、为国家做出了一定的贡献,并因此而得到了社会的肯定和赞誉,便会给自家长辈尤其是自己的父母带来莫大的荣誉。因此,晚辈在学业上不断进取,在社会上努力工作,在事业上发奋图强,力争做出替父母争光、使长辈荣耀的成就,实际上也是在尽孝,并且是对长辈的最好体谅。

二、厚待同辈

在家庭成员中,往往存在着自己的同辈人。同辈,亦称平辈。通常,它泛指一切辈分相同之人。就家庭成员而言,同辈则主要是指与自己存在血缘关系的兄、弟、姐、妹,以及他们的配偶等。进行家庭交往,处理家庭关系,都不可能不去面对自己的同辈。

不论双方之间关系如何,双方之间的具体地位有无差距,双方之间是否互有所求,大学生都一定要与自己的同辈"情同手足",并且时时处处厚待于对方。

在具体处理家庭关系时,厚待同辈不仅要求真心实意,而且也需要讲究必要的方式方法。一般认为,在协调、处理自己与自家同辈的相互关系时,最为重要的问题是要加强团结,互相帮助,促进监督。

1. 加强团结

人们常说:"团结就是力量。"对于自家的同辈而言,尤其是兄弟姐妹

---

① 孝经[M].[唐]李隆基,注.[宋]邢昺,疏.金良年,校点.上海:上海古籍出版社,2014:6.

之间,团结也是头等重要的大事。如果自家之人"窝里斗",不讲团结、四分五裂,甚至兄弟阋墙、手足相残,定会使亲者痛、仇者快。

与自家的兄弟姐妹等同辈家人要想搞好团结,不仅要宽厚待人,而且还应当彼此谦让。不在这两个方面用心,往往就难以实现真正牢固的家庭团结。

(1) 宽厚待人

与自家同辈相处,必须事事以宽大为怀,宽厚待人。有道是:"亲不亲,一家人。"既然如此,对待与自己情同手足的兄弟姐妹就绝对不应该事事计较、处处算计,更不可以时时与对方你争我夺、势不两立。

所谓宽厚待人,即为人宽容而厚道。大学生对待自家同辈的宽容厚道,通常应当在如下两个方面有所体现。

一是待人应当宽容。对待自家的兄弟姐妹等同辈之人,理当自觉自愿地宽容忍让,不要苛求于对方,更不要蓄意对对方吹毛求疵。特别重要的是,不要听不得对方的逆耳之言,不要见不得对方的逆己之事。当自己与自家同辈发生某种利害冲突时,切勿偏听偏信,听信他人别有用心的是非挑拨之言,而去变本加厉地回敬自己的骨肉兄弟。必要的话,要善于容忍自家兄弟姐妹对自己有意或者无意的冒犯。就算是对方的所作所为有负于自己,看在"本是同根生"的情分上,对其也要以宽大为怀。

二是为人应当厚道。对大学生而言,厚道即为人包容、大度。在处理自己与兄弟姐妹等自家同辈之间的关系时,首先应当牢记大家是真正的一家人。不论在家庭内部还是在社会上,面临自己与对方的利益之争时,都要坚持吃亏在前、享受在后。这样做,不仅是对"自家兄弟"所应有的表现,而且也会令自家长辈对自己更加放心、更加信任。不要在与兄弟姐妹打交道时争强好胜、一味攀比,切莫只想沾光、不愿吃亏。那种做法,只能显得自己鼠目寸光,缺乏做人的基本教养。

(2) 彼此谦让

谦让于人,是一种难能可贵的美德。与自家的兄弟姐妹等同辈之人打交道时,主动谦让于对方,是对于大学生的一项基本要求。

古语云:"退一步地阔天宽。"从形式上来看,在人际交往中主动谦让于人,是一种很大的退让。有时,还可能因此而给自己造成一定程度上的损失。然而从大局方面来看,倘若自己懂得自觉谦让于兄弟姐妹等自家的同辈之人,将会极大地有助于自己与对方之间的相互团结,上无愧于长辈,下无愧于后人,因而必定得大于失。

与兄弟姐妹等同辈人打交道,如同和社会上的其他人打交道一样,往往不可能一点都不涉及彼此之间的物质利益关系。在这一问题上,完全不食人间烟火,对其根本不闻不问,未必是一名正常人。重要的是,一定要持有正确的态度,凡事必须以家庭团结、亲人和睦这一大局为重。

从原则上讲,在钱、财、物等敏感而棘手的问题上主动谦让于自家的同辈,就要做好下述三点。

一是要多做退让。与自家的兄弟姐妹在算经济账时,要想不伤感情、不伤和气,最明智的办法就是多做让步。要提倡在这一问题上"吃亏是福",牢记"家和万事兴",而切勿与对方斤斤计较、毫厘不让。

二是要避免争抢。在任何情况下,都不应当对钱财一类"身外之物"过于眼馋,利令智昏地与自己的兄弟姐妹为此而撕破脸面、反目为仇、相互辱骂,甚至大打出手。

三是要分清你我。成年之后,一定要知道"亲是亲,经济分。"与自己一母同胞的兄弟姐妹进行日常往来时,该算的经济账一定要当时算清楚。不要总使一方占便宜,而令另外一方永远吃亏。若是使之变成一笔"糊涂账",将来就有可能会授人以把柄。

2. 互相帮助

自家的同辈之间,特别是兄弟姐妹之间,永远应当互相关心,互相爱护,互相帮助。这种表现,是"发乎情,止乎礼"的。人们时常以"手足之情"来形容兄弟姐妹之间无与伦比的亲密关系。既然如此,在现实生活里,每一个人都应当甘心情愿地与自家的同辈之人互相帮助、彼此照料。

客观地说,兄弟姐妹等自家同辈之人的互相帮助,既属于人之常情,亦为顺理成章之事。不过要真正在这一方面表现突出,通常有待于做出如下努力:

(1) 互相爱护

自家的同辈之间,存在着难以割断的家人关系、亲属关系。血统与姻亲等天然纽带将某些人密切地联系在一起,所以互相爱护理当成为其相互关系的重要基础。

一般而言,对于自家同辈人之间的互相爱护,有下列两点注意事项。

一是不图回报。对于自家同辈的爱护,应当是实心实意,不讲任何价钱,不附带任何交换条件的。它应当是一种真正无私的爱护。具体来说,它不仅要体现在物质利益的支援方面,而且也要体现在精神情感的沟通方面。在力所能及的前提下,对自家同辈的爱护,尤其是对于其中急需爱护之人的爱护,既应当积极主动,又应当多多益善。

二是知恩图报。对于来自自家同辈的爱护,必须要真正地领情,而且还要欣然接受、心存感激、铭记不忘。不要误以为对方本当如此,也不要在这一方面对对方要求过高。特别重要的是,不要把对方的爱护,尤其是对方出于爱护自己的目的所进行的批评、指责,视为一种负担;不要对对方不识好歹、不分善恶。

(2) 互相援助

与自家的兄弟姐妹等同辈打交道时,互相援助是值得大力提倡的。正所谓"有福同享,有难同当。"本家同辈之间的互相援助,在现实生活中不但是天经地义的,而且也是绝对必要的。

自家同辈之间的互相援助,有着极其丰富的内涵。通常,它应当在以下三个具体方面有所反映。

一是生活上的互助。自家同辈之间在生活上所进行的互相援助,往往表现得极其琐碎,甚至不值得一提,但它却必不可少。在日常生活里,自家兄弟姐妹之间完全有必要也有义务互相照顾、互帮互助、相互提携,共同度过艰难的时光,共创未来美好幸福的生活。见到自家同辈在生活上确有困难而不管不顾,当对方有求于自己时"见死不救",甚至因此而幸灾乐祸,是枉自为人的。

二是工作上的互助。在学习、工作和事业上,自家的兄弟姐妹之间应当取长补短,互相帮助。必要时,要提倡能者多劳,弱者得助,各尽其能,各显其长,共同开拓,共同发展。在现实的生活里,自家同辈之间在工作上的互相帮助,不仅往往十分必要,而且也是经常有此需求的。遇到这种情况时,一定要鼎力相助,义不容辞。

三是思想上的互助。家人之间,往往是最容易讲心里话的。本家的同辈之间,则更是易于进行真实的思想交流。兄弟姐妹遇到难以向外人诉说的烦恼、委屈,不妨彼此好好聊上一聊;对于自家同辈在思想、情感等方面所存在的问题,也不妨及时地加以点拨。凡此种种做法,都是对对方在思想上所进行的必要帮助。

3. 促进监督

除加强团结、互相帮助之外,自家同辈之间还有必要相互促进,相互监督。就总体而言,同辈之间的促进监督与加强团结、互相帮助并无抵触。同辈之间的促进监督,将更为有效地促使其彼此之间加强团结、互相帮助。如果离开了同辈之间的促进监督,就不可能会存在真正的团结和互相帮助。

（1）相互促进

自家同辈之间的相互促进，实际上也是一种特殊的竞争机制。缺少了这一点，往往会令自家的同辈之人同样的平庸无奇，统统地碌碌无为。

自家同辈之间的相互促进，指的主要是同辈之人彼此之间互相推动、互相鞭策，以求共同发展。这样说起来，相互促进应当是"手足之情"的题中应有之义。

具体而言，自家同辈之间的相互促进，主要应当在下述两个方面有所体现。

一是互相学习。同辈人相处时，一定要善于发现对方之所长，并且虚心向对方学习。常言说："尺有所短，寸有所长。"在同辈之人的身上，自然也有其所长、有其所短。要向对方学习，就一定学其所长，而不是向对方的所短看齐。还有一点十分重要，对待自家同辈的所长之处要客观地看待。对此视而不见，或不愿学习，肯定都是不对的。

二是互相激励。自家同辈，经常有机会朝夕相处。因此，要善于利用这一时机，与其他同辈之人相互激励，以求共同进步。相互激励的一大优点，是可以激发彼此的上进之心，令大家一个接一个地见贤思齐、争先恐后，以对方作为自己的奋斗楷模，努力地求得"百尺竿头，更进一步。"没有比较，就没有鉴别。没有相互激励，往往就会难出人才。

（2）相互监督

在本家同辈之间，宽容、忍让自然要讲，支持、帮助往往自不待言。然而除此之外，相互监督也不可或缺。

自家同辈之间的监督，在此主要是指其依照现有的公序良俗等主流社会的各种行为规范，所进行的互相监察与约束。从本质上讲，它属于家庭教育、家庭管理的一种重要形式。进而言之，它通常表现在如下三个主要方面。

一是互相提醒。平时，自家同辈之间应当直言不讳地相互进行提醒与劝诫，不论为自己还是为大家，都要谨慎地做事，老实地做人：不做违法违规之事，不做有辱家门之事，不做有悖公序良俗之人，不做危害社会与家庭之人，不做损害国家利益之人。有此"警钟长鸣"，往往会使闻者足戒。

二是互相检查。在日常生活里，自家同辈之间切切不可徇私枉法、互相包庇、共谋私利,反而应当互相进行检查与监督,以求防微杜渐。做到这一点,实际上是对于自家同辈的一种最大的爱护。

三是互相批评。万一发觉自家同辈之人做人、做事有失检点之处,一定要及时对其进行批评、纠正。对方所出现的问题越是严重,自己越是必须这么做。必要时,还应当主动求助于社会,或者与社会相配合。唯有如此,才能够真正地帮助对方,并且尽到自己作为手足同侪所应尽的责任。

第二节　学校

简兮是国内一家大型进出口公司的董事长。平日,她的日程安排极其紧凑。一般的客户想要见上她一面,至少需要提前半个月进行预约。然而每年的9月10日,她却总是要想方设法抽出时间,前去探望一位名叫杨坤玉的退休老人。

只有非常了解简兮董事长的人才清楚:那位名叫杨坤玉的老人既非社会贤达,亦非出自名门,而仅仅只是一名普通的退休小学教师。每逢9月10日——中国教师节的那一天,早已离开校门多日的简兮董事长是作为一名学生,前去看望自己所敬爱的恩师的。她的这种所作所为,不仅体现着中国人"尊师重教"的优良传统,而且还同时反映了人们对师生关系的普遍重视。

在每一名当代人的人生旅途上,学校都是非常关键的一站。在学校就读期间,每一名学生除了要认真地完成本人的学业,增长知识,学习方法,掌握技能,开阔眼界之外,还必须同时妥善地处理各种校园之内的人际关系,学习做人的基本道理。在每个人的学生生涯里,若是仅仅学习了文化科学知识,而疏于对做人之道的学习,至少可以视之为存在着重大的缺陷。

每一名学生,包括大学生在内,在其学校生活里,处理好自己的各种人际关系,是学习做人之道的一项重要内容。对此予以应有的重视,不仅有助于自我修养、自我完善,使自己德、智、体、美、劳全面得到发展,而且还有助于为自己今后人生与事业的发展奠定必要的基础。

就大学生而言,在学校生活之中所需要直接面对的人际关系,主要包括师生关系、同学关系以及集体关系等三种。荀子曰:"人无礼则不生,事无礼则不成。"① 在协调、处理这些方面的人际关系时,大学生既要首先摆正自己的具体位置,又要遵守基本的礼仪规范。

一、师生关系

在大学生所面对的各种学校内外的人际关系中,师生关系向来都是人人皆需予以重视的一种基本关系,而且也是一种最重要的关系。

所谓师生关系,通常指的就是教师与学生之间的相互关系。作为一种人际关系,师生之间自然相互影响、相互作用。但是,这种相互影响、相互作用却具有一定的特殊性。从总体上看,教师对于学生的影响与作用,主要体现在教书育人、为人师表等方面;而学生对于教师的影响与作用,则主要通过尊敬教师、听从教诲、学而不厌、虚心求教等方面得以体现。

就礼仪规范而论,每一名大学生在处理自己的师生关系问题时,一方面要将自己自始至终地摆放在"学"的正确位置上;另一方面则要在尊敬教师、认真学习、听从教诲等几个具体方面对自己从严要求。

1. 尊敬教师

教师是学生获取知识的源泉,是学生处理人世疑难的向导,而且也是学生为人处世的楷模。作为人类灵魂的工程师,教师倾其全部心血于教育事业,任劳任怨地把自己的知识传授给学生。学校所担负的为社会培养人才的重任,主要依靠教师来完成。教师工作辛苦,奉献巨大。江泽民同志就曾指出:"贯彻党的教育方针,推进教育创新,培养大批高素质人才,离不开教师的辛勤工作。"② 因此,教师理当为整个社会所尊重,身为学生者自然应当更加尊敬自己的老师。

特别需要明确的是:在校园之内,不仅给自己讲课、对自己进行学术指导、担任自己导师、班主任、辅导员的教师是自己的老师,其他的行政

---

① 荀况.荀子[M].[唐]杨倞,注.耿芸,标校.上海:上海古籍出版社,2014:10.

② 江泽民文选:第三卷[M].北京:人民出版社,2006:501.

人员、教辅人员、后勤人员统统也都是自己的老师。对于前者与后者,大学生皆应一视同仁,而绝对不可厚此薄彼。

尊师,是中华民族的传统美德。平时,教师之所以被人们尊称为"师长",就是因为中国人讲究"一日为师,终身为父",一向将教师视为自己的长辈。《礼记》曰:"凡学之道,严师为难。"① 严师,此处指的就是尊师、敬师、维护师道尊严。大学生在从师学习期间,必须从内心里、行动上真正地尊敬教师。大学生对教师的尊敬,平时理当通过下述形式正确地体现出来。

(1) 在行为上尊敬教师

大学生对于教师的尊敬,务必要在自己的日常行为上有所表现。在回答老师的提问或者同老师交谈时,不允许学生坐而不立。当老师站立时,此点尤须注意。一同外出行走时,学生应当主动请老师行走在前,或者使之居于内侧。与老师一同入座时,学生理应首先请老师就座,并且使之居于上座。离开座位时,一般不允许学生抢行在前。出入房门、上下楼梯、进出电梯、乘坐车辆时,学生亦须认真地执"弟子礼",处处对老师进行礼让。在任何情况下,学生都要对老师的个人尊严主动加以维护,绝对不许可学生跟老师动手动脚、打打闹闹。

(2) 在态度上尊敬教师

大学生在同自己的老师平日接触交往时,不论与对方是否熟悉,均应在态度上对对方毕恭毕敬,而绝对不可过分随便。对老师在态度上的恭敬,主要应当在语言与行礼上得以体现。路遇自己的老师时,不论双方置身于校内还是校外,学生均应主动问候老师,并且向对方欠身施礼。在称呼老师时,务必要使用正式的尊称。不论当面抑或背后,都不许可直呼老师的姓名,更不允许学生乱给老师起外号或乱开玩笑。在课堂上和老师的办公室内,学生更加有必要对老师恭恭敬敬。老师走上讲台时,学生应当向其行注目礼。开始上课前和下课时,学生应当全体起立,对老师表示欢迎或者欢送。在课堂上心存疑问时,可以在适当之时举手发言,但一定要在获得老师准许之后,才可以正式提出问题。回答老师的提问时,应当井然有序,不允许抢答或者拒不回答。课间前往老师的休息室或平时前往其办公室时,进门前要喊"报告",或事先敲门。不要在教员休息室或者办公室内久留,免得影响老师的工作、休息。不允许

---

① 礼记[M]. [元]陈澔,注. 金晓东,校点. 上海:上海古籍出版社,2016:421.

乱动、乱翻、乱用老师的个人物品。

当然，大学生对于教师的尊敬，不仅应当在其具体行为、具体态度上认真地得以体现，而且更要真正地出自内心，发乎诚意。形式体现内容，内容依托于形式。只有从内心里真心地尊敬教师，才会使大学生更好地在行为上、态度上做到这一点。

2. 认真学习

勤奋学习、早日成才，始终都是老师对学生所寄予的最大期望；而好学上进，刻苦读书，则是学生对老师的最好回报。所以从某种意义上讲，学生的认真学习，也是对教师的一种基本的尊重。

具体而言，在认真学习方面所涉及的师生关系问题，主要体现在专心听讲、不耻下问、完成学业、协助老师等几个方面。

(1) 专心听讲

课堂教学，是通行于世的教育方式。作为学生，不论从学习专业知识的角度，还是从尊重老师的角度来讲，在课堂上都必须老老实实地专心听讲。上课前，学生均应先于老师进入教室。上课期间，不允许学生迟到早退。当老师进行课堂讲授、操作辅导或者在做学术报告时，不允许学生交头接耳、搞小动作、看课外书、摆弄手机、打瞌睡或写其他课程的作业，尤其不允许其随意走动或随便出入教室。从根本上讲，在课堂上专心听讲，就是对教师付出的心血所表示的最大的尊重。

(2) 勇于提问

老子曰："知不知，上；不知知，病"。[①] 学问者，谓学赖于问也。在校求学期间，每一名大学生都要善于养成勤于思考的好习惯。在虚心向老师学习，刻苦读书的同时，还必须勇于提问。要做到勇于提问，具体需要注意下面三点：一是要充分认识到虚心求教对于获得真知的重要意义。在学习之中，不善于求教于人，往往难于取长补短。二是要善于向老师进行求教。当学生的人，讲究学而不厌；当教师的人，则讲究诲人不倦。利用一切机会，及时向老师讨教，是做一名好学生的基本条件。三是要勤于进行独立思考。提倡"每事问"，并不否认独立思考的必要性。每一名努力学习的学生，在做学问时，必须抱着"吾爱吾师，但吾更爱真理"的态度，积极地进行独立思考，勇于探索真理。

---

① 老子[M].［汉］河上公，注.［三国魏］王弼，注.［汉］严遵，指归.刘思禾，校点.上海：上海古籍出版社，2013：186.

（3）完成学业

古人云："师者，所以传道，授业，解惑也。"有鉴于此，任何一名大学生通过努力学习所取得的优秀成绩，以及走上社会之后在其个人事业方面所做出的贡献，都是对自己老师的最好的理解和最大的回报。每一位教师，必定都会为自己的弟子学有所成、报效社会而备感欣慰。在校学习期间，大学生一定要端正自己的学习态度，热爱自己的专业，发奋读书，刻苦钻研，力求使自己不辜负师长的期望，在学业方面取得长足的进步，并如期完成自己的学业。

（4）协助老师

不论从完成学业还是从尊敬老师的角度上来讲，每一名大学生都应当在力所能及的范围之内积极而主动地协助自己的老师。协助老师，主要应在下述几点上有所体现：一是按时完成老师所布置的学习任务；二是主动为老师的课堂教学进行必要的准备；三是在教学与科研的具体过程中自觉地对老师的工作进行配合；四是对于老师提出来的有关帮助对方的合理要求有求必应；五是对于年老、体弱或者患病的老师加以必要的照顾；六是在有条件的前提下经常抽出时间专程探望自己的恩师，尤其是那些业已退休的老师。

3. 听从教诲

教育学生，是每一名教师的天职。古人认为："教不严，师之惰。"为了使自己的学生在学业与人品上有所长进，在学校生活里教师对于学生的批评、帮助，是一桩再正常不过的事情。

教师对学生的批评与帮助，既是其教书育人的神圣职责使之然，同时也是其关心、爱护学生的一种十分具体的表现。面对教师的批评、帮助乃至严责，每一名学生均应端正态度，听从教诲，对其心领神会。具体而言，在下述四点上，尤其需要每一位大学生注意。

（1）虚心接受教师指教

一般而言，每一位教师对其学生所进行的批评教诲，无一不是出自善意。隋代思想家王通曾经指出："痛莫大于不闻过。"[①] 仅仅就此而论，学生就应当虚心地对其加以接受，并且对教师给予自己的关怀表示诚挚的感谢之意。当老师对自己进行批评、帮助之时，一定要面含恭谨之色，起身站立，并且老老实实、一心一意地洗耳恭听，老老实实地虚心受教。

① 　王通. 中说［M］. 马天祥，译注. 北京：中华书局，2020：308.

绝对不允许对教师的指教表现得鄙夷嘲弄，不屑一顾，尤其不允许对其加以拒绝，甚至扬长而去。

（2）耐心听从教师教导

所谓"道吾恶者是吾师"，当老师对自己进行批评帮助之时，无论老师本人的具体态度如何，身为学生的每一个人都必须对其表现出应有的耐心，保持清醒的头脑，采取正确的态度。子曰："良药苦于口而利于病，忠言逆于耳而利于行。"[①] 面对老师严厉的批评，大学生最为重要的是要"有则改之，无则加勉。"对于自己与老师之间所存在的某种误会，以及老师对自己的个别判断失误，可以在适当之时心平气和地向老师作出解释，以求得对方的谅解。凡此种种，但是，一定要注意具体的方式与方法。

（3）不使教师感到难堪

"人非圣贤，孰能无过。"在教师与学生进行接触的具体过程中，教师在其教学与其他方面难免会出现这样或者那样的失误。例如，记不清楚学生的姓名，在教学过程之中出现严重的口误、笔误或者操作失误，教学内容陈旧、教学方法不当、教学水平较低，在学生工作中产生一定的差错，在日常生活里出了洋相等。对于这一方面的问题，学生一定要予以理解和谅解，并且不应以此作为拒绝听从教师指教的借口。万一遇到此类情况时，学生的正常表现应当是若无其事。千万不要为此而哄堂大笑、起哄闹事、公然嘲笑老师，不要令其当场尴尬难堪。

（4）不要当众顶撞教师

由于种种主客观原因的作用，教师对学生所进行的批评、指责显然不可能一贯正确。此外，某些教师在对学生进行批评、指责时，难免会"爱之愈深，责之愈切"，有可能会说一些过头的话。遇到以上情况时，学生一定要冷静地加以对待。务必要注意维护教师的个人威信，不要直接与教师发生正面冲突。即使与老师产生矛盾，双方观点不同或者老师对自己的批评欠妥，也不应当直接顶撞老师，尤其是不应该当众对老师进行顶撞。师生之间的情谊纯洁而美好，学生务必要加以珍惜。

---

① 孔子家语［M］.［三国魏］王肃，注.［日］太宰纯，增注.宋立林，校点.上海：上海古籍出版社,2019：118.

二、同学关系

在大学校园内,同学之间朝夕相处,情如家人。所谓同学,一般是指师从于同一位教师,或者是在同一班级、同一专业、同一学校学习的人士。在人际关系中,同学关系不仅人人皆有,而且普遍受到重视。

在大学生活里,同学关系是每一位大学生均应认真予以处理的。在大学校园内所产生的同学之间的情谊,往往既纯洁,又久长,它通常被视为人类所拥有的最美好的感情之一。对于每一名大学生而言,处理好同学关系,珍视同学之谊,必将对自己的学习、成长乃至今后的事业、生活具有极大的帮助。

在处理同学关系时,每一位大学生均需在和睦相处、团结友爱、遵时守信、共同进步等四个基本方面恪守基本的礼仪规范。

1. 和睦相处

在我国,大学生活的一大特点,是同学之间往往朝夕相处,时时与共。因此,同学亦称同窗。在这种情况下,大学生能否与同学和睦相处,便成为一个非常重要的问题。

在大学生活中,大学生彼此之间要做到和睦相处,主要应当注意以下四点。

(1) 以礼待人

与同学相处,不论自己与对方的具体关系如何,均应对其表现出应有的尊重,并且时刻对对方以礼相待。对同学以礼相待,就每一名大学生而言,既是为了对对方表示尊敬,也是为了尊重自己。有道是"礼多人不怪",与同学打交道时牢记处处依礼行事,通常有助于为自己营造出一种较为和睦的同学关系。

(2) 真诚友善

与同学打交道时,一定要以诚待人、与人为善。以诚待人,就是要求自己心口如一、言行一致,不可以充当口是心非、表里不一、为人缺乏真诚的"伪君子"。与人为善,则是要求自己在待人接物方面凡事要心存善意,对同学友好相待。不允许心存恶念、以恶待人。

(3) 谦虚随和

在同学之中要想拥有较好的人缘,就必须以谦虚随和的态度对待自己的同学。为人谦虚,主要是要求大学生不要故步自封、狂傲自满、夸夸其谈、卖弄所长、自以为是。子曰:"凡持满而能久者,未尝有也。"① 为人随和,则主要是要求大学生要虚怀若谷、宽以待人,善于与别人相处,善于向别人学习,善于听取别人的意见。在本质上,它既非拒人以千里之外,亦非一味地对别人随声附和。

(4) 宽容忍让

孟子曰:"辞让之心,礼之端也。"② 同学之间,宽容忍让不仅十分需要,而且难能可贵。同学之间的不少误会,多为双方缺乏理解、沟通所致。而同学之间的矛盾、纠葛之所以产生,则通常都是因为其中的一方或者双方待人不够宽容。在同学之间提倡理解与沟通,就是要求大家了解他人的立场和态度,体谅别人的思想感情,对对方的喜、怒、哀、乐能够心领神会;提倡宽容,则是要求大家宽宏大量、善于容人,尤其是要善于原谅别人的过失。

2. 团结友爱

在学生时代,与同学加强团结友爱,不但是对每一名大学生的基本要求,也是其完成学业、在今后的事业上有所发展的重要保证。

就大学生来说,同学之间的团结友爱,重点是需要注意以下三个方面的问题。

(1) 加强团结

在大学生活里,由于每一名学生的性格、兴趣、爱好、民族、籍贯、经历、生活习惯、家庭背景各不相同,同学之间难免会产生一些矛盾摩擦。作为一名大学生,理应拥有开阔的胸襟,不要计较同学之间的小是小非,尤其是不要无事生非、吹毛求疵、小肚鸡肠。在日常生活中,务必要主动团结同学,特别是要团结本宿舍、本班级、本专业的每一位同学。在任何情况下,都不要制造分歧、挑拨离间,破坏同学之间的相互团结。应当强调的是,团结同学的主要目的,是为了与之互相帮助、共同进步,而并非是要拉帮结派、称王称霸、欺侮其他同学。

(2) 相互帮助

对于出门在外、远离家人的大学生来说,"在家靠父母,在校靠同

---

① 孔子家语[M].[三国魏]王肃,注.[日]太宰纯,增注.宋立林,校点.上海:上海古籍出版社,2019:122.

② 朱熹.四书章句集注[M].北京:中华书局,2011:221.

学。"同学之间的相互帮助不但是应该的,而且往往也是必不可少的。从根本上说,同学之间的相互帮助,是大家互相爱护、互相关心、互相体谅、互相照顾的具体体现,也是"人人为我,我为人人"的时代精神的基本要求。在许多时候,只有依靠同学的帮助,才有可能战胜困难与挫折。遇到困难与挫折之时能够获得帮助,对受助者来说是莫大的慰藉,而助人者也会因此而受到对方的感激与尊敬。大学生之间的相互帮助,有四点应予注意:一是帮助别人应当量力而行;二是对同学的帮助应当涉及思想、生活、学业等方方面面;三是对同学所进行的帮助应当不图回报;四是同学之间的帮助应当有来有往。

(3) 尊重异性

在我国的高等院校里,基本上都实行男女同校学习的制度。男女大学生在进行日常交往时,既要反对"男女授受不亲""重女轻男""重男轻女"、鄙视异性的错误观念,提倡男女平等,鼓励正常交往,又要注意尊重异性,把握好男女同学交往的具体分寸。与女同学交往时,男同学应当心胸开阔、气度宽宏、光明磊落,注意体贴和保护对方。与男同学交往时,女同学则应当文雅端庄、落落大方、善解人意,给予对方应有的关心与帮助。不论男生还是女生,都绝对不可以利用同学关系在对方面前举止无度、言行轻浮、有失检点,尤其是不可以调戏对方或玩弄对方的感情。

3. 遵时守信

遵时守信,是现代社会对于每一名大学生在处理其人际关系时所提出的基本要求。在大学期间,每一名大学生都要自觉地养成遵时守信的良好习惯。在处理同学关系时,对此更不可以疏忽大意。

(1) 遵守时间

在现代人看来,时间就是生命,时间就是效益,时间就是金钱。有鉴于此,大学生在其人际交往中,一定要具有良好的时间观念,对于交往双方有关时间方面的约定,务必要言出必行,一律无条件地加以遵守。不到万不得已之时,切勿对此随意予以更改,或是在与对方约定的时间里迟到、失约。与同学相处时,一定要对遵守时间的问题高度重视。从根本上讲,一个人对于交往双方所共同约定的时间遵守与否,实际上与其对交往对象尊重的程度直接相关。

(2) 信守承诺

在人际交往中,包括大学生之间的相互交往在内,信守承诺都是一项基本的礼仪规范。古人在谈及做人之道时,曾有"一诺千金"之说。现代人在人际交往中自然更是讲究遵守承诺,讲究"言必信,行必果。"在社会上,出尔反尔、言而无信、有约不守,或者守约不严,都被视为有损于个人形象的一种恶习。每一位大学生均应对此闻者足戒。具体而言,大学生在与同学交往中所具体涉及的信守承诺的问题主要有二:一是许诺必须谨慎。大凡许诺于人,均应经过深思熟虑,并要考虑后果,切勿草率从事、承诺"满天飞"。二是承诺必须兑现。一个人,说话总是要算数的。凡是自己做出的每一项承诺,都要努力兑现。这样去做,才真正有自己的信誉可言。

4. 共同进步

习近平同志曾经指出:"追求进步,是青年最高贵的特质。"[①] 在大学期间,锐意进取的同学之间往往都是同呼吸、共命运的。因此,在处理同学关系时,特别应当提倡每一名大学生都与自己同学共同进步。

具体而言,与自己的同学共同进步,主要应当在以下三个方面得以体现。

(1) 本人努力进步

在校求学期间,每一位有良知、有自尊心的大学生,均应从各个方面对自己从严要求,使自己"百尺竿头,更进一步",不断上进。就同学相处而言,本人努力进步,既是对其他同学给予自己关心、帮助的一种最好的报答,又可以通过自己的以身作则,为其他同学树立起一种良好的学习榜样,从而带动其他同学的进步。

(2) 激励同学进步

与同学相处时,若是对对方真正地关心、爱护,就应当与对方互相促进,并激励对方不断地取得进步。在任何时候,鼓励同学,鞭策对方不断进步,都是做同学的一种责任与义务。在日常交往里,对同学所进行的鼓励与鞭策,不仅要讲究方式方法,而且还要再接再厉,永不间断。

(3) 大家共同进步

与同学之间的互相帮助一样,同学之间的进步也应当是互相促进、共同进行的。面对同学的进步,既要为对方高兴,对对方有所肯定,又要及时地进行自我对比、自我检查,努力使自己比、学、赶、超对方。这才是大学生所应有的正常心态与理性选择。千万不要面对同学的进步心怀嫉恨,不要或明或暗地阻止对方的进步,更不要因此而对对方进行恶意

---

① 习近平谈治国理政:第四卷[M].北京:外文出版社,2022:276.

的诋毁、中伤。特别应予强调的是：同学之间相处，切勿论资排辈、嫌穷爱富、恃强凌弱。对学兄、学姐等学长，大学生理当毕恭毕敬、见贤思齐；对学弟、学妹等后来者，大学生亦应以礼相待、戒骄戒躁。

三、集体关系

大学生的学生生活，在很大程度上来讲是一种集体生活。所谓集体，往往是相对于个人而言的，它一般是指由许多人联合起来所组织而成的一个相对固定的整体。大学生所经常接触的集体，既有宿舍、班级、年级、专业、系别、学院、学校，又有诸如学生会、艺术团、摄影社、篮球队、辩论队、青年志愿者协会等各式各样的社团组织。从总体上看，它们通常都是由大学生所组成的。在正常情况下，它是大学生在处理其学校中的各种人际关系时，所必须认真予以正视与对待的。

具体来看，大学生在其校园生活中所面对的集体关系，可以进而区分为个人与集体的关系和集体与集体的关系。

1. 个人与集体的关系

在大学时代，每一名大学生个人与其所在集体之间的关系，实质上是一种特殊的同学关系。因为大学生在学校就读期间所接触到各种形式的集体，就其总体而言，基本上都属于以学生为主要成员的集体。而这种性质的学生集体，往往又是联结同学之谊的一种最好的纽带。没有这种纽带的存在，同学之谊通常便难以建立、维持和发展。

一般来讲，在处理个人与集体之间的相互关系时，每一名大学生既要关心集体，又要爱护集体。

(1) 关心集体

毫无疑问，在大学生活里，是不排斥每一名学生培养其个性，发展其所长的。每一所大学，都只有培养出富有专长与特色的学生，在社会上才会有其立足之地。然而这一切都不应当成为使一名大学生对集体漠不关心、麻木不仁的借口。每一名大学生，在日常学习与生活里都必须自觉地关心其所处的集体。

"坐着谈，何如起来行？"大学生对于集体的关心，主要应当以其实际行动为体现。具体来讲，应当在以下三个方面有着较为出色的表现。

一是要参与集体。大学生对于集体的关心，首先应当以参与集体为其主要表现。如果始终与集体保持距离,拒绝参与一切集体活动,对集体的一切事宜不闻不问,是根本谈不上关心集体的。参与集体,在此主要是指大学生对集体活动的参与。在参与集体活动时,一方面应当是积极而主动的,另一个方面则应当是不存在任何附加条件的。只有兼顾了这两个方面,参与集体活动才具有其真正的意义。参与集体,最重要的是要学会与人共存、与人共处、与人交流、与人合作,大学生切勿疏忽此点。

二是要支持集体。在任何情况下,大学生都要以本人的实际行动对自己所在的集体表示支持。支持集体,本是关心集体的一种重要表现。要支持集体,就要主动为其效力。在力所能及的范围之内,要在精神上、物质上、实际行动上积极替集体排忧解难。要支持集体,还要自觉为其分忧。严格要求自己,做好每一件自己该做的事情,努力完成集体所交付的各项任务,不给集体增添麻烦,都是大学生为集体分忧的自觉表现。

三是要服从集体。个人服从集体,在现实生活中是一项广泛适用的行为规范。在参与集体活动时,倘若个人利益与集体利益发生了矛盾,通常要求个人的利益必须服从于集体的利益;当个人愿望与集体愿望发生抵触时,一般也要求个人的愿望服从于集体的愿望。这就是个人服从集体的本来含义。要求大学生个人服从集体,主要是反对其崇尚极端个人主义,反对凡事"我"字当头,反对个人至上,反对其不维护集体利益、不服从集体需要。

(2) 爱护集体

身为集体的成员之一,每一名大学生都要对自己所处的集体爱护备至。大学生对于集体的爱护,具体应当在以下两个要点上有所表现。

一是维护集体。置身于集体之内的每一名大学生,都有责任、有义务悉心对其加以维护。大学生对其所在集体的维护,一方面应当表现为对于集体利益的维护。大学生要在为集体创造价值、捍卫集体利益的同时,敢于同损害集体利益的一切行为进行坚决的斗争。另一方面则应当表现为对于集体荣誉的维护。在任何时候,大学生都只能为自己的集体争光,而绝对不能为其抹黑。

二是奉献集体。生活于集体之中的每一名大学生,都必须对自己所在的集体负有一种责任感。对于需要自己所承担的集体工作,既要当仁不让,又要尽可能地为集体多做奉献。对于需要自己所承担的集体工作,每一名真正热爱集体的大学生都不可以躲躲闪闪、推给别人。为此而同集体讨价还价,则更是不应该的。

2. 集体与集体的关系

在校园生活里,当大学生参与集体活动时,往往还会身不由己地面对着集体与集体之间的关系。集体之间的关系,不仅较为复杂,而且牵涉面往往也十分广泛。处理集体之间关系时,下述五点务必要慎之又慎。

(1) 互相学习

当大学生代表自己所在的集体与其他集体进行交往时,不仅要努力维护自己所在集体的利益与声誉,而且还要向其他的集体努力学习。必须实事求是地看待交往双方的集体,学习对方集体的一切长处。学习其他集体的一切长处,既有利于自己所在集体的成长与进步,同时也是对自己所在集体的一种最好的爱护。

(2) 彼此帮助

集体与集体之间,犹如个人与个人之间一样,如果想要友好相处,就必须进行互相帮助。这种互相帮助,不仅在客观上真实地体现着集体与集体之间相互依存的关系,而且也是集体与集体友好相处的重要基础。任何一个集体,如果拒绝对其他集体提供帮助,或是拒绝来自其他集体的帮助,则必将使自身孤立无援,从而难以在社会上真正地立足。

(3) 友好协作

每一个正常的集体,只要希望使自身取得成功与发展,就要努力争取、创造机会与其他集体进行友好协作。集体与集体之间所进行的友好协作,可以采用一切合法的形式。只要对双方、对社会有利,各种形式的集体协作均可予以考虑。进行集体协作的主要长处有三:一是可以调动有关各方的积极性;二是可以集中力量将事情办好;三是可以促进相关各方之间相互关系的进一步发展。

(4) 公平竞争

集体与集体之间,尤其是同一类型,或是面临共同处境的集体之间,难免存在着一定的利益之争。对于集体之间的利益纠纷,重要的并不是要有意地加以否认,而是应当采取正确的态度对其加以妥善处理。在一般情况下,处理集体与集体之间所存在的利益冲突问题时,应当提倡公平竞争。在集体之间提倡公平竞争,有两点必须予以注意:一是对于合理竞争要鼓励,不要否定;二是在进行竞争时必须强调公平、公正,并且有规可循。

(5) 合作共赢

在提倡集体竞争时,必须明确的重要一点是:集体之间进行良性竞争的最终结果,并非是两败俱伤、有我没你、有你没我、你死我活,而是要相互促进、共同成长、彼此合作、一起进步。这就是说,在正常情况之下集体与集体进行竞争时,都需要事先设定"双赢""双胜"或"共赢"、共同胜利的终极目标。每一个集体参与集体竞争之时,都必须牢牢记住这一目标,并且围绕这一目标进行自己的不懈努力。

第三节　友邻

熟悉大学校园生活的人们,一定都会对以下这一场景记忆犹新:每年的 9 月初,学校里便会显得喜气洋洋。同学们都会发现,在自己的身边又多了许多新的面孔——他们充满着好奇、羞怯,但又有意表现得矜持、庄重、自然……那些人必定是刚刚入校的新生。

新生进入大学校园后的头件大事,通常便是联络老乡,结交朋友。您一定不会忘记:每当新生入校之后,你来我往地找老乡、交朋友的人往往成群结队、川流不息。这种情况,直到当年年底,才会随着期末考试的临近而稍有改观。

面对校园里的这一"老生常谈",高年级的同学通常都会会心地一笑,因为想当年自己也是这样走过来的。

事实上,与他人结识,并与之保持较为密切的联系,是人类的一种本性。结交他人,既是为了寻觅知音,互相交流,也是为了相互帮助,相互支持。结交他人,虽说有着主动与被动之分,但是在现实生活中不与他人相结交的人却往往是不存在的。

一般而论,结交他人的具体途径甚多。有时,与他人的结交是因为一见如故;有时,与他人的结交则是因为彼此双方朝夕相处,了解逐日加深所致。

在人际交往中,一个人在个人自主、自愿的前提下与其周围的人士相结交,并由此而形成的人际关系可以称之为友邻关系。对大学生而言,除前述同学关系之外,其友邻关系大体上可以进一步分为朋友关系、同乡关系、邻里关系三种。有时,它们还会相互交叉。

大学生在其处理朋友关系、同乡关系、邻里关系时,在总体上都讲究推心置腹,以诚相待。具体而言,则又有着各不相同的种种要求。

一、朋友相处

在人们的各种社会关系里,朋友关系是自主性较大、亲密性较强的一种。朋友,亦称友人,它一般是指人与人彼此之间通过相互交往而产生了深厚的情谊,志同而道合,并且经常保持联络与来往的一种关系。就人的本性来说,每一个人都需要朋友。在社会生活里,一个人假如没有任何朋友,那么他的人际关系至少是不正常和不完整的。

一个人所结交的朋友,往往有多有少、各种各样。与朋友进行日常交往时,既要维护友谊,也要不失礼貌。之所以这样做,不仅是尊重朋友,而且也是尊重自己。

1. 择友条件

朋友之间互相影响,故此交友理当有所选择,择善而从之。有道是"近朱者赤,近墨者黑",可见滥交朋友绝非上策。一般来说,择友之时应优先考虑下述五项标准。大学生虽不必苛求对方条条达标,但原则上也不可以降格以求。

(1) 志同道合

孔子曾经主张:"道不同,不相为谋。"[①]可见选择朋友时,通常要把双方拥有的共同志趣、共同爱好、共同见解列为首要条件。因为"唯有同心人,可与论金铁。"若友人之间"英雄所见不同",动辄"话不投机半句多",便难有牢不可破的友谊可言。

(2) 品德高尚

按照孟子的观点,"友也者,友其德也,不可以有挟也。"[②]也就是说只有选择品德高尚的人做朋友才是正确的。同品德高尚者交朋友的最大益处,是可以对方作为自己为人处世的榜样,通过耳濡目染,取长补短,

---

① 朱熹.四书章句集注[M].北京:中华书局,2011:157.
② 同①,296.

获得长进,提高自己的道德水准。

(3) 知心敢言

汉代哲学家扬雄说过:"朋而不心,面朋也;友而不心,面友也。"[①] 交友之道,贵在知心。真正的朋友之间,应当有话明说、有话实说、知无不言、言无不尽。倘若与朋友心腹相隔,双方交谈时总是对对方察言观色、投其所好、报喜不报忧,就算不上是真正的朋友。

(4) 忠诚可靠

朋友相交,重在真诚,难在忠贞。结交一位朋友,不应当只看对方在自己身处顺境的表现和在自己面前的所作所为;更重要的,是要观察对方在自己身处逆境时的表现和不在自己面前时的所作所为。真正的朋友,绝不会见利忘义、落井下石,而应当是生死相依、患难与共、坚定不移、忠诚可靠的。

(5) 补己所短

俗语说:"人往高处走,水朝低处流。"结交朋友时,大都应当将双方之间所存在的某种程度上的互补性列为一项重要的条件。诚如孔子所言:"友直,友谅,友多闻,益矣。"[②] 结交确有其所长者,实际上等于是替自己找到了一位真正的良师益友,对于自己日后的成长与进步必将大为有益。

2. 坦诚相交

与他人一旦结交为友,即应与之坦诚相待。要成为一名别人名副其实的朋友,就要在双方相互交往的具体过程中妥善地处理以下五个方面的问题。

(1) 互尊互助

俄罗斯伟大的思想家别林斯基曾经指出:真正的朋友,并总不是把友谊挂在口头上。他们不是互相要求一点什么,而是彼此要为对方做一点什么。对待朋友,一方面必须予以尊重,另一方面则又要给予对方以力所能及、不图任何回报的无私的帮助。互尊与互助,是朋友关系的题中应有之义。

孟子曰:"有礼者敬人。""敬人者人恒敬之。"[③] 大学生对于朋友的尊重,要具体体现在与之相交的整个过程之中。而对于朋友的帮助,则讲究的是主动热情,并且要求在对方所需要的学业、工作、生活等各个方面

---

① 扬雄.法言[M].韩敬,译注.北京:中华书局,2012:23.

② 朱熹.四书章句集注[M].北京:中华书局,2011:160.

③ 同②,278.

尽力而为。

朋友之间,理当互相帮助。但是,勿忘量力而行。对来自朋友的帮助,既要领情,又切勿苛求于对方;勿忘"君子之交淡若水,小人之交甘若醴"①。

(2) 交流信息

交际之所以对于现代人无比重要,就在于人们借此机会可以彼此交流信息。对于亲密无间的朋友而言,经常性地进行信息交流,则更是其彼此之间所应尽的一项义务。《礼记》曰:"独学而无友,则孤陋而寡闻。"② 由此可知交流信息之于交友的极端重要性。

朋友之间的信息交流,重点在于互通有无和于人有益。就被交流信息的具体内容来说,它不应当是家长里短、绯闻巷议、危言耸听或小道消息等信息垃圾,而应当是有助于朋友个人成长、生活幸福、事业发达的知识性、学术性、时效性信息。

(3) 相互砥砺

真正的朋友之间,除了相互关爱之外,还有必要相互批评,相互砥砺。做到后一点,往往比做到前一点要困难得多,但却更为重要。这是因为,就每一个人的个人成长而言,都是离不开批评与激励的。朋友之间,只有直言不讳,相互规劝,"如切如磋,如琢如磨"③,才能够共同得以提高。

结交朋友,必须永远使友谊服从于真理。正如苏联作家奥斯特洛夫斯基所言:所谓友谊,首先就是诚恳,就是批评同志的错误。因此,交友之道的主旨,就是要做朋友的诤友。不过应当注意,对朋友批评、砥砺,并非要求越俎代庖,并非是要过多地干涉对方的个人自由,而需要注意其方式方法。

(4) 患难与共

"路遥识马力,日久见人心。"结交朋友的目的,不应当只是为了与对方共富贵、同欢乐,而是应当能够与对方共患难、同风雨。对于人类而言,拯救朋友乃是最高的荣誉。朋友之间只有患难与共,才谈得上双方存在着真正的友谊。

一个人在遭受困难、挫折时,通常最需要友人的慰藉;而要去战胜困

---

① 庄子[M].[清]王先谦,集解.方勇,校点.上海:上海古籍出版社,2013:230.

② 礼记[M].[元]陈澔,注.金晓东,校点.上海:上海古籍出版社,2016:419.

③ 诗经[M].[宋]朱熹,集传.上海:上海古籍出版社,2013:69.

难、挫折,则更需要朋友的支持。法国作家巴尔扎克说过:一个人的倒霉至少有这么一点好处,就是可以认清楚谁是真正的朋友。要做真正的朋友,就应当义无反顾地在友人遇到困难、挫折时挺身而出,理解对方,支持对方,并且与对方坚定地站在一起。

(5) 与友同乐

好朋友之间,不但提倡"有难同当",而且还应当提倡"有福同享"。自己因为友人的支持、帮助而取得的成功,以及由此而带来的欢乐,理所应当地要与友人一道分享。

结交朋友尽管讲究彼此之间患难与共,但这并不意味着非要让朋友去自找苦吃,非让朋友去替自己承担苦难,或者非要设置困境考验朋友不可。如果真是替朋友设想,就应当对对方不报忧、少诉苦,要把欢乐带给对方、把痛苦留给自己。总之,是要少麻烦对方,少给对方增添负担。这是朋友相交时双方均应具有的一种自觉性。

3. 维持联络

朋友相交,难在持久。跟别人交一天的朋友容易,与其交一生的朋友则具有相当的难度。如果要想使朋友之间的关系持之以恒,非常重要的一点,就是要设法维持必要的联络。总之,与别人交朋友,而且要做好朋友,双方之间就应当来来往往、有来有往、常来常往。

一般而论,下述四项具体措施对于维持朋友之间的相互联络都会有所帮助。

(1) 经常走访

如果条件具备的话,朋友之间应当腿脚勤快,彼此经常地上门拜访。朋友之间的相互走访,主要是为了经常保持接触,而并非要有明确的目的性。不可否认的是,经常不见面的朋友之间难免会产生疏远之感。而朋友们时常见一见面,聊一聊天,叙一叙旧,往往会使彼此之间的关系愈加深化。

(2) 定期聚会

除了双边交往之外,朋友之间的日常交往通常还可以以多边交往为形式。朋友之间的多边交往,在此指的是三名或三名以上的朋友共同进行交往。其主要的长处,是可以扩大交际面、广泛结交各界朋友。借周末、节假日之便,邀约多名朋友一道举行聚会,例如,举办沙龙、外出聚餐、一同游园、相约打球等,都是多边交往的极好做法。在必要时,还可使之相对而言定期化。

(3) 利用媒介

常言道："人在江湖,身不由己。"年纪越大、学业或工作越忙的人,恐怕对此越有体会。万一与友人不在一地,或者在较长时间之内与其无暇谋面的话,切切不可音信杳无,从而令对方惦念。此时此刻,仍须主动联络对方。一种行之有效的方法,就是根据自己的不同需要,利用各种信息传播媒介,例如,写信、通电话、发电子邮件、使用社交软件等,维持自己与友人之间的联络。

(4) 托人致意

有些时候,还可以酌情采取委托他人代为传递信息的方式,例如转达问候,代传口信,转赠礼品等,与自己久未会面的朋友主动保持联系。委托他人致意这一联络友人的具体方式,既可与上述几种方式并用,亦可单独地在必要之时加以使用。

二、同乡交往

同乡关系,是中国人普遍重视的一种人际关系。在我国,人们自古以来就把"他乡遇故知"视作人生的一大喜事,并且早就有着"亲不亲,故乡人"以及"有事靠老乡"等多种说法。

同乡,亦称老乡、乡亲,通常它是对与本人籍贯相同者的一种泛称。从本质上说,它是以地缘关系为纽带而形成的一种比较特殊的人际关系。一般而言,同乡之间相逢未必相识,相识则未必深交。然而在人际交往之中,一旦交往双方具有同乡关系,往往便会使彼此之间的心理距离大为缩短。

在当代大学生的人际交往中,同乡交往是一个重要的组成部分。在处理自己与同乡之间的相互关系时,主要应该既要发展乡谊,又要正常交往。

1. 发展乡谊

民间有言:"老乡见老乡,两眼泪汪汪";"一方水土养一方人"。由于我国的地域极其辽阔,因此生长在不同地区的人们在生活习惯、日常风俗、礼仪讲究以及口音等方面,往往便多有不同。相对而言,同乡之人在进行交往时,由于大家"出生地"相同、文化背景相近、生活习俗相仿、口音大体相似,往往会令彼此之间在天然上存在一种无形的亲切感、认同感。所以,双方非常容易建立联系,并且保持和发展相互之间的这种特殊关系。

(1) 重视乡谊

人是具有情感的,乡谊就是人的常态化情感的一种。所谓乡谊,一般是指人们相互之间基于同乡关系而建立起来的一种特殊的友谊。在现实生活里,人人都有自己的故乡,所以自然而然也就少不了同乡,离不开乡谊。

对于同乡之谊,每一个人都应当给予应有的重视。从某种意义上来说,一个人若是不讲同乡之谊,不认乡里乡亲,就等于忘记了哺育过自己的故乡,而忘记了自己的故乡就意味着对她的背叛。

重视乡谊,首先需要善待自己的同乡。对于那些早已相识、相交的同乡,要保持联络、互相关照。不要"一阔脸就变,翻脸不认人",不要对一切而今不如自己或者有求于自己的同乡置之不理。需要与同乡进行联系、交往时,不要表现得"穷居闹市无人问,富在深山有远亲",从而显得自己过于势利。

对于初次进行交往的同乡,或者是上门相认的同乡,亦须依礼相待,并且表现得既热情,又主动。不要不愿与对方相认,不要让对方"坐冷板凳",尤其是不要跟对方摆架子、打官腔。

(2) 重在乡谊

与同乡进行常规的交往时,无疑应当使之具有得以维持的侧重之点。在一般情况下,必须将同乡交往的重点放在建立乡谊、巩固乡谊、发展乡谊之上。这就是所谓重在乡谊。

同乡之间所进行的交往,自然也提倡交流信息、互相帮助、互通有无。但是,同乡关系既然以乡谊、乡情为基础,那么同乡交往的中心,就应当被有意识地集中于同话家乡、怀恋家乡、支援家乡、共建家乡、为家乡出力之上。

事实上,世人"谁不说咱家乡好?"在同乡进行交往之际,"君自故乡来,应知故乡事",大家所共有的家乡理所当然地成为被关注的焦点。对同乡而言,聚也家乡,叙也家乡,议也家乡,思也家乡,都是再正常不过的事情了。

之所以特别强调同乡交往重在乡谊,实际上就是不主张以其他方面的内容作为同乡交往的侧重之点。需要特别指出的是,同乡之间所进行的各种交往不应明显地带有任何功利性的色彩。尤其是要反对以发展同乡关系为名,而大行拉帮结派、另立"山头"、搞团团伙伙、制造无原则的分裂或纠纷。

2. 正常交往

如同处理其他方面的各种人际关系一样,要想妥善地处理自己与同乡之间的相互关系,最为有效的方法就是要使之正常化,而不是使之特殊化、异常化。

使同乡之间的相互关系正常化,实际上就是要求在同乡之间进行正常的交往。只有做到了这一点,才不至于损害同乡关系。就一般状况而言,在同乡之间进行正常交往,主要要求注意以下三点。

(1) 保持接触

但凡具备条件,同乡之间就要争取多联络、多接触。在这一基础上,双方之间才有可能保持正常的交往。因为只有彼此之间的接触增多了,同乡之间才有机会加深相互了解,增进同乡之谊。由于具体条件各不相同,同乡之间所进行的接触可以采取任何力所能及、合理合法、符合公序良俗的形式,其关键之点是要彼此之间多多走动、多多联络。

与同乡进行接触、保持接触,通常最为忌讳的是"现拜佛,现烧香",或"用人时靠前,不用人时退后"。至于"过河拆桥"的愚蠢做法,则更是同乡相交之大忌。采用那种功利主义的态度与同乡打交道,或许可以得逞于一时,但久而久之必将人所共知,从而失信于父老乡亲。

(2) 相互关照

同乡交往,与朋友交往一样,都需要双方相互关照。在与同乡进行具体交往的过程中,既要重视同乡之谊,更要讲究相互理解、相互体谅、相互信任、相互关心、相互帮助。对于主动关心、帮助同乡的一方而言,一定要对同乡诚实无欺,不可以趁机"杀熟",更不可以愚弄对方。对于有求于同乡的一方而言,则要讲究自觉,不要"开价过高",不要使对方勉为其难。

与同乡进行交往时,主动关心对方通常十分必要。对于初来乍到的同乡、条件尚差的同乡、身处逆境的同乡、有求于己的同乡,尤其要主动关心、积极爱护、多多照顾。关心同乡,是注重乡谊的一种重要表现。

与同乡进行交往时,主动帮助对方往往也必不可少。实际上,对同乡最大的关怀,就是给予其必要的帮助,协助其解决具体的困难。在帮助同乡方面,不但要讲究力所能及,而且还必须提倡尽力而为,并不讲任何价钱。

与同乡进行交往时,主动鞭策对方是十分需要的。同乡交往,理当"其嗅如兰",而不应该是"臭味相投"。对同乡的最好的关照,就是要积极引导或推动对方锐意进取、奋发向上。为此,在必要时要善于指出对方的不足之处,并帮助对方尽快予以解决。

(3) 积极合作

在提及同乡之间的正常交往时,对于相互合作的问题不容忽略。同乡相交,往往在天然上就具有亲近之感,而且双方之间也比较容易找到更多的共同语言。这一"人之常情",实际上为同乡之间进行的合作在客观上提供了可能。反过来说,同乡之间假如建立了某种形式的合作关系,其实又可以进一步地促进彼此双方的同乡之谊。同乡之间的合作,通常可以成为同乡之间进行正常交往的重要基础。

同乡之间所进行的合作,主要是学业上、事业上的合作。在进行学业或事业方面的相互合作时,同乡之间既要讲究乡谊,也要分清利益。将二者之间的关系理顺了,使乡谊具备一定的物质基础,未见得不是一桩好事。

寻求同乡之间的合作,切切不可强求硬逼。最好的一种方法,是要因势利导、顺其自然、彼此情愿,并且各有所需。

三、邻里往来

在日常生活里,每一个人都必须择地而居,因而必然会与自己的居住地及其周围的居民形成一定的相互关系。邻里,亦称邻居,就是对上述关系的一种具体表述。严格地说,所谓邻里是指住处相互接近,或者处于同一区域之内的人家。

大学生尽管尚未独自成家立业,但是在处理其人际关系时仍须面对一定的邻里关系。不论居家、住校,还是租住社会化的学生公寓,大学生们都必须认真处理自己与邻里之间的关系。

子曰:"里仁为美。"[1] 处理邻里关系时,大学生重点要注意彼此了解、彼此体谅、彼此关心等三个方面的问题。它们通常被称为处理邻里关系

---

[1]　朱熹.四书章句集注[M].北京:中华书局,2011:68.

的基本之点,亦称"邻里相处三原则"。

1. 彼此了解

民谚有云:"远亲不如近邻,近邻不如对门。"可见邻里之间由于接触密切、往来频繁,处理好彼此之间的关系极其必要。如果以邻为壑,拒绝与邻里发生任何联系,是既轻率,又失当的。

要同邻里建立起真正的良好关系,第一要旨是相互之间必须有所了解。相互了解,从来都是处理好邻里关系的基础。因为只有互相知根知底,邻里之间才会相互信任、相互交融。具体而言,在增进邻里之间的彼此了解时,有以下三点注意事项。

（1）主动接近

与邻里相处,重要的是不能甘当孤家寡人,不可自行与世隔绝。相反,一定要主动地、友善地接近邻里,与对方建立正常关系。不主动接近邻里,就不可能同对方相互往来。而只有接近对方,才有彼此之间的了解可言。具体来讲,接近邻里的方式应当因人而异。相遇之时主动向对方打招呼,当对方忙于家务时援之以手,闲聊之时叙叙家常,为对方的幸福生活主动点赞,邀请对方上门做客等,均为可取之法。

（2）掌握情况

跟邻里打交道,首先有必要对对方的基本情况略知一二。只有熟悉了对方的大致情况,才能够更好地与之和睦相处。掌握邻里的基本情况时,需要注意方式,讲究双方自愿,提倡有来有往,并应进行双向交流。换言之,想要了解对方,就应当同时使对方了解自己。不过,对于邻里的个人隐私以及对方不愿涉及之事,则不宜充当"包打听",不宜"打破砂锅问到底"。

（3）严守口风

关系密切的邻里,往往会彼此倾吐衷肠,相互诉说自己的难言之隐与自家私事。对于邻里的信任,必须自觉地严守口风。任何一位有教养的人士,都绝对不可以辜负邻里对自己的信任,不可以将对方的个人隐私或者家庭私事视作笑料,任意广为扩散。若是在邻里之间飞短流长、搬弄是非、喋喋不休,甚至添油加醋,则会自己把自己打入"恶邻"的另册。

2. 彼此体谅

与邻里要搞好关系,就必须讲究彼此之间的体谅。在邻里之间讲究彼此体谅,首先要相互尊重;其次要宽以待人;再次要自觉自律。与此同时,还必须讲究起码的社会公德与公序良俗。

具体而言,与邻里之间要讲究彼此体谅,重点需要关注下述几个方面的细节问题。

(1) 保持卫生

在日常生活里,因为人与人之间存在着互相依存的关系,所以每一个人心里都要常为别人着想,并且在处理个人事宜时优先考虑或者兼顾他人的利益。与邻里相处,亦应如此,尤其是要对与人人相关、户户相关的环境卫生问题给予高度重视。平时,除重视自己室内卫生外,不要在自家的居室门外及其四周乱扔、乱倒、乱撒废弃之物,从而使之损害街坊四邻的利益。即使"自扫门前雪",也未必合适。

(2) 安静至要

人们的居所,自然主要被用以居住、休息。对这一点,与邻里相处时亦须加以明确。就一般人的居住和休息而言,外来的各种噪声当属最大的一种干扰,甚至被深恶痛绝。因此,每一名大学生平日回归自己的居所以后,都要自觉地保持安静,适时、适量地安排在自家居所之内所从事的家务、维修以及娱乐活动,切勿制造噪声扰邻。在常规的节假日、周末、午间、夜间等例行的休息时间里,特别需要尽量减低自己活动所发出的声响。倘若扫除、搬家、整理或装修,则务必遵守所住小区禁止扰民的相关规定。举行家庭聚会时,亦须以不骚扰四邻为要。

(3) 分清财物

在邻里之间,相互帮助是极为必要的。邻里之间的相互帮助,自然不能把财物完全排斥在外。必要之时,向邻里提供包括财物在内的援助或是与其进行财物往来,均属正常之事。但是,平时在与邻里进行正常的往来时,切切不可见钱眼开、斤斤计较、极端势利、过分"唯物"。与邻里打交道时,千万不要贪图小便宜、乱占小便宜。平日向邻里所借用的钱、财、物,一定要有借有还、好借好还、损坏赔偿。为邻里提供帮助时,切勿与其讨价还价,更不可以动不动就与对方"秋后算账"。

3. 彼此关心

邻里之间,通常都需要彼此关心,相互爱护。只有真正做到了这一点,才有可能使邻里关系"更上一层楼",使得彼此之间的关系更加紧密。具体而言,邻里之间的彼此关心,重点应当表现在下列两个方面。

(1) 互相照顾

邻里之间,唇齿相依。邻里之间的互相照顾,对各方而言都是责无旁贷的。自古以来,中国人在处理邻里关系时,就讲究"一方有难,八方支援",提倡彼此之间主动照顾对方。正因为如此,古人才有"百万买宅,千万买邻""择邻而居"一说。

邻里之间的互相照顾,讲究的是积极主动。它不应当仅仅只是纸上谈兵,口头上客气一下而已。更重要的是言行一致,善于从日常生活中的点滴小事做起。诸如代为看门,代收快递,临时看护老人、孩子、病人,协助料理家务,送医送药、代购商品等。这类小事,看起来虽然微不足道,但却是邻里之间互相照顾的不可缺少的雪中送炭。

(2) 热情相助

在生活中,每个人都难免会碰上一些单凭一己之力难以应付的难题。在此情况下,他人的鼎力相助,无疑是"雪中送炭"、情暖人心。要是邻里之间人人自私自利、"莫管他人瓦上霜",大家在生活中所遭遇的困难则必将骤增百倍。因此,当邻里碰上困难,特别是人求于我,即对方求助于自己时,每一个人都理当出手相帮、援助于对方,而绝对不可以瞻前顾后、患得患失。总而言之,人求于我时,务必要热情相助,并且尽力而为。

另外一方面,当自己在生活遇到普通的难题时,则还是应当以自力更生为主,争取外援为辅,不要动不动就开口求助于邻里,不要处处依靠邻里的帮助、事事麻烦邻里代劳。我求于人,总体上还是应当以少为佳。同时,做人还应当善解人意,细心体谅邻里的难处,不要指望邻里对自己有求必应、事事相助,更不要迫使对方勉为其难。永远不要忘记:邻里之间的互相帮助,一定要出自两相情愿。

第四节　涉外

在一堂英语课下课之后,热情活泼的大一学生谭正文赶忙上前与新来的外籍教师威尔逊先生见面。寒暄之后,人称"见面熟"的谭正文便就自己所关心的问题直截了当地向对方打探了起来。

谭正文首先询问威尔逊先生:"教授,你在你们国内一年拿多少年薪?"对此显然不愿意予以正面答复的威尔逊先生回答道:"我的年薪与我们国家的其他教授的年薪基本上差不多。"没有想到的是,好奇心颇重的谭正文居然"宜将剩勇追穷寇"地继续跟进:"那么你们国家一位教授的年薪到底是多少?"威尔逊先生只好仓促招架:"校方付给我们多少就是多少。"可是谭正文竟然麻木不仁地再次逼问对方:"校方究竟付给你多少年薪?"这一次,威尔逊先生实在难以作答,只好无可奈何地一笑,而谭正文本人也非常尴尬地愣在了那里。

就双方的此次问答而论,过错显然出在谭正文一方。具体而言,是因为他不了解涉外礼仪才闹出了这样一个笑话。

涉外礼仪,又称涉外交际礼仪。它的基本内容,就是中国人在接触外国人、与外国人打交道时,所应当遵守的交际惯例。其核心部分,是有关人际交往的国际惯例。在国际交往中,它通常都是普遍适用的。当前,中国的对外开放正在进一步深入,中国正大踏步地走向世界的中心。中外人士在彼此交往之中,显然有必要处理好双方的关系,以发展友谊、增加了解、加强信任,更好地进行彼此的合作。

对中国人而言,在涉外活动中最重要的问题,是要对参与国际交往的惯例有所了解,并且在必要时认真加以遵守。唯其如此,才能够真正地使自己被交往对象所接受,并且真正地融入国际社会。

在国际交往中,遵守涉外礼仪,可谓妥善处理中外人员之间关系的一条捷径。大学生在学习涉外礼仪、参与涉外交往时,关键是要对如下六项涉外礼仪的普遍性原则学以致用。

一、求同存异

在世界上,因为存在着众多的国家、民族,各国、各民族人民在宗教信仰、文化习俗、生活方式和社会制度等方面可以说是千差万别。就礼仪、习俗而言,各个国家、各个民族更是"十里不同风,百里不同俗",绝对不可一概而论。正如法国学者鲁维洛瓦所言:"礼貌,呈现出地域差别。"[①] 这种客观存在着的礼俗方面的差异性,往往对涉外交往产生一定程度的制约,并为中国人结交异国友人带来了一定的难度。

跟外国人交朋友,要想首先统一思想、统一认识,断难做到。不分交

---

① 鲁维洛瓦 F. 礼貌史[M]. 王琪,译. 上海:上海文艺出版社,2014:4.

往对象,不了解交往对象的具体情况,而采用传统的、中国式的热情好客、无微不至等种种做法去"以不变应万变",显然也并非上策。理智的做法,就是在涉外交往中涉及有关礼仪、习俗等人际交往方面的具体问题时,一定要不容置疑地坚持"求同存异"的原则。

"求同存异",是涉外礼仪的一项基本原则。它的主要含义是:在国际交往中,中外双方要想在人际交往方面减少摩擦、正视矛盾、取得进展、争取突破,关键是要善于回避双方所存在差异的不同之点,而去寻找双方的共同之处,并且以此作为双方实现进一步合作的基础。具体而言,"求同存异"原则又有下列两项具体要求。

1. 存异

在涉外活动中,存异是求同的前提。没有存异,就不可能真正地实现求同。所谓存异,主要是指在国际交往中要对中外双方在礼仪、习俗等方面所存在的差异性予以承认,并且表示应有的尊重。对其少见多怪、大惊小怪,或者妄加评论,显然是不应该的。否认其存在,则更非明智。

对中国人而言,存异主要在下列三个方面应当得以具体的体现。

(1) 各国的礼俗均有其一定的独特之处

礼俗,是礼仪、习俗的合称。要承认今日世界的多样性,就不能否认各国在礼俗方面所存在的明显差异。就一国而言,该国礼俗与其他国家所存在的显著差异,实际上就是独特之处。

例如,鹤在中国、日本等国备受青睐,可是它在西欧的一些国家里却被人们称为"淫鸟",向来难登大雅之堂。

(2) 各国的礼俗都有特定的适用范围

不论站在哪一种角度上讲,各国的礼俗其实都难有"好""坏""对""错""优""劣"之分。实际上,它们各自都有自己的适用范围。只有在其适用范围之内,才可以认定它们的正确与错误。客观地说,它们都有自己存在的必要性与合理性,谈不上有什么"好""坏""对""错""优"、"劣"之分。正因为如此,在涉外交往中,有必要"入境,观其风俗"。[①]

(3) 各国的礼俗不需要评判其是与非

孟子曰:"夫物之不齐,物之情也。"[②]正是因为各国的礼俗都有自己

---

① 荀况.荀子[M].[唐]杨倞,注.耿芸,标校.上海:上海古籍出版社,2014:195.
② 朱熹.四书章句集注[M].北京:中华书局,2011:244.

的适用范围,所以对其不宜进行孰是孰非的评判。否则就有可能损害中外双方之间的关系,甚至会挑起国际纠纷。

举例而言,在数字的禁忌方面,日本、韩国、朝鲜等国忌讳"4",主要是因为在上述各国的语言里"4"的发音与"死"的发音相近。信仰基督教的西方人普遍讨厌"13"与"666",前者与耶稣遇难有关,后者则被当成魔鬼撒旦的标志。它们之间谁是谁非,恐怕任何人都难以进行鉴定。

2. 求同

在涉外活动中,求同是有关各方进行合作的重要基础。离开了求同,成功的国际交往实际上是难以想象的。所谓求同,主要是指要在礼俗方面寻求共同之点,并且以遵守惯例作为国际交往的基本要求。

在涉外交往中,只有求大同、存小异,才能促使其顺利进行。要做到如此,以下两点均应知之、行之。

(1) 共性寓于个性之中

在各国的礼俗之中,尽管存在着千差万别,但是也不能排除其共同之点即共性的存在。在宏观上讲,各国礼俗的共性必然寓于其个性即差异性之中。各国礼俗的个性,实际上是共性得以存在的基础。没有前者,便不存在后者。另一方面,作为概括与升华,各国礼俗的共性不但来自其个性,而且显然其适用范围更广,发挥的作用更大。

不容否认的是,各国礼俗的共性是一种客观的存在。例如,在涉外交往中,人们面含微笑、相互问候、互行见面礼节以及尊重客人就是一项普遍适用的具有共性的规则。

(2) 重点在于遵守惯例

《礼记》主张:"君子行礼,不求变俗。"[1]因此在涉外交往中,尊重各国在礼俗方面所存在的差异无疑是非常必要的。然而由于每一个人的时间、学识、阅历、精力有限,不可能对各国的礼俗完全通晓。对于一般人士而言,最重要的就是要在涉外交往中遵守礼俗方面相关的国际惯例。

有关礼俗方面的国际惯例,犹如国际交往中所通行的一种"世界语"。对其自觉加以遵守,就会使自己畅行无阻;反之,则会使自己举步维艰。

例如,在并排排列位次时,有的国家讲究"以右为上",有的国家则讲

---

[1] 礼记[M].陈澔,注 . 金晓东,校点 . 上海:上海古籍出版社,2016 :38.

究"以左为上";目前通行的国际惯例则是"右上左下"。由此可见,在礼俗方面的国际惯例主要出自各国礼俗的共性。它的最大的好处,是可以使人们在参与涉外交往时化繁为简、达成共识、避免曲折,并且实现有效沟通。

二、不卑不亢

中国改革开放的总设计师邓小平同志主张:"应当用和平共处五项原则作为指导国际关系的准则。"[①] 他所阐述的,是国与国彼此相处的基本准则。在国际交往的具体实践中与外国人打交道时,每一名中国人都会遇到如何摆正自己所处的位置、采取何种态度对待对方的具体问题,即人与人彼此相处。不论在正式的国际交往中,还是涉足于非正式的国际交往,这一问题都是客观存在的。"不卑不亢",就是中国人在与外国人打交道时用以摆正自己的位置、端正自己的态度的一项涉外礼仪的基本原则。

所谓"不卑不亢",在涉外活动中是指,每一名中国人在与外国人进行接触时,特别是在参与正式的国际交往时,一定要明确地意识到自己在外国人眼里代表着自己的国家、代表着自己的民族、代表着自己的单位。因此,必须使自己的言行举止讲究分寸,从容不迫,雍容大气,堂堂正正,而不许可肆无忌惮、为所欲为,不允许因自己表现失当而给国家、民族、单位抹黑。在外国人面前,中国人的正常表现应当是泰然自若、堂堂正正、自尊自爱、满怀自信、一如往常。既不应该表现得畏惧自卑、低三下四,也不应该表现出自大狂傲、目空一切。

在国际交往中,每一名中国人都必须自觉地做到不卑不亢,因为从根本上讲,这是一个事关自己国格、人格的大是大非问题,所以容不得半点的糊涂。每一名中国人都必须牢记:在涉外活动中,"事事无小事,事事是大事。"自己在外国人面前的一言一行、一举一动,都事关大体。

具体而言,中国人要在涉外活动中真正做到"不卑不亢",不仅要在思想上有所提高、正本清源、端正态度,而且还必须付诸实践,对"不卑"与"不亢"二者同时予以坚持,防止矫枉过正或者过犹不及。

---

① 邓小平文选:第三卷[M].北京:人民出版社,1993:283.

1. 克服自卑

在涉外活动中,要使自己的所作所为在外国人眼里表现得"不卑",关键是要克服自卑心理,防止自轻自贱,坚持自尊自爱。

要在虚心学习外国的一切长处、尊重外国礼俗的同时,坚决反对所谓"外国的月亮比中国的月亮圆"等盲目崇洋心理。在涉外活动中,每一位中国人不论因公交往还是因私交往,都要不失国格、人格,以自尊、自重、自信和自爱为基础,与外国人真正地平等相待,而不是一味地迎合、讨好、迁就对方。

战国时期思想家列子认为:"人不尊己,则危辱及之矣。"[①] 在外国人面前,中国人最为得体的表现,应当是气宇轩昂、堂堂正正、坦诚乐观、豁达开朗、从容不迫、落落大方、进退有度,并且充满自信。因此,与外国人进行交往应酬时,大学生既要言行谨慎、检点,又不拘谨;既要积极主动,又不盲动;既要慎独自律,又不手足无措、无所事事。

对于外国所取得的各项成就,中国人完全没有必要视而不见,蓄意贬低、嫉妒对方,但又绝对不应该自愧弗如、自惭形秽,由此而以偏概全,错误地认定外国的一切都比我们的好,因而在洋人面前卑躬屈膝,直不起腰来,更不应当奴颜婢膝地崇美、哈日。在任何时候,都不应对外国的一切崇拜得五体投地,不应断定外国人一贯正确,自以为理不直、气不壮;不能对对方毫无原则地有求必应,甚至被对方牵着鼻子走。

2. 防止自大

要在涉外活动中表现得"不亢",通常首先有赖于克服自身的骄傲自满心理,并要谨防盲目排外、自高自大。

在国际交往中,要在坚持自立、自强,以自身的实际行动体现出"中华民族站立起来了"的精神风貌的同时,坚决地反对闭关锁关、盲目自大的情绪,尤其是要与所谓"义和团式"极端排外的做法在本质上划清界限。

从总的方面上来说,每一名中国大学生在国际交往中都应当表现得谦虚谨慎、戒骄戒躁。在一切涉外活动中,既不必妄自菲薄、抑己扬彼,也不应该高傲自大、盛气凌人、孤芳自赏、目空一切、自以为是。

具体而言,在国际交往中,应当善于向外国学习一切好的东西,以便取长补短、为我所用。不承认别国的长处,与不正视本国的短处一样,都

---

① 列子[M].[晋]张湛,注.[唐]卢重云,解.[唐]殷敬顺,[宋]陈景元,释文.陈明,校点.上海:上海古籍出版社,2014:212.

永远只会是夜郎自大、难有长进。

毛泽东同志曾经说过："国家大小只是形式。""大国、小国应当平等相待。"① 因此,在国际交往中,尤其是在与小国、弱国、穷国的人士交往时,一定要对其平等相待,而绝对不应当表现得嫌穷爱富、恃强凌弱、以大欺小。不允许对对方居高临下、颐指气使,更不能够在对方面前显得冷漠无情。不要忘记,就国际交往而论,在任何情况下帮助、支持都是相互的。与大国、强国、富国相比,中国目前仍然还是一个发展中国家,我国人民正在以中国式的现代化推进中华民族的伟大复兴,中国正在为建设富强民主文明和谐美丽的社会主义现代化强国而奋斗。离开了其他国家的帮助和支持,中国不可能有今天所取得的成就,更不可能有今后大踏步的可持续发展。

三、入乡随俗

《礼记》要求:"入竟而问禁,入国而问俗,入门而问讳。"② "礼从宜,使从俗。"③ 此言表明:了解风俗、习惯的差异性并予以必要的尊重,对于跨国家、跨地区、跨民族、跨文化背景的交往具有极端的重要性。

"入乡随俗",是涉外交往的主要原则之一。它的主要含义是:要在涉外交往中真正地做到尊重交往对象,首先就必须对对方所独有的风俗、习惯予以应有的尊重。当中国人前往其他国家或者地区进行学习、工作、参观、访问、旅游的时候,特别有必要事先对当地所特有的风俗、习惯有所了解,并届时以适当的方式表示自己应有的尊重。如果做不到这一点,对于交往对象的友好与尊敬就好似敷衍了事,根本无从谈起。

1. "入乡随俗"的原因

在涉外交往之中,中国人之所以必须认真地遵守"入乡随俗"的原则,主要出自下列两个方面的原因。

(1) 风俗、习惯方面的差异性是一种客观的存在

世界上的各个国家、各个地区、各个民族,在其各自历史发展的具体

① 毛泽东外交文选[M].北京:中央文献出版社,1994:334.

② 礼记[M].[元]陈澔,注.金晓东,校点.上海:上海古籍出版社,2016:30.

③ 同②,2.

进程中形成了自己所独具特色的风俗、习惯。这种"十里不同风,百里不同俗"的差异性,是不以人的主观意志为转移的,也是世界上任何力量都难以强求统一的。

跨文化交流中入乡随俗的原因

举例而言,在肉食禁忌方面,有的民族禁食猪肉,有的民族禁食狗肉,有的民族禁食牛肉,有的民族禁食羊肉,有的民族禁食驴肉,有的民族禁食鸽肉,有的民族禁食蛇肉,有的民族禁食蛙肉,有的民族禁食鱼肉,有的民族则禁食一切肉类。他们的讲究不同,具体做法自然各异。

中国古代专论风俗的典籍《风俗通义》指出:"风者,天气有寒煖,地形有险易,水泉有美恶,草木有刚柔也。俗者,含血之类,像之而生,故言语歌讴异声,鼓舞动作殊形,或直或邪,或善或淫也。"[①] 其含义是:"风"属于自然其然的自然界;"俗"则指自然其然的人世间。所谓风俗、习惯,亦称习俗,它是指因地域、种族、文化、宗教、历史等方面的不同,各国、各地区、各民族相沿成习的精神文化方面的特殊传承,具体涉及衣、食、住、行以及交往应酬诸方面。在涉外活动中,尊重外国友人,显然应将对对方所独有的风俗、习惯的尊重包括在内。

(2) 坚持"入乡随俗"有助于有效沟通的实现

在国际交往中,对外国友人所特有的风俗、习惯予以尊重,实际上等于是在表示我方对对方的亲善友好之意。换而言之,讲究"入乡随俗"是促进中外双方人士彼此之间加深相互理解与相互信任的一种最佳途径。

反之,若是对外方人员所特有的习俗缺乏应有的了解与尊重,往往在无意之中就会做出一些被对方视为"伤风败俗"的事情来。

例如,许多中国人视为美味佳肴的猪蹄、鸡脚、鸭掌,在西方国家里是典型的下脚料,绝对无人食用。中国人普遍喜爱的菊花,在不少欧美国家里却只能用于祭祀逝者。

2. "入乡随俗"的要求

在国际交往中,要在"入乡随俗"方面表现得当,最重要的是应当在下述两大方面提高认识,并且予以践行。

(1) 对与交往对象相关的特殊习俗有所了解

在涉外活动中,具体涉及外国友人特殊的风俗、习惯时,孙子所言的

---

① 应劭.风俗通义[M].孙雪霞,陈桐生,译注.北京:中华书局,2021:4.

"知彼知己"①同样发挥着效力。

在涉外活动中,尤其是在重要的、正式的涉外活动中,一定要争取对交往对象所特有的风俗、习惯有较为充分的了解。做不到这一点,讲究"入乡随俗"就只能是自欺欺人。

例如,准备前往意大利进行访问,就一定要在事先对意大利人在衣、食、住、行、言谈举止、待人接物等各个方面的主要规矩和禁忌有所了解。这样准备好了,在与意大利人进行具体接触时,就会胸有成竹,表现自如。至少也不会招致麻烦,或者闹出大的洋相。

(2) 无条件地尊重交往对象特有的习俗

对于其他国家所特有的习俗,中国人在任何时候都没有必要照抄照搬、全面引进。而对于我国优秀的传统习俗,则需要在有所扬弃的同时发扬光大。这些要求,与"入乡随俗"其实并无矛盾。

在国际交往的具体实践中,对别国所特有的习俗,绝对不宜少见多怪、不屑一顾、嗤之以鼻、妄加非议。若是在这一方面唯我独尊、妄自尊大、厚此薄彼,将十分有害。正确的做法,应当是认真而无条件地对其予以尊重。荷兰礼仪专家弗鲁瓦德维尔与费尔海勒就此曾经明言:"国际交往礼仪聚焦相互尊重。"②

例如,与印度人打交道时,就必须对印度教教徒忌食牛肉、忌用牛皮制品、忌以左手与他人相握等特有的讲究表示尊重,否则就有可能会冒犯对方。

综上所述,对外国人所特有的习俗,既要了解,更要尊重、照顾。尊重对方,具体而言就是要尊重对方的传统与习俗;照顾对方,具体而言则是要照顾对方的选择与偏好。

四、热情有度

在国际社会里,中国人一向以热情好客而著称。然而在国际交往中

---

① 孙子兵法新注[M].中国人民解放军军事科学院战争理论研究部孙子注释小组,注.北京:中华书局,2005:23.

② 弗鲁瓦德维尔 G M,费尔海勒 M.商务外交礼仪通用手册:方法·经验·案例[M].王广州,鲁仕齐,译.北京:国家行政管理出版社,2020:5.

要使中国人的热情好客恰到好处地为其交往对象所接受,就必须认真地坚持"热情有度"。

"热情有度",是涉外礼仪的一项重要原则。它的基本含义是:中国人直接同外国人打交道时,不仅要表现得热情友好,而且还应当把握好热情友好的具体分寸。不然的话,自己对外国人的热情友好就可能会事与愿违,甚至"好心不得好报"。

在向外国人士表示热情友好时,所需要把握的具体分寸,就是"热情有度"之中的"度"。关于这个"度"的最为精确的解释,就是要求中国人在向外国人士表示热情友好的同时,务必要使自己具体的所作所为以不影响对方、不妨碍对方、不给对方增添麻烦、不令对方感觉不快、不至于干扰对方的私生活为界限。与外国人进行交往应酬时,假若不恪守这个"度",而是一厢情愿想当然地过"度"热情、时时"越界"、处处"越位",必然会引起对方的强烈不满,甚至会因此危及双方关系。

具体来讲,在遵守"热情有度"这项原则时,主要是要求中国人在涉外活动中掌握好下列四个方面具体的"度"。

1. 关心有度

多少年来,中国人在相互之间一向都倡导"关心他人比关心自己为重"。可是,在国外,人们却普遍地强调个性独立和个人自由,反对他人对自己的过度关心。因此,切不可以中国人所惯用的关心去对待外国人。搞得不好,对方就会嫌我方多管闲事、不务正业、干涉其个人自由。

有鉴于此,与外国人接触时,务必要做到关心有度,即不要对外方人士表现得过度关心,尤其是不要使自己对对方的关心具体涉及其个性独立和个人自由。若对方对其视为过"度"的关心,不仅会认为此种"关心"影响自尊、碍手碍脚,而且还会因此产生反感。

2. 批评有度

中国人相交,彼此之间所讲究的是待人以诚。看到亲朋好友有错,犯颜直谏,勇做诤友,及时地进行批评指正,才会被中国人视为够朋友,才是对对方的真正关心。但是,这一做法在国际交往中却是行不通的。

在国际交往中,对外国人的所作所为,通常讲究的是批评有度。也就是说,只要外方人员的所作所为不触犯我国的法律,不有悖于社会的伦理道德,不违反公序良俗,不有辱于我方的国格人格,不危及其自身的生命安全,一般都没有必要当面去评判其是非对错,特别是不宜当众对对方批评指正,甚至横加干涉。此项要求,有时亦称为"不滥纠正"。

在国际交往中讲究批评有度,主要有下述两个方面的原因:一方面,外国人崇尚独善其身,反对别人多管闲事;另一方面,在风俗、习惯方面中外的是非曲直标准未必一致,有时甚至还会大相径庭,因而其"对"与"错"的标准往往都是相对而言的。

3. 距离有度

涉外交往中的"距离有度"

对于人际交往之中的空间距离,中国人向来就讲究得并不是很多。有的时候,为了向交往对象表示亲近,不少中国人还喜欢有意向对方的身体主动靠近一些。当对方是同性之人时,这种情景尤为普遍。然而在国际交往中,人们却对交际距离,即交往之中各自身体之间的空间距离极为讲究。基本的要求,就是距离有度。

所谓距离有度,在此实际上就是要求中国人正面接触外方人士时,应当视双方之间具体关系的不同,而与对方保持适度的空间距离。需要注意的是:同外国人打交道时,与对方相距过近,往往会令对方产生被"侵犯"之感。而与对方相距过远,则难免又会使对方感觉到被冷遇。特别应当强调的是,即使与自己进行接触的外国人是一位同性,并且双方较为熟悉,也不要贴近对方。在许多外国人看来,同性之间相距过近,甚至携手并肩而行,只能说明他们是"同性恋者"。

就一般情况而论,与正常关系的外国人士相处之时,双方之间的距离以 0.5~1.5 米为宜,过犹不及。

4. 举止有度

在一些场合里,中国人往往习惯于以自己的某种举止去直接表示对于交往对象热情有加。有时,还会以自己的某些不合常规的举止去表示自己跟交往对象"并不见外"。可是,这些做法在国际交往里却是行不通的。

所谓举止有度,就国际交往而言,主要是要求中国人规范自己的举止,并且对其多加检点。切勿使之显得过于随便,从而引起误会,或是因此而失敬于人。

具体而言,每一位中国大学生在同外国人相处时,都要特别注意如下两个方面的问题。

一是不要乱用某些意在显示亲热的举止动作。在国内,朋友在相见时互拍一下对方的肩膀,长辈见到孩子时抚摸一下对方的头顶,都是一种亲热的表示,可是不少外国人却绝对接受不了这一套。

二是不要采用某些有意表示"不见外"的举止动作。有的举止动作,诸如换衣服、脱鞋子、梳头发、化妆或补妆等,仅仅适合在无人之处进行,而绝对不宜当众进行"表演"。在相交甚浅或是初次见面的外国人面前那样做,显然更不合适的。

五、不宜过谦

在中国,"谦谦君子"一向是做人最为理想的模式。在待人接物方面,中国一般都讲究含蓄和委婉。对本人的所作所为进行评价时,人们大都习惯于自谦,甚至还会有意对自己略为自贬,而不提倡进行自我肯定,尤其是反对自我推广。如果在这一方面不能好自为之,就会被中国人视为过分张扬妄自尊大、嚣张放肆、不够谦逊、不会做人。

然而实践证明,中国人的这种过于谦虚、不敢正面肯定或者评价自己的做法,在国际交往中并不被外国人所理解,而且也不容易被对方所认可。在许多情况下,中国人面对外国人时如若过于自谦,不但不会得到好评,反而会被视为缺乏自信、为人虚伪或"的确如此"。

因此,在国际交往中,凡有必要对本人的所作所为做出自我评价时,一定要遵守"不宜过谦"原则。与不了解中国国情的外国人进行交往时,尤其要牢记这一点。

"不宜过谦"原则的主要含义是:在国际交往之中,每逢涉及自我评价时,我方人员绝对没有必要妄自菲薄、自我贬低、自我否定、自轻自贱,没有必要过度地谦虚、客套。与此相反,在实事求是的前提之下,要敢于并且善于对自己进行正面的评价或者肯定。

1. "不宜过谦"的作用

在国际交往中,之所以要求中国人了解并恪守"不必过谦"原则,主要是因为在以下四个方面它可以发挥一定的作用。

(1) 为人诚实

外国人认为:过了头的自谦,往往意味着虚伪、做作,甚至别有用心。而敢于正视自己之所长,则说明自己是一名诚实的人。

(2) 光明正大

外国人主张:如果不把交往对象视为外人,不跟对方见外,而是真正接纳对方,那么与对方坦诚相见的话,就没有必要对自己的长处有意遮遮掩掩、口是心非。

（3）充满自信

外国人觉得：一个人要是怯于对自己进行必要的正面评价，通常只能说明他做人缺乏自信。在国际社会中，这已是许多外国人的一种共识。

（4）尊重自己

在必要的时候，敢于并且善于肯定自己之所长，为自己进行适当的、必要的自我宣传，在国外早已被普遍视为尊重自己的一种正常表现。

2. "不宜过谦" 的应用

既然"不宜过谦"是国际交往的一项普遍原则，那么对其具体应用就要备加重视。考虑到中国人的习惯，在涉外活动中面临下列几种具体的场景时，尤其需要将"不必过谦"原则付诸行动。

（1）自我介绍

在国际交往中需要进行自我介绍，诸如对自己的学习、工作、生活、能力、特长以及产品、技术、服务、论文、课题、学习成绩，或者其他业务进行介绍时，要敢于实话实说、直言不讳。对自己的长处，一定要坦诚相告、进行必要的肯定。不要略而不谈或者自我否定，不要指望对方主动发现自身的优点。

（2）寒暄应酬

与外国朋友进行寒暄应酬时，一旦涉及自己日常学习、工作、生活以及其他的所忙之事，千万不要脱口而出说什么"瞎忙""混日子""没干什么正经事"。那样的话，倒是真有可能被对方视为不务正业、无所事事之人。

（3）面对赞美

当外国人对自己的相貌、打扮、学习、工作、生活、技术、服务、论文、成绩或能力进行称赞时，应当当即落落大方地答以"谢谢！"对此予以否认，则是毫无必要的。这种大大方方的做法，既表明自己见过世面，也是为了接纳对方。它与羞羞答答、面红耳赤、表情呆板、手足失措等小里小气的表现，显然不可同日而语。

（4）馈赠礼品

向外国人赠送礼品时，不仅需要说明其特点、用途、用法及其寓意，而且还应当强调这是我方精心为对方所选择的。务必不要画蛇添足地讲什么："实在拿不出手""没有认真挑选""这是自家用不了的东西"。否则，将会大大减低礼品在对方心目之中的分量。

（5）设宴待客

宴请外国朋友时，应对上桌的重点菜看进行推介，并有意识地强调：

"这是特色菜""这是本地名气最大的""这是为您特意准备的",以便令对方备感重视。不要刻意贬低原本丰盛的菜肴,说什么"没有好菜""水平很一般""不怎么会做"。外国人往往难解其意。他们很可能对此当真,不但不领主人的情,反而会认为主人怠慢自己。

六、女士优先

熟悉国际交往的人士大都知道,在社交场合里,每一位男士都要对自己的举止、态度多多地加以约束,尤其是西方文化里,特别重视"女士优先"。

实事求是地说,在我国,尽管"重男轻女""男尊女卑"的封建思想还有个别的残余影响,但是就整个社会风尚而言,妇女的地位早已有了空前的提高,男女平等、尊重妇女早已成为人们的一致看法和共同行动。不过与外国尤其是西方国家相比,中国人对妇女所表现的尊重,通常更注重内容,或者说具体的表现形式往往有所不同。这样一来,中国人在与外国人打交道时,难免就会在这一问题上产生隔阂。

1. "女士优先"的本意

在国际交往中,"女士优先"是一项重要的涉外礼仪原则。要真正掌握此项原则,务必要首先解决下述四个问题。

(1)"女士优先"的含义

"女士优先"的基本含义是:在一切社交场合里,每一位成年男子都有责任、有义务,以自己的实际行动去尊重妇女、照顾妇女、体谅妇女、关心妇女、保护妇女,并且要想方设法地为对方排忧解难。人们公认,唯其如此,一位男士才会被视为具有绅士风度。反之,就会被看成是一名没有教养的莽夫粗汉。

(2)"女士优先"的要求

"女士优先"原则要求:在尊重、照顾、体谅、关心、保护妇女方面,男士对于所有的妇女均应同等相待。不仅对同一种族的妇女应当如此,对其他种族的妇女也要如此;不仅对熟悉的妇女应当如此,对陌生的妇女也要如此;不仅对有权有势的妇女应当如此,对无权无势的妇女也要如此,不仅对财大气粗的妇女应该如此,对收入平平的妇女也要如此;不仅对年轻貌美的妇女应当如此,对年老色衰的妇女也要如此。

（3）"女士优先"的原因

按照本意来讲，"女士优先"之所以被提倡，并非因为妇女身为弱者，值得同情、怜悯，或者因为在社会上暂时处于优势地位的男子成心想要借此愚弄妇女。重要的是，对有教养的男士来说，妇女乃是"人类的母亲"。对妇女时时处处给予优遇，既是对"人类母亲"的一种感恩，也是为了人类的继往开来尽心尽力。

（4）"女士优先"的范围

"女士优先"原则有其特定的适用范围，并非"放之四海而皆准"。下述两点尤须注意：一是它主要适用于社交场合。换句话说，在公务、休闲等场合里，人们往往忽略彼此的性别，并不怎么讲究"女士优先"。二是它主要通行于西方国家。除适用于国际交往中的某些场合之外，"女士优先"主要通行于西方各国。在一些东方国家里，它往往是行不通的。

2. "女士优先"的表现

在国际交往的某些特定场合里，"女士优先"不只是一种原则上的要求，而且也应当在人们的具体行动上有所表现。对于后一点，世人往往更为关注。

具体来讲，在下述九个方面，男士有必要以自己的实际行动去展现对"女士优先"原则的遵守。

（1）问候

在需要问候其他人之时，一定要首先问候在场的女士。即使提及他人之时，亦须将女士置于首位。

（2）施礼

在见面、道别之时，如果有必要相互行礼，一般均应令女士居于主导、尊贵的位置。向多人施礼时，必须以女士为先。

（3）就座

众人一同落座时，男士应请女士首先就座，并使之在上座就座。如有可能，还须在其就座或离座之时予以照顾。

（4）交谈

与女士交谈时，男士不但需要注意基本的礼貌，而且还有必要检点辞令。无论如何，都不允许在女士面前出言唐突、粗鲁、庸俗、下流。

（5）吸烟

在女士面前吸烟之前，男士一定要首先求得对方的首肯。不论是否认识对方，都必须这么做。

(6) 外出

与女士一道外出时，男士应主动使对方居于尊贵的位置。两人并行时，男士应当居于外侧，而请女士居于内侧。两人单行行进时，男士则一般应当自觉随行于女士身后。

(7) 出入

出入房门时，一般要求男士为同行的女士开门、关门，并且请女士首先走进或者走出房间。

(8) 携物

男女一同出行时，通常男士有义务主动帮助女士携带较为沉重或者较为难拿的行李、物品。

(9) 搬放

需要搬动、摆放大件或沉重物品时，男士应当行动在前，主动对女士援之以手。

主要参考文献

［1］中共中央党史和文献研究院 . 习近平关于社会主义精神文明建设论述摘编［M］. 北京 : 中央文献出版社, 2022.

［2］中华人民共和国教育法［M］. 北京 : 中国法制出版社, 2021.

［3］中华人民共和国民法典［M］. 北京 : 中国法制出版社, 2020.

［4］朱熹 . 四书章句集注［M］. 北京 : 中华书局, 2011.

［5］礼记［M］.［元］陈澔, 注 . 金晓东, 校点 . 上海 : 上海古籍出版社, 2016.

［6］李荣建 . 礼仪训练［M］. 武汉 : 华中科技大学出版社, 2022.

［7］张岩松 . 大学生礼仪修养［M］. 北京 : 清华大学出版社, 2020.

［8］周加李 . 涉外礼仪［M］. 北京 : 机械工业出版社, 2017.

［9］萧芳芳 . 洋相 : 英美社交礼仪［M］. 武汉 : 湖北科学技术出版社, 2015.

［10］徐醒民 . 常礼举要讲记［M］. 北京 : 团结出版社, 2013.

［11］王旭 . 看电影学礼仪［M］. 广州 : 南方日报出版社, 2012

［12］葛晨虹 . 中国礼仪文化［M］. 北京 : 经济科学出版社, 2001.

［13］李斌 . 国际礼仪与交际礼节［M］. 北京 : 世界知识出版社, 1982.

［14］柯诺 J . 法式礼仪［M］. 徐卓菁, 译 . 武汉 : 华中科技大学出版社, 2020.

［15］鲍德瑞奇 L . 礼仪书 : 得体的行为与正确地行事［M］. 修文乔, 韩卉, 译 . 北京 : 中国人民大学出版社, 2012.

第一版后记

我所编写的这本《大学生礼仪》,现在作为"大学生文化素质教育书系"首批书目之一即将出版。此刻,我有几句话有必要交待一下。

首先,本书是作为一本大专院校的教材来进行编写的。考虑到目前国内高等院校礼仪教学的实际需要,我在写作本书时就有意识地以提供一本专供大专院校在校学生所使用的礼仪教材作为目标。为此,本书分作私人礼仪、公共礼仪、应酬礼仪、交往礼仪等四章,对大学生们普遍关心的个人表现、公共活动、日常应酬、人际交往等方面的礼仪规范均有系统的涉及。

其次,本书经过了一定范围的试讲与研讨。迄今为止,我正式出版过 13 部礼仪方面的著作,但是编写专供大学生所使用的礼仪教材尚属首次。为了使其真正适应当代大学生的实际需要,当本书初稿于 1997 年完成后,在有关部门的大力支持下,曾在多所大学内进行过试讲、试用。此外,受教育部所属的中国教育活动中心的委托,我还主持了它所主办的 9 次"全国礼仪教学研讨会"。与会的近 300 位从事高校礼仪教学的老师们,对于本书提出了许多有益的意见和建议。这一切,无疑都有助于本书的精益求精。

再次,本书得到过多方人士的支持。在本书的写作过程里,教育部高等教育司、高等教育出版社、中国人民大学以及我所供职的人大国际政治系,均曾给予过我极大的帮助。中国人民大学党委副书记石亚军教授和本书的责任编辑陈文老师,更是对我指点良多。在此,谨一并表达我最诚挚的谢意。

最后,本书希望获得社会各界的指教。我国有着五千多年的文明礼仪,当代丰富多彩的社会生活与对外开放的新的形势又对礼仪提出了吐故纳新的迫切需要。要使礼仪知识"古为今用","洋为中用","兼容并包","推陈出新",在我可谓勉为其难。虽经百般努力有此一书,但其疏漏之处依旧在所难免。实事求是地讲,我是以抛砖引玉的心态出版此书的。因此,切盼各界人士对其批评指正。

谢谢大家!

作　者

1999 年 6 月 16 日于中国人民大学

郑重声明

高等教育出版社依法对本书享有专有出版权。任何未经许可的复制、销售行为均违反《中华人民共和国著作权法》，其行为人将承担相应的民事责任和行政责任；构成犯罪的，将被依法追究刑事责任。为了维护市场秩序，保护读者的合法权益，避免读者误用盗版书造成不良后果，我社将配合行政执法部门和司法机关对违法犯罪的单位和个人进行严厉打击。社会各界人士如发现上述侵权行为，希望及时举报，我社将奖励举报有功人员。

反盗版举报电话　(010)58581999　58582371
反盗版举报邮箱　dd@hep.com.cn
通信地址　北京市西城区德外大街 4 号　高等教育出版社法律事务部
邮政编码　100120

读者意见反馈

为收集对教材的意见建议，进一步完善教材编写并做好服务工作，读者可将对本教材的意见建议通过如下渠道反馈至我社。

咨询电话　400-810-0598
反馈邮箱　hepsci@pub.hep.cn
通信地址　北京市朝阳区惠新东街 4 号富盛大厦 1 座
　　　　　高等教育出版社理科事业部
邮政编码　100029

防伪查询说明

用户购书后刮开封底防伪涂层，使用手机微信等软件扫描二维码，会跳转至防伪查询网页，获得所购图书详细信息。

防伪客服电话
(010)58582300